水皮◎著

冲动的资本

——关于股市的周期、估值和预测

中国财政经济出版社

图书在版编目（CIP）数据

冲动的资本：关于股市的周期、估值和预测/水皮著．北京：中国财政经济出版社，2009.11

ISBN 978－7－5095－1844－1

Ⅰ．冲…　Ⅱ．水…　Ⅲ．股票－资本市场－研究－中国　Ⅳ．F832.51

中国版本图书馆 CIP 数据核字(2009)第 181890 号

责任编辑：吴　敏　　　　责任校对：徐艳丽

封面设计：九州博雅设计室　　版式设计：李香杰

中国财政经济出版社出版

URL：http：//www.cfeph.cn

E－mail：cfeph@cfeph.cn

社址：北京市海淀区阜成路甲 28 号　邮政编码：100142

发行处电话：88190406　财经书店电话：64033436

北京财经印刷厂印刷　各地新华书店经销

787×1092 毫米　16 开　21 印张　305 000 字

2009 年 11 月第 1 版　2009 年 11 月北京第 1 次印刷

印数：1—7 060　定价：36.00 元

ISBN 978－7－5095－1844－1/F·1544

（图书出现印装问题，本社负责调换）

本社质量投诉电话：010－88190744

序

关于股市的周期、估值和预测

（一）

牛熊轮回，三年一个周期。

中国股市历史上的三次跨年度行情概莫如此。

第一次跨年度行情从1995年的“5·18”起步，经历1996年，最后在1997年7月以后结束，这轮行情史称香港回归行情。

第二轮跨年度行情从1999年的“5·19”起步，历经2000年，最后在2001年6月以后结束，这轮行情史称“5·19”政策行情。

第三次跨年度行情从2005年6月的998点起步，历经2006年，最后在2007年10月以后结束，这轮行情史称股改行情或者奥运行情。

牛市的下半场其实就是熊市的上半场，而熊市的下半场就是牛市的上半场。

对于绝大多数投资者而言，牛熊轮回的判断是完不成的任务，往往大多数人对牛市达成共识时，牛市已经走完上半场，而大多数人对熊市达成共识时，熊市已经走完了下半场。

所以，逆反思维是股市投资的不二法则。

（二）

判断牛熊转换，时间是一个因素，但不是唯一的因素。

价值中枢的确定是一个更为重要的因素。

股价总是围着价值波动的，当人们投资热情高涨的时候，股价往往会高于价值，当人们投资热情衰退的时候，股价往往会低于价值。但总体而言，价格和价值是均衡的。股改前，中国股市的价值中枢是1500点，股改后中国股市的价值中枢在3500点，对应的是25—35倍的平均市盈率。

2006年初，中国股市在1500点不到的位置徘徊，水皮明确地提出年底股指会突破2500点，尽管当时大多数人不相信，但是年底最后一周交易日，上证指数突破2500点，报收2670点，业内戏称水皮为"中国股市第一牛人"。

2007年初，水皮再次预言，上证指数上半年会在3500点左右震荡，十月份才会出现历史高点，一年以后预言再次变成现实。

关键是操作策略。

价值中枢之下和价值中枢之上不同，牛市和熊市也不同，两两组合，有四种搭配。

牛市上半场：

3500点之下：战略上看多，战术上做多。

牛市下半场：

3500之上：战略上看空，战术上做多。

熊市上半场：

3500之上：战略上看空，战术上做多。

熊市下半场：

3500点之下：战略上看多，战术上做多。

（三）

炒股，是一种行为，一种金融行为，行为的背后是心理，大众的心理。

一个公司的股价之所以能在一个交易日从跌停到涨停，基本面没有变化，政策面没有变化，市场面没有变化，甚至公司高贵也没有变化，唯一变化的只能是大众的心理。

悲观了，股价跌停了，乐观了，股价涨停了。

为什么悲观？为什么乐观？

羊群效应，从众心理的结果。

战略上的判断是一个理性的判断，而战略上的操作针对的是非理性的大众心理。

3500 点之上战略上看空的依据是 3500 点之上泡沫开始生成，是一个价值透支的过程，所以必须保持警觉，而战术上做多的出发点则是难得糊涂，众人皆醉我独醒在炒股上是行不通的。因为中国股市没有做空的机制，不随大流就挣不到钱，但被潮流挟持就会失去自我，最终成为套牢一族。

3500 点之下战略上看多的依据则是 3500 点之下股价已经向价值中枢回归，是一个挤压泡沫的过程，所以相对乐观。而战术上做空的出发点则是同样难得糊涂，覆巢之下没有完卵，大势所趋，顺我者昌，逆我者亡，在趋势改变之前，没有必要逆势而为，否则一样会在黎明前死去。

（四）

股市投资，都想挣钱，挣大钱，挣快钱，谁都认为自己比别人聪明，都想从别人兜里掏钱，结果往往是被人把钱给掏了。

因为都是自以为聪明人的游戏，所以股市交易的本质其实就是搏杀。

不想成为别人的鱼肉，必须逆向思维。

否则，炒股就炒成股东。

但是，谁又会买不会涨的股票呢？

2006 年初，水皮推荐大家买 4 元钱的宝钢，2007 年初，水皮推荐大家买 4.0 元的工商银行和 4.5 元的中国联通，结果都认为不会涨的宝钢最高涨到过 22 元，工商银行涨到过 9 元，中国联通涨到过 13 元，一轮大熊市下来，宝钢和联通依然有 50% 的涨幅，工商银行虽然阶段性跌破过 4 元，但是和其他动辄 50%—70% 跌幅的股票比，基本上打成平手，而现今分红的收益则达到 4% 。

这就是不会涨的股票带给投资者的回报。

不同心态决定不同结果。

投机是投机者的墓志铭，投资是投资者的通行证。

目　录

第一章　牛市下半场

（2007 年 1 月～2007 年 10 月）

萨默斯警告有意义吗？

萨默斯是美国前财政部部长，2006年的12月27日，英国的《金融时报》刊登了这位老兄的一篇文章，题目叫“缺乏忧患意识令人不安”。萨默斯在文章中对于美国的股票价格创下历史新高和公司与发展中国家所必须支付的风险溢价已达成或接近历史最低水平表示他的忧虑。

吸引水皮关注的与其讲是这位前财长对于金融市场的担心，不如说是他在文中对于资本市场危机周期性的分析。

“过去20年，世界经济经历了1987年的市场崩溃，上个世纪90年代初的银行业危机、1992年的亚洲金融危机、1998年美国长期资本管理公司的危机、本世纪初发生的纳斯达克股市暴跌以及‘9·11’恐怖袭击事件。尽管其中每一个事件都是独立的，但记录表明，危机大概每三年发生一次。”

危机每三年发生一次。

萨默斯的警告对于中国股市有没有意义呢？

在水皮的世界观里，这样的警告是非常有意义的。2006年5月初，水皮之所以预期中国股市会在年内达到2500点，很重要的一个前提就是，在股改之后，中国股市已经和全球资本市场接轨，已经成长为全球资本市场的一个有机组成部分。中国股市将会和全球资本市场在大趋势上保持一致。当时，恒生指数已创新高，道琼斯接近历史高位，根据上一轮的经验，恒指领先内地股市半年创新高，道指则领先一年创新高。据此，水皮认为在未来的半年之中，中国股市将会创出新高。而考虑到指数虚增的因素，股指在2006年内达到2500点是可能的。现在恒指已经到达过20000点，道指也已经越过12000点，全球资本市场的牛势不减，中国股市在2007年当然也会屡创新高。

这是不容争辩的。

有些朋友根据一篇“水皮为什么成了太空司令?”的标题就判断水皮已经看空，实际上是对水皮的一种误读。就是看空，水皮也是在3500点上的看空；就是看空，水皮也提醒大家奥运会之前是中国股市的安全期，投资者可以难得糊涂，即便套牢也有解套的机会和可能。

奥运成为安全保证是从政治层面讲的，而从市场的层面讲，从2005年6月起的这轮牛市，到2008年8月整三年，作为一个上升周期也该告一段落了。

中国股市此前一共发生过两轮跨年度行情，第一次是从1995年下半年开始的，1997年7月香港回归后结束；第二轮是从1999年的“5·19”开始的，2001年6月结束。不多不少，正好跨三年。

萨默斯的“危机每三年发生一次”和中国股市的牛势周期或许是一种巧合，或许是一种必然。我们可以在一年以后印证。

（2007年1月11日）

牛市的尾巴究竟有多长？

牛市的尾巴究竟有多长？这是电视主持人袁岳在一个节目快结束时给嘉宾出的题目，这期节目的名字不叫别的，正是叫“2007 年如何斗牛”。

台上的嘉宾有六位。其中机构的代表三位，分别是上海中期的马俊峰、东方证券研究所的梁宇峰和美国西山的沈浩。评论员也有三位，一位是前摩根斯坦利的谢国忠，一位是第一财经的姜韧，另一位就是在下水皮同志。

三位机构代表中，马俊峰给出的时间最长——十年。无疑，这位坚信股指期货是重大利好的老兄是“黄金十年”的拥护者。因此，对于市场的走势也最乐观。其他两位印象中好像都说是三年，很重要的一个理由就是 2010 年上海的世博会。上海人看重世博会的情结和北京人看重奥运会的情结好有一拼。

三位评论员中，姜韧给出的时间好像也是三年。不用说大家也能猜到，姜韧也是上海人。谢国忠给出的时间则是两年，理由和他们都不一样。谢国忠认为 2009 年美国经济有可能衰退，进而影响中国的外贸出口和人民币升值前景，从而导致国际热钱的流出，流动性过剩的情景不再，中国股市的牛市也就结束了。水皮给出的时间则是一年半。理由已经讲过很多回了，就是奥运会这个概念。这一轮牛市起于 2005 年 6 月的 998 点，到奥运会的 2008 年 8 月正好是三年多一点。中国股市历史上有过两次跨年度行情，一次是起于 1995 年的“5. 18”行情，结束于 1997 年 7 月的香港回归；一次起于 1999 年的“5. 19”行情，结束于 2001 年 6 月的国有股减持。时间长度虽然不够 36 个月，但是跨度都是三年。事不过三。并且这并不是中国股市的特殊国情，美国股市也是如此。水皮此前提到美国前财长萨默斯的警告，危机也是每三年发生一次。大家一说泡沫，往往会想到日本经济“失去的十年”，而从日本签署广场协议的1986年算起，日本股市也是狂涨三年就到了顶。1989年开始，日本的股市开始崩溃。

最有意思的是，此前袁岳还让大家猜过一次2007年上半年的指数位置。三位机构代表高度一致，都在3000点附近，而谢国忠猜的点位也在3100点。显然，虽然他认为中国股市的泡沫正在生成，但是指数还在他可以忍受的范围之内。姜韧的指数在3400点，水皮写下的指数是3500点，比2006年5月水皮做节目时写下的指数整整多了1000点。

这实在是一个有趣的现象。对于短期行情的高度，水皮是最乐观的，但是对于长期行情的长度，水皮又是最谨慎的。为什么会这样呢?

在北京召开的观察家年会论坛上，银河证券的首席经济师滕泰对水皮提出了严肃的“批评”，认为根据言论表现，水皮已经成为中国股市非理性的代表，明知股市有泡沫，还在鼓吹泡沫。

滕泰的话不是没有道理。股市其实就是一个非理性的地方，涨，会涨过头；跌，同样会跌过头。如果水皮对指数的认识是非理性的话，那么，难道其他嘉宾对于行情长度的认识就是理性的吗?

（2007年1月24日）

茅台在百元能站多久？

水皮生就一张乌鸦嘴。

贵州茅台2007年1月15日盘中首次触摸102元，沪深股市在时隔五年之后再次出现了百元的股票。水皮在接受采访时，第一个反应不是欣喜，而是反问：历史上百元股票有善终的吗？

这不是乌鸦嘴，又是什么呢？

中国股市历史上曾经出现过三只百元股。第一只是亿安科技，2000年2月5日突破100元，2月20日达到126元。事实证明，这是一出被亿安科技董事长罗成自己操纵的闹剧，证监会为此开出了8.98亿元的罚单，但是最终以罗成卷款潜逃落幕。亿安科技股价尚在70元左右时，水皮写过“管理层为什么投鼠忌器”，但是最终为亿安科技埋单的是投资者。第二只百元股叫清华紫光，亿安科技能摸高100元，来自清华的紫光就更有高科技的支撑和理由。2000年2月17日，清华紫光在盘中也冲到了106.57元。清华紫光现在的股价是10元左右，复权的话也就在24元左右。第三只百元股叫用友软件，用友软件36.68元发行，2001年5月18日开盘首日盘中摸到了100元。用友软件实行股改后股价一度低于18元，复权的话也就是60元左右，现在价位冲到了40元，相当于复权回去134元。水皮当时写过一篇文章，叫“先胖不算胖”。现在看来，用友即使以目前的点位计算，当时100元入场的同志现在也就刚刚解套而已。

虽然三只百元股票的结局都不理想，但是，盼望百元概念能在中国股市立足却是很多人的心愿。早在1996年，市场就有四大百元概念的说法，这四只被人们认为最具百元相的股票分别是深发展、四川长虹、彩虹股份、神马股份。事实证明，心愿就是心愿，期望越大，失望也就越大。

其实，纵观沪深股市，虽然没有能站住的百元股，但是成长性好的股票并不少见。比如，水皮曾经抨击过的苏宁电器，2004 年熊市中上的市，上市两年多，股价相对发行价翻了 10 倍多，在这轮行情中又从 23 元起步涨到了 70 元。复权的话，就到了 140 元左右。半年前水皮怀疑过苏宁的成长性，但是市场对此作出不同的反应，水皮只有认栽。

很多人对汇丰银行长期呆在 160 港元羡慕不已，爱屋及乌，也就希望中国股市也有类似的常青树。但是毕竟高处不胜寒。过高的股价一方面吓阻了散户买盘，一方面对分红的要求又过高。上市公司虽然风光但类似示众，没有一点底气是不肯出这样的风头的。这也是为什么上市公司动辄大比例送配以降低股价的重要原因。

那么，别的股票不肯上百元看台，茅台是不是就站得住呢?

的确，从静态市盈率看，茅台已经达到 70 多倍。高出大盘平均值一倍。从现金折现看也不足以支撑目前的股价。但是，如果考虑到茅台在白酒市场独一无二的至尊地位和价值 300 亿元窖酒的稀缺性，茅台酒的价格依然有提升空间，业绩增长是有保证的。这种优势是其他传统上市公司所不具备的。茅台股份的董事长袁仁国能够入围 2006 年央视年度经济人物并获提名奖，也是社会对于茅台的一种认可。如果茅台站不住百元台，那么其他的股票就更没有资格。

茅台站在百元台上，给袁仁国带来的不仅是荣耀，更是责任和压力。股价涨涨跌跌是正常的，今天能上百元，明天就能下百元。水皮宁愿看见一个站不稳百元的茅台，也不愿看见一个 10 送 10 除权后站在 60 元之上的茅台。因为，前一个茅台更真实。

（2007 年 1 月 29 日）

泡沫是与生俱来

我们不应该主动刺破泡沫，而只需要为限制泡沫破灭对宏观经济的损害做好充分的准备就可以了。

假如的事情也就是不可能发生的事情。但是，今天不可能发生的事情不等于明天不会发生。股市的泡沫是与生俱来的，终归有破灭的那一天。那么，如果那一天到来的时候，我们该怎么办？

我们不应该主动刺破泡沫，而只需要为限制泡沫破灭对宏观经济的损害做好充分的准备就可以了。

这不是水皮的回答，水皮没有资格说这样的话；这也不是周小川的回答；这是格林斯潘的回答，而且是十年前的回答。1996 年的 12 月 5 日，格林斯潘在华盛顿做了一个著名的演讲，那个演讲的题目就是“非理性繁荣”。

格林斯潘是美联储主席，美国货币改革的决策者。就货币政策而言，格老以为中央银行不应该试图将股票、住房和其他资产价格作为目标。不但如此，格林斯潘进而明确提出，如果金融资产泡沫的崩溃没有威胁到实质经济如生产、就业、价格稳定时，美联储官员就不应该关注。

“事实上，1987 年的股市大崩溃对我们的经济几乎没有什么负面的影响。但是，我们不应该低估资产市场以及整个经济之间的复杂关系，也不应该对此感到放心。因此，评估资产负债数据的变化，尤其是资产价格的变化是制定货币政策的一部分”。格林斯潘讲话当天，标准普尔的指数是 744. 38，比上年同期上涨 21%，现在标普的指数已经翻番。

2006 年 12 月底，银监会制定了一份银行信贷、资金的清查指引，指示各商业银行对可能进入股市的资金多加控制，这是一份再正常不过的指引，但是考虑到对股市的影响，银监会并没有在网络上公布，只是下发各大银行。一个月后，这份指引被人捅到了媒体，变成了所谓的重大“利空”。

证监会主席尚福林在券商的座谈会上针对部分机构进入居民小区拉客开户的行为提出批评，要求机构作好投资者风险教育，本来是正常的善意的提醒，却被媒体渲染成重大利空。

国资委主任李荣融告诫国有企业专注主营业务，不要盲目炒股，这是李荣融作为国资委负责人的责任所在，但是经过报道，也变成了打压股市的“金牌”之一。

全国人大副委员长成思危先生年前就对所谓股指4000点的言论提出过批评，认为是头脑发昏，但是最近海外媒体报道他关于泡沫正在形成的观点时，却也被放大成了“大利空”。

水皮在琢磨格林斯潘的讲话时，一直搞不明白，中国的管理层如何为限制泡沫破灭时对经济的损害做好准备，现在想来，银监会的指引、尚福林的讲话、李荣融的告诫都是题中应有之意，也是一种未雨绸缪。

股市有泡沫，股市的泡沫正在生成，股市的泡沫还没有达到要破灭的时候。这是水皮对中国市场现状的判断。其实，泡沫的生成、破灭，就是股市规律，是股市对于人性贪婪的报复，就是矫枉过正。泡沫是自己破的，投资者没话可说，泡沫是管理层人为刺破的，投资者就会把投资的错误一股脑推给管理层，替自己的贪婪开脱。

现在的中国股市已经不再是五年前的股市，对于一个开放的股市，要从阻遏的思维对付流动性过剩，是难上加难的事情。管理层要打压过热的股市有没有办法？如果套用当年的行政手段，可以让股市应声而落，但是对于外资来讲，又如何让他们对A股产生信心呢？

管理层对监管负责，投资者对投资负责，桥归桥，路归路，市场的事情让市场决定，这才是真正的市场经济。

（2007年2月2日）

政府干预应遵循的四项基本原则

最近的中国股市就像北京的天气一样，热得有点让人发晕。黄金周长假之后，指数轻松跨越 4000 点，成交量再一次突破 3000 亿，想不让人关注都困难。

《北京晚报》是一份北京地区的都市报，5 月 9 日这一天的报纸上居然有四个版面是用股市新闻做的头条。要闻版的消息是“股市突破 4000 点”，经济版的消息是“国歌改股歌”，社区版的消息是“股民不敢叫爹”，中国版的消息是“南京股民当赌民”，虽然不乏夸张搞笑的成分，但是股市之热在媒体版面上已经有点失控了。

越来越多的人在担心，面对如此过热的市场，政府会不会干预？如果答案是肯定的话，那么又会如何干预？

中国股市是政策市，但是坦率地讲，这种政策市的特征在股改启动之后在淡化，管理层对于市场的调控痕迹也在淡化。上证指数在突破了 2000 点之后，泡沫论已经泛起，但是管理层不为所动，上证指数在 3000 点震荡，头底争执之际，管理层也没有表态，这些反应在水皮看来不是政府的失责，而是市场监管定位使然，不是缺位而是没有越位。

当然，以行政干预市场的效果是可以立竿见影的。最著名的莫过于 1996 年的《人民日报》评论员文章。管理层在十二道金牌无效的情况下，只能在中央电视台新闻联播中播出《人民日报》评论员文章“如何看待当前的中国资本市场”。文章甫出，再愚钝的投资者也不敢再揣着明白装糊涂，市场连续三个跌停。但是，行政干预能奏一时之效，却不能改变市场的趋势，1996 年底的跌停并没有挡住 1997 年的牛市脚步，随之而来的就是报复性的反弹。

此一时，彼一时。

1996 年的股市成交量和今天不能同日而语，不到今天的 1/30；区区300亿的增发额度就足以吓阻市场几年做多的冲动，而300亿还不够今天一个大盘蓝筹股的规模；1996年中国股民的开户数不过5000万左右，今天这个数字已经成了9300万左右；1996年中国没有基金投资者，而今天基民的规模已经达到1500万左右；1996年A股市值不到4万亿，而今天市值就已经达到14万亿；1996年中国不存在流动性过剩问题，而今天一个季度的外汇储备增长就能达到2000亿美元。

如果一定要寻找1996年和2006年的共同点的话，那么我们会发现1996年是以长虹和海尔为代表的中国家电企业的高速成长期，而2006年则是以招行和民生银行，甚至改制之后的工商银行为代表的中国金融业的高速成长期。换句话说，业绩实际上是任何一轮牛市的内在价值因素。

显而易见，在这种趋势面前，堵绝不是一个好办法，要么被洪水淹死，要么被疯牛踩死。

更何况，今天的中国股市对全球的影响力又是那么的巨大。如果说“2·27”引发全球暴跌还只是让人意外震惊的话，那么“4·19”对于全球市场的左右已经让人无言以对。法兰克福的媒体声称，过去德国人在晚上10点钟的时候会惊醒，因为那时是纽约交易所收盘的时间。现在德国人可以放心睡觉了，他们只要在早上8点醒来就行了，因为那个时间是上海证券交易所收盘的时间。

格林斯潘是美联储的前主席，1996年他发表了著名的演讲，指出了“非理性繁荣”的概念。对于过热的忧虑，他认为他的职责不是去刺破泡沫，而是为泡沫破灭时避免对社会对实业造成的伤害而做好准备。格林斯潘对待泡沫的认识，值得我们管理层借鉴。

市场经济，尤其是资本市场的投资，是以个人意志充分表达为基本前提的，但并不是说在供需失衡造成的泡沫面前，政府就无所作为。加快大盘蓝筹股的上市和海归就是一个很好的选择，加大市场监管力度、打击人为操纵、确保市场公平交易也是应有之举，不管强化哪种干预手段，间接的、有限的、市场的、法律的，都是应该遵循的四项基本原则。

（2007年5月11日）

股市调控透露了什么政策信号？

调控如期而至。

绝大多数投资者想不到的是，新华社的消息是在他们已经入睡的凌晨12:04才发生的，财政部终于决定把证券交易印花率的税率从现行的1‰调整为3‰。

水皮之所以用“终于”这个概念，完全是因为这种调控措施早就在业内人士的分析预测之中，人们有悬念的只是什么时候才会开始实施，而今天这个消息的见报实际上就是一种预期的变现，水皮的心中就有一块石头落地的感受。

有人说这是不是管理层在打压股市？

水皮回答是也不好，不是也不好。

先说“不是”。如果水皮回答不是，那么投资者就会叫水皮睁大眼睛看看，上证指数下跌了281.83点，深圳综合指数下跌了824.45点，前者的跌幅是6.5%，后者的跌幅是6.16%，仅次于“2·27”时的幅度，两市跌停的股票达到800多家，1340家股票只有170家翻红，几乎可以肯定的是在今天晚上我们大睡之时，全球的股市同样也会是跌声一片。

再说“是”。如果水皮回答是，那么不但管理层，就是水皮自己内心也会自问：为什么？为什么管理层会跟股市过不去，打压股市管理层又有何好处，股市低迷了，股票长不上去，间接融资转化不成直接融资，或者股市的资金流入楼市再一次推动楼价的上涨，符合谁的利益？

别的不说，就说印花税。

央行的货币执行报告已经披露，证券交易印花税在今年一季度高达122亿元，因此增长515.9%，远远超过今年一季度全国财政收入26.7%的增长幅度。照今天4165亿元的成交量计算，一天的印花税现在就是24亿元人民币，这些钱都是纳入国库的税金，谁会嫌钱多？

说句良心话，提高印花税也是应该的。

为什么？

因为印花税的税率正常情况下就是3‰。有点经验的投资者都知道，早年间深圳推出的印花税曾经高达6‰。1992年6月12日国家税务局统一规定为3‰。1997年5月12日，为了给狂热的市场降温，印花税被提高到5‰，1998年6月12日下调至4‰，而在2001年11月16日沪深从2245点暴跌至1350点附近时，印花税更被降至2‰，2005年1月23日又被降至1‰。也就是说1‰的标准，实际上是管理层为了活跃市场、降低投资者成本而在股市中采用的标准，是一种典型的让利于民的标准。这个标准并不适用于牛市，而在牛市中收获多多的投资者也不会在这点纳税义务上和政府斤斤计较。

既然只是恢复正常的征税标准，既然连曾经的高限都没能达到，那么又怎么谈得上打压股市呢？

怎么解释市场的反应呢？

说一千，道一万，市场的获利盘太多太丰厚，本身就有调整的巨大的内在压力，而这种压力在上周已经显现，这也正是上周流言盛行周末重大利空的重要原因，由于周末的利空没有出现，本周不可避免出现了加速上升的趋势。在这种情况之下，公布印花税的消息起到了强制市场调整的外力作用，市场借势洗盘，有过激反应也是正常的。

实事求是地讲，市场的确过热，降一降温是必要的，否则上半年指数就可能把下半年的空间给填满了，行情就有可能提前结束。为股市制造一个持续稳定的发展环境是管理层的用心，这番用心堪称良苦，读者诸君不妨慢慢体味。

5月11日，水皮杂谈发表“政府干预股市应遵循四项基本原则”，提出谨慎、有限、间接、依法四项原则，调整印花税的做法只是一种市场化的干预，这种干预不会改变市场的牛市趋势。价在量之后，成交量的天量其实已经说明问题。

（2007年5月31日）

三大证券报在替谁喊话？

《中国证券报》、《上海证券报》和《证券时报》号称中国股市的三大证券报，这三张报纸虽然不是中国证券会的机关报，但是因为吃的就是证券的饭，所以基本上就是管理层的喉舌，尤其是在关键时刻发表的社论，往往并非是报社的观点，而是管理层的意图。

6 月 4 日，《中国证券报》发表社评“股市繁荣需要理性”；《上海证券报》发表社评“策改势不改，正确理解印花税税率调整”；《证券时报》发表社评“调整印花税是市场化调控手段”。三大证券报的社论言辞尽管各有不同，但是观点是一致的，即就是调整不会改变牛市的格局，大家应该正确理解印花税调控的目的和作用，保持清醒。如果说过去无理由涨停是不理性的话，那么现在无条件的跌停也是非理性的。

三大证券报不言而喻，是在替管理层喊话。

喊什么话？

稳定人心的话，稳定市场的话，稳定牛市的话。

股市有结构性泡沫，股价上涨速度过快，市场本身已经积累高速的动力，政策不过是将内在的动力变成了外在的“压倒骆驼的最后一根稻草”。这些道理 5 月 31 日水皮在“股市调控透露了什么政策信号?”的杂谈中已经讲过，相同的道理由三大报以社论形式说出来，分量应该是不一样的。

三大报的社论对于基本面和政策面作出了更为清晰的描述。

中国证券报的评论直言：“正如阶段性的市场调整并未改变牛市之基本面一样，一定时期的政策调控也未改变政府的基本政策取向。”

“从基本面看，我国经济发展中的人口红利效益远未结束，工业化和城市化正方兴未艾，国际竞争优势依然明显，流动性过剩局面短期内难以改变，股权分置改革这一制度变革所带来的生产力释放效应尚未结束，适应现代公司治理结构要求的大型国有企业整体上市才刚刚拉开序幕……我们没有理由因一时的波动和调整而对中国股市的远大前程失去信心。"

"从基本政策取向看，随着市场经济的发展，我国需要一个发达的资本市场，它不仅是优化资源配置，建立现代企业制度的需要，也是发展直接融资、化解金融风险过度集中于银行的必由之路……我们没有理由因当下的政策调控而对积极发展资本市场的既定方针产生怀疑，更何况此次调控的本意就是及时化解市场风险，防止更大的震荡给投资者带来更大的损失？"

但是投资者似乎并不给三大报面子，市场更是以1000余家股票跌停，上证指数暴跌8.26%作出了反应，恐慌的蔓延和政策的信号完全背道而驰。

为什么会这样？是什么破坏了投资者和管理层之间起码的信任，是因为被伤了自尊还是因为有新的不负责的传言，或者两者兼而有之？

不可否认，提高印花税本身其实不是以对市场形成"崩盘"式的调整效应，如果说有管理成分的话，那么可以解释为前期利空效应的集中滞后爆发，但是管理层的具体做法依然有值得商榷的地方，消息公布的时间就是如此。

任何政策性干预市场的做法都是一把双刃剑，对此理解最深刻的莫过于管理层了。教育投资者的出发点没有人会怀疑，买者自负的规则也没有人会怀疑，管理层爱民心切更没人会怀疑，但大损失是损失，小损失也是损失，长期的损失是可能的损失，短期的损失是现实的损失，谁又能知道市场能够承受的政策调控力度是多少，究竟是想象中的400点，还是如今的近800点？

用别人的错误惩罚自己是愚蠢，同样在大盘基本上完成了极限调整之后盲止杀跌也是愚蠢的。

中国经济的发展需要牛市，中国经济的发展同样能支撑这一轮前所未有的牛市。坚定牛市信念，和管理层保持一致，是一种理性的选择，也是一种正确的选择。

不信，可以走着瞧。

（2007年6月5日）

叶公好龙是一种什么心态？

叶公好龙是一个成语，小学生都知道，但是恐怕没有一个人会认为自己就是叶公第二，所以，这个成语在现代就有了不尽的使用价值。

汉代的刘向在《新序·杂文》里说，叶公子高很喜欢龙，家里恨不得到处画着龙，叶公的这等诚意让天上的龙很是感动，于是惯于呼风唤雨的龙就来他家探望，龙头伸进了窗户，龙尾还拖在堂屋上。没有想到的是，平时口口声声把龙挂在嘴上的叶公却被吓得魂飞魄散，面无人色。

故事就是这么一个故事，故事里的事未必就是真事，刘向说这么个故事无非是来打个比喻，有些人表面上喜欢的事，其实并非真正喜欢，事到临头，甚至于还畏惧。

过去是这样，现在也是这样。

谁都知道世界上没有只涨不跌的股市，谁都知道即使牛市指数也有调整的需要，谁还都知道只有调整过的牛市才能走得更远，但是真当指数开始调整的时候，又有多少人能够镇定自若呢？

上证指数突破3500点之后，水皮一直向大家灌输这么一种矛盾的理念：看空不做空，或者叫战略上看空，战术上做多。为什么？因为指数的上升是必然的，谁都挡不住，尤其是在下半年大批蓝筹回归之后，指数的泡沫化程度会加大，虚涨是必然的，但是70%的个股会出现调整甚至下跌走势。为什么？因为个股鸡犬升天的阶段已经过去了，透支的空间已经没有了，除了下跌没有上涨。面对随时会出现的调整，水皮只有一个建议，满仓等待暴跌，跌完了心里就踏实了，调整就结束了。至于为什么是满仓不是空仓，道理以后再讲。事实上，这样的话，说起来轻松，做起来却难。大家不妨看看身边的朋友，有多少人在这一轮调整个股跌去四个板之后割肉而走，有多少人的心理经历了从贪婪到恐惧的崩溃，又有多少人对政府在三大报的喊话置若罔闻而宁愿相信子虚乌有的所谓利空，这不是叶公好龙又是什么？

当然，叶公好龙的绝不仅仅是投资者，管理层中也多少有些人拥有同样的心态。

谁都知道东方民族爱多储蓄，谁都知道中国人的储蓄是世界上最高的，但是并不是所有人都知道，太高的储蓄率是中国的银行系统一个太大的负担。和世界上发达国家相比，中国企业通过银行贷款的间接融资比例太高，而通过证券市场发行股票的直接融资比例太低，即便是在大牛市的2006年，IPO的数字也不过2000亿人民币，而银行贷款的规模都在2.6万亿左右。一直以来，中国政府就在致力于调整直接融资和间接融资的比例，但是可惜的是，由于从2001年6月起，中国股市陷入了长达五年的熊市，这个比例不仅没有得到调整，反而还有扩大的趋势。为什么？财政部从1999年11月1日开始征收利息税，不是为了一年多征个两三百亿的税而是为把存款从银行里挤出来，让太多的钱进入消费、进入投资。这样的想法在熊市里只能是空想，人民币存款不但没有下跌反而从10万亿到了今天的17万亿！

A股市值超过人民币存款有什么值得大惊小怪的吗？人民币存款下降2700亿不是大家一直盼望的吗？既然增加利息税不能产生挤出效应，那么取消利息税又哪谈得上留住存款呢？这不是叶公好龙又是什么？

特别要说明的是，水皮赞成取消利息税，因为这对低收入家庭是一种保护，但并不会对投资者产生影响，更不会对刚刚开始的存款搬家产生影响，当然也不会对股市产生实质性的影响。取消利息税只能说明一点，银行存款已经产生了挤出效应，已经没有使用利息税这种手段的必要，15000亿特别国债的发行对象就是那些在银行里犹豫不决的存款。

叶公好龙是要被人笑话的。

（2007年6月30日）

人无远虑，必有近忧

7月的股市和7月的天气一样潮湿憋屈。水皮在上期杂谈“叶公好龙是一种什么心态?”中刚刚说过满仓等待一次暴跌，周四的股市就给大家看了一回脸色，上证指数好像是“无缘无故”就暴跌了200点。

水皮之所以要强调“无缘无故”，一方面是因为无论是基本面还是政策面都没有什么足以导致股市暴跌的因素，不但没有利空，某种程度上讲甚至还有利好。比如，当天财政部就1.55万亿国债发行所做的说明，实际上是解释了会不会影响入市资金的担忧，从政策面讲，这是一种善意的表达。又比如，刚刚公布的中报业绩，大多数公司的增长达到了40%左右，超过1000%的有十几家，超过500%的有几十家，民生银行预计中报的业绩增长将达60%，目前的股价仅为11元左右，市盈率不到30倍，从基本面上讲，业绩足以支持牛市的继续。再比如，H股和A股的倒挂现象已经出现，从最早的招商银行一家到目前包括沪宁高速、马钢股份及海螺水泥在内的四家，倒挂最严重的沪宁高速差价在4%，最少的马钢近0.5%。一般情况下，A股相对H股都有30%的溢价，而现在工商银行A股仅5元，H股在4.53元，溢价已经缩小到10%，从股价上看，将近半年的时间工商银行就没有涨过又让它跌到哪儿去？从A股和H股的对比看，A股也没有太多调整空间。更何况，与中国内地股市连续的大幅调整不同，恒生指数已经连续大涨且创历史新高，道琼斯指数也是如此，全球资本牛势强劲。另外一方面，正因为从基本面政策面讲不出什么下跌的原因，所以莫名的下跌才更让人担忧，更让人害怕，每个人都会担心市场或许存在着自己不知道而别人却先知先觉的内幕。

市场真的会无缘无故下跌吗?

在上证指数冲破3500点之后，水皮在很多场合宣传战略看空战术做多的观点，指出大涨大卖、小涨小卖、不涨不卖、大跌大买、小跌小买、不跌不买的操作策略；同时指出，指数一定会往上走，但是大多数股票要走上下跌的价值回归之路。事实证明，这个判断是对的。“5·30”之后，不少股票已经下跌50%以上，被打回原形，正是这种深度的套牢，让投资者的心态变得极度脆弱，已经对这个市场还是不是牛市产生了巨大的怀疑，心理上的恐慌已经让人们失去了作出正常判断的可能。

这就是调整，成交量从一天4000亿下降到1000亿是一种结果；开户数从最高的5月28日38.5万户到7月5日的7万户是一种结果；股票型基金出现11个月来的首次亏损也是一种结果；这种调整就像7月多发的雷阵雨天气一样，只有一场暴雨才能驱散那黏糊糊的湿气，才能迎来阳光明媚的晴日。

200点的暴跌就是这么一阵暴雨。

和市场的上涨是有轮次的一样，市场的下跌或者讲是调整也是有轮次的。高价股领涨同样会领跌，大盘蓝筹滞涨同样会滞跌，当本身并没有太多的涨幅可以调整的大盘蓝筹出现暴跌的时候，基本上可以确定最后的补跌已经完成，而7月5日的暴跌的主导正是一直抗跌的大盘蓝筹，中石化的跌幅超过7%就是一个最好的证明。

围绕4000点展开的调整和3000点的震荡并没有本质上的区别。3000点是头还是底也曾经让市场出现过分歧，4000点是否是牛熊转折点困扰投资者也是正常的。但是，牛市不会因为这种分歧和担忧就结束，主导市场的最终是中国经济的状况。来自美国安永会计师事务所的调查表明，中国已经超过美国成为对全球投资者最有吸引力的国家。选择在中国投资的人占到48%，选择美国的人只有33%，而在2006年时中美两国还是一样的41%。这是开始，不是结束。

如果你和全球的投资者一样对中国抱有信心的话，又何必为眼前的几百点涨跌而睡不着呢？

俗话讲“人无远虑，必有近忧”，倒过来，人有远虑就不必为近忧所困，是不是这个理？

（2007年7月7日）

国资委是一个什么样的机构?

国资委是一个什么样的机构？如果要问投资者这个问题的话，十有八九的回答是错误的，因为国资委既不是个行政机构，也不是个普通的事业单位，而是一个国务院的特别事业单位。

国资委的特别在哪里呢？在于这个机构虽然不算政府的内阁成员，但是拥有的权力却不亚于任何强势部门，从管辖的部门看，甚至是个副部级单位最多的机构。

那么，国资委的职能又是什么呢？

国资委的职能官方的描述可能比较多，但是在一般人看来，主要是两项，一项是确保国有资产的保值增值，一项是对地方的国有资产管理行使监督、规范和指导的职能。

中国的国有资产管理长期以来一直有个问题在困扰着方方面面，那就是出资人缺位。在国资委成立之前，经济学界一度流行所谓的冰棍理论，即国有资产就像一根冰棍一样在不停地融化和流失，按照这种理论，国有企业是搞不好的，与其让其像冰棍一样融化，不如趁早私有化。早在五年前，时任国家统计局副局长的邱晓华就领头搞过一份报告，列出了国有资产应该退出的100多个行业，一度引起轩然大波，而“有进有退”的决策也被人简单化成了“国退民进”。但是这种情况在国资委成立之后发生了根本的变化，李荣融的强硬整治和管理改变了人们对央企的负面评价，央企业绩的提升又回过头来强化了国资委管好国有资产、经营好国有资产的信念，央企不但丝毫没有从竞争性领域退出的意思，反而对于进入行业前三名的公司具备了强烈的增资扩股的冲动。

刘纪鹏教授是水皮的朋友，在股改的评价上，刘教授的很多观点和水皮是一致的。可以说是一条战壕里的战友。但是，刘教授一直为

“大非”的解禁而担忧，进而一直对股改成败与否保持相对谨慎，这种担心直到国资委和证监会联合发布国有股减持三个配套文件后才解除。为什么？因为这意味着今后国有股减持不再会是洪水猛兽，因为这意味着国资委已经将地方国有控股上市公司大股东减持国有股的资格审查和审批收到了自己的手中。而据水皮的了解，国资委对于所谓的减持变现并没有地方政府或地方国资委那样的愿望，对于国资委来讲，追求的恰恰是对国有资产进而是对事关国计民生的战略产业的控制力而不是相反。如果国资委热衷于国有股减持，那么，这个机构到头来不是失去了存在的价值和意义了吗？有哪个机构愿意做自己的掘墓人呢？更何况，涉及央企的国有股减持，国资委的地位异常尴尬，减持的资金归谁支配就是一个现实的问题，能不能体现国资委在不同投资主体上的控制意图又是一个问题，也就是说，在国家国有资产管理公司这么一个投资主体出现之前，国有股减持对国资委来讲是没有意义的。

但是对国资委没有意义的事，对地方政府和地方政府所属的国有资产运营公司而言都有着巨大的意义。由于全流通而带来的市值剧增等于是天上掉下来的大馅饼，现在不减更待何时？

简单的减持不是国资委要的，而全流通带来的市值管理又会成为国资委考核央企领导的新指标。换句话讲，央企的市值维护将会成为每一个上市公司的老总必须面对的课题。在再融资完全市场化的格局下，合理的股价就意味着国资委对于资本市场的掌控能力，更不用提正在推进中的股权激励计划。

国资委不是财政部，也不是社保基金理事会，国资委管理国有资产的成就不在于高价减持，而在于低价增持，这一点投资者不可不察。

（2007年7月14日）

加息的过程就是牛市的过程

如果说现在全中国有4000万股民的话，水皮敢打赌至少有2000万的股民对于CPI是了如指掌的，至少有2000万的股民对于加不加息有着自己的判断。否则，在国家统计局公布数字的日子里，就不会有那么多的记者都提出同一个问题。

什么问题?

央行会不会加息?

其实，提出问题的本身已经有了鲜明的倾向性，因为不用发言人介绍，不用等到新闻发布会，地球人大概都知道，6月份的CPI不会低于4%，但是也不会高于4.5%，结果公布的数字就是4.4%。

央行会不会就此加息?

按照一般的理解，央行是应该加息的，一来上半年的GDP增速达到了11.5%，固定资产投资的增速达到了26.6%，经济有过热的可能；二来CPI的数字持续上升，5月份是3.4%，6月份是4.4%，7月份估计也不会马上低下来，银行存款利率相比之下再一次成为负利率。

但是，会不会真的如大家想象的那么简单，国家统计局今天公布CPI数字，明天央行就宣布加息或减息?

决策当然不会这么简单。

在水皮看来，在决定加息的同时，周小川至少有三种手段可同时考虑或选择，手段之一是发行央行票据；手段之二是减少或者免除利息税；手段之三是提高存款准备金率。

众所周知，本轮加息周期其实从2003年9月央行出台房地产新政时就已经开始了，2004年的宏观调控标志着中央各部委达成共识。但是在这个过程中我们发现，央行宁可反复地提高存款准备金率，也不愿意动用加息的手段，实在不行了，也只是先动贷款利率，没有办法了才开始给存款加息。之所以这么做，水皮认为央行有两点考虑。其一还是因为内需始终不旺，CPI 曾经长期低位徘徊，经济过热是结构性的投资过热；其二则是考虑到人民币升值的压力，本来人民币和美元就存在将近 3 个点的利差。美元兑人民币虽然有 5 个点的预期，但毕竟有利差的对冲，如果消灭了美元和人民币的利差，那么国际热钱流入中国的欲望和冲动就会更强烈。于是，我们发现，中美两国差不多同时进入加息周期，中国连续十多次提高存款保证金，美国则连续十多次加息。即便如此，从外汇储备增长的数字看，也没有挡住流动性过剩对我们的袭扰。上半年我们的贸易顺差不过 1100 多亿美元，可是外汇储备增加的数字是 3000 亿美元。事实已经证明，对付流动性过剩，加息不是一个有效的办法。

CPI 数字的增长是不是意味着通货膨胀呢？投资者有这样的担心是正常的，但是媒体以社论的方式作出结论就过于武断了。

通货膨胀有成本推动型和需求推动型两种。需求推动的可能性极小，因为中国几乎 100% 的产品都供过于求，产能都过剩。成本推动值得商榷，原材料价格上涨是事实，但是半成品价格并没有同步也是事实。尤其值得指出的是 CPI 由食品、工业消费品和服务价格三部分组成，推动 CPI 的主要因素是肉禽蛋价格的上涨，肉价的上涨有没有持续性将会成为判断的重要依据，根据价在量之先的原则，下半年肉价就可能下降，CPI 完全有可能回落。

话说回来，绝大部分投资者对 CPI 的关注，对加不加息的关注，根本的原因在于对股市走势的关注。那么加不加息对股市有没有影响呢？

当然有。加息，股市会涨，因为利空出尽是利好；不加息，股市会涨，因为该加不加当为利好。美国股市不就是在不断的加息过程中创出历史新高的吗？有人对 CPI 公布当日股市该跌不跌不理解，其实是因为他们不明白一个道理：加息的过程就是一个牛市的过程。

（2007 年 7 月 21 日）

股市是最讲政治的地方

股市是最讲政治的地方，股民也是最讲政治的人民。

7月26日，上证指数创出调整两个月以来的新高4371.51点，同一天，中共中央政治局召开会议，分析研究当前经济形势和经济工作，提出要坚持把遏制经济增长由偏快转向过热作为当前宏观调控的首要任务。7月27日，上证指数马上作出反应，跳低35点以4315.37点开盘，盘中小探4268.79点，最后收在4345.36点。

上证指数的走势实际上体现的是投资者对中央宏观调控意图的思想统一的过程。

先说开盘为什么低开？

这是不折不扣的理解要执行、不理解也要执行的反映。尽管前一天指数才创新高，尽管低迷了两个月的人气刚被激发，但是投资者的第一个反应就是利空。注意开盘的人气表现，工商银行是跳空0.08元开的盘，低开的幅度为1.4%，中国银行是跳空0.06元开的盘，跳空幅度同样达到1.4%。其实不光是银行股全部低开，就是中石化和中国联通这样的蓝筹股也同样跳空低开。

那么，强调宏观调控就一定是利空吗？

其实未必！

我们知道这一轮宏观调控始于2004年初，以发改委调控钢铁、水泥、电解铝三大产业投资为标志，以国务院铁腕查处铁本事件为象征，既有经济的手段，更有行政的措施，最后甚至上升到讲政治的高度。其间调控的目标更是直指房地产业，有效地遏制了以上海为代表的房地产领涨板块，对于阶段性稳定房价发挥的作用是巨大的。而和当时已经高达50%以上的固定资产投资增速相比较，尽管现在的25%左右也不算低，毕竟是有了巨大的回落。很难想象，如果没有这两年的宏观调控，中国经济现在会是一个什么样子，不是高烧得糊里糊涂，就是濒临崩溃的困境。

发展是硬道理，但是火车车速过快也有翻车的危险，所以控制好车速，科学地、持久地发展更是硬道理。正如中共中央政治局会议认为的那样，目前经济形势总体是好的，而这种局面证明，中央确定的宏观调控政策是及时的、必要的、正确的。换句话讲，正是宏观调控的成功，所以中国上市公司的业绩才会在最近两年出现持续的增长，今年上半年更是出现40%左右的增长预期，直接成为这一轮牛市的上涨基础和领导力量。即便以工商银行为例，工行的业绩预增达到50%，而民生银行达到60%，招商银行达到100%，中信银行更是达到160%。

偏快无疑是对目前形势的判断，从发展来看，有向过热转化的趋势，宏观调控的手段得当就可以避免这种趋势的形成。这是水皮的理解，恐怕也是大多数投资者的理解。正是有这种全面的理解，因此，上证指数在经历了最初的低开之后走出了一波震荡整理的行情，不但收出了阳线，而且沪深两市的成交量均较上一个交易日放大，上涨的个股也远远大于下跌的个股。

不过，这不意味着上证指数会从此一帆风顺，一片升途。事实上，中央对于三个过快的总结，即投资增长过快，信贷投放过多，外贸顺差过大，早晚会影响诸如大家对金融类股票的预期。货币政策的调整对于银行股的业绩会有多大的影响现在也是未知数，因此，金融股很难在目前一骑绝尘，更难成为指数的拉升力量。

事实上，上证指数在突破前期高点之后已经出现了不知所措的感觉，方向感的迷失或许是一种巧合，或许是一种必然。宏观经济要避免从偏快向过热转化，股市指数同样面临避免从升幅偏大向过热转化的问题。这需要管理层明确长远的预期，也需要投资者有一份耐心和信心。

（2007年7月28日）

央行"完全不代表"的潜台词

有涨有跌是股市的规律，没有只涨不跌的股市，也没有只跌不涨的股市，跌多了股市会反弹，涨急了股市就会回调。

但是大家又都知道，中国股市又具有鲜明的政策市的特征，受这种特征的影响，很多投资者就有一种惯性思维，指数上涨是因为市场的力量，而指数下跌则是因为政策的影响。

8 月 1 日，上证指数以 4488 点高开，很快摸高 4500 点，随后逐渐下调，午后开始跳水，下午最低跳至 4284 点，收盘收于 4300 点，暴跌 171 点，跌幅达到 3.81%。

8 月 1 日的暴跌是怎么发生的呢？

在水皮看来，内因是短期上涨过快，积蓄了大量的获利盘。上证指数 7 月 6 日从 3563 点起步，20 个交易日中上涨了 939 点，幅度达 26%，而如果以 7 月 17 日起算，更是在短短 12 个交易日上涨了 733 点，幅度将近 20%。指数不但突破了前期高点 4335 点，而且事实上逼近了包括水皮在内的很多人的心理价位 4500 点，此时此刻的回调是正常的。但是市场有调整的压力并不等于会演变成调整的动力，内因有时是要靠外因点化的，而这个外因就是近期全球股市的暴跌，尤其是 8 月 1 日当天，港股大跌，盘中恒生指数一度暴挫 1000 点，收盘跌去了 700 多点，幅度和上证指数相当，正是恒生指数当天的盘中表现引发了 A 股的恐慌。

但是更多的人并不会像水皮一样"讲理"，更多的人替上证指数暴跌寻找的理由是央行严查非法违规资金。原来，前一天上海媒体上有一篇报道，题目叫做《央行反洗钱中心总分析师柴青山称，"非法违规资金大量流入股市"》。柴青山在报道中表示，非法和违规资金大规模流入股市，而且推测上半年流入中国的游资大约为 1219 亿美元。

游资的数字历来是一个模糊的数字，柴分析师的数字来自于理论分析，又没有说明这个从理论上分析出来的数字和股市有没有关系，会不会全部进入股市，但是又偏偏做定性分析在前，定量分析在后，再加上央行人士这么一个身份，怎么能够不让人产生联想呢？

实事求是地讲，上海的报道 7 月 31 日已经出现，股市暴跌出现在 8 月 1 日午盘，由此确定因果关系有点牵强，但是，不牵强又如何寻找借口呢？

令水皮意外的是，当天晚上新华社就发表了央行的澄清声明，央行新闻处官员在回答新华社记者的求证时表示，柴青山关于非法和违规资金大规模流入股市的观点是他在接受媒体采访时发表的个人观点，完全不代表人民银行的观点。

不代表央行已经说明问题，完全不代表要强调的又是什么潜台词呢？

或许只是巧合，就在 7 月 31 日，央行上海总部首度发布《中国区域金融稳定报告》，指出由于银行的贷款长期向大企业和重点行业集中，银行业的经营风险正在上升；如果房价出现较大幅度波动，将对银行的信贷资产与抵押品资产价值产生双重影响。更有意思的是，在“总体评估与政策建议”中，央行指出“应推进上市公司开展实质性、战略性的并购重组工作”，全面提升地区内上市公司质量，鼓励上市公司通过换股合并、资产置换、定向增发、引入战略投资者等方式，将优质资产注入上市公司。

上市公司的重组与注资理论上属于国资委和证监会的话题，央行如此明确的建议是尽责还是“抢话”，出发点又是什么？

解释只有一个，只有做大、做实、做强上市公司，才能化解资产的价格泡沫，才能消除股市崩盘的危险，才能达到金融稳定的目的。

不代表和完全不代表的区别不仅仅在于程度的差异，更在于态度的差异。

（2007 年 8 月 4 日）

券商黑社会文化的牺牲品

广发证券的总裁董正青已经被公安机关控制了两个多月，现在被检察院正式批捕，同时进去的还有一批追随董正青多年的部下。

董正青的命运其实在广发证券上了《新闻联播》那一刻已经决定了。“五卅惨案”的发生诱因有两个，其一是提高印花税，其二就是查处广发的借壳事件。印花税的消息是在半夜公布的，而广发的消息则是在《新闻联播》中播出的，以《新闻联播》在管理层和社会公众的认识来看，广发证券的重要性可想而知。

尽管许多熟悉董正青的朋友都跟水皮谈到过董正青身上的“匪气”，尽管不少圈内圈外的人都说董正青进去是早晚的事，但是水皮依然认为，董正青出事并不是个人品德那么简单的事，而是券商行业的缩影，是券商的黑社会文化的受害者。

券商的黑社会文化是水皮在前几年中国金融论坛年会的演讲中提出来的概念，话题则是由南方证券引起的。众所周知，南方证券的危机在2001年底已经爆发，由于委托理财的数额巨大，股市的暴跌给南方证券带来了巨大的亏损黑洞，南方证券为此换帅。新上任的董事长叫贺云，总裁叫阚治东，前者是深发展原来的董事长，后者则是申银万国的原总裁，两个人都因为曾经在各自的岗位上操纵股价而被证监会禁入市场五年，也都刚刚“刑”满释放。水皮当时发表的杂谈题目就叫“问题人士入主问题公司”。事实证明，南方证券“以毒攻毒”的拯救方案最终将这个当时排名第一的券商推上了破产的绝路。南方证券操纵哈医药的手段之拙劣、之露骨、之胆大、之愚蠢令人瞠目结舌，阚治东亦由此再一次被推上被告席。

每一次大行情都会消灭一个大券商，这是水皮总结的一条规律。1995年的“3·27”消灭了万国证券，1996年到1997年的大行情消灭了君安证券，1999 年到 2001 年的大行情消灭了南方证券和中经开。水皮一直没有公开总结的规律还有一条，那就是十大券商从第一代到第二代，没有一个券商的老总能够善终，不是身败名裂就是锒铛入狱，不是亡命天涯就是虎落平阳。为什么会这样？一个人可以说是个案，但当整个行业都这样的话，我们就不得不追问这种现象的社会根源和文化基因。

什么是黑社会文化？说白了就是黑白不分、正邪不分、好坏不分、美丑不分、是非颠倒、无法无天。侵占客户保证金、操纵股价、大比例透支融券都是外在的表现，否则就无法解释券商何以会陷入全行业危机。

和那些已经被市场消灭或正在被消灭的大券商相比，广发证券应该算是新生代券商中的佼佼者，否则当年中信证券就不会产生并购广发的念头，而广发证券反并购时表现出来的那种众志成城也令人刮目相看，既体现了广发的生命力，也体现了广发团队的凝聚力，因此，广发证券在 IPO 受阻之时，借壳上市，是顺理成章的选择。

借壳有错吗？当然没错。

那么董正青错在哪里？错在借此内幕交易，错在董正青对此不以为然，错在广发上下上行下效扰乱市场，错在那么多人认为假公济私理所当然，而这些正是黑社会文化的特征，这种特征其实不但存在于券商内部，同样存在于证券市场许许多多的参与者身上。绝大多数人都没有意识到打听消息的本身就是内幕交易的参与过程，更意识不到这种行为的非法性。“带头大哥”能在市场上有那么大的号召力同样说明这种文化基因的危害性和普遍性。

董正青身上的“匪气”，不同的情景有不同的解读，既可以是敢想敢干的代名词，也可能是违法乱纪的遮阳伞，监管得严，可能就是前者，监管得不严，就会成为牺牲品，证券市场由熊转牛不容易，要改变一种投资文化就更不容易。

（2007 年 8 月 11 日）

黑石的学费付得值不值？

美国私募基金公司黑石在美上市已经有个把月了，在这个把月中，股票尽管有震荡，但是方向是明确的，那就是往下，往下，再往下。

黑石的股价究竟多少才合理，这个问题谁也回答不了，大家知道的只是作为战略投资者，中国的外汇投资公司已经被套牢了20%。折算成美元，账面的浮亏是6亿美元，而此时此刻，中国的外汇投资公司还没有正式挂牌。

老话说，心急吃不了热豆腐。非吃不可的话，只有让嗓子付出挨烫的代价。

中国的外汇储备多，全世界的人民都知道；中国的外汇储备增长快，全世界的人民也都知道。这么多的外汇储备又有这么多的人都知道，就算你自已不想花，也架不住别人瞎惦记，更不用说，一个愿打，一个愿挨。

这就叫学费。

黑石还没有上市的时候，滕泰就和水皮专门讨论过中国入股黑石的条件。折扣有限还没有投票权，我们图的是什么？私募股权不透明，资产价格在高位，我们会不会替人站岗？决策如此匆忙，难免挂一漏万，我们着的又是哪门子的慌？黑石IPO一共才募集41亿美元，出售的股份一共才1.533亿股，而来自中国的资金就达30亿美元，占的股份就达1.013亿股。事实明摆着，不是黑石不给中国机会，而是中国捧黑石的场！

滕泰是银河证券的研究中心主任，一个正直的海归、一个正派的学者、一个拥有正义感的业内人士。滕泰的担心和困惑不到一个月就全部应验了，水皮说不出是高兴还是沮丧，是得意还是痛惜，是麻木还是愤怒。

如果学费是非交不可的话，非要交得这么贵吗？

为什么我们入股黑石和美洲银行入股建行会有如此大的反差呢？

水皮并不是一个狭隘的民族主义者，水皮认为做生意就是做生意，中国人跟中国人做的是生意，中国人跟美国人做的也是生意，生意上的事就是一个利益交换的事，可以打政治牌，但是不能本末倒置。政治天然是生意，但是生意未必就是政治。也正因此，水皮从来不愿意把当年的银行股权“贱卖”当做是阴谋，更不愿意替人贴上“卖国”的标签。事实上，中国的国有商业银行要股份制改革，要在海外上市，必须要引进海外投资者，必须要让渡部分权益，必须要给出一个优惠的价钱，这些大家都明白，问题在于如何估值，如何定价。我们没有经验，吃亏上当在所难免，但是亏也要吃在明处，账要算得清楚。贱卖不贱卖，市场说了算，1.09 元的参股价半年不到就翻三倍，是个会数数的就知道什么叫暴利，但是居然就会有所谓的专家学者搬弄“改革”的是非来混淆视听，令人匪夷所思。其实，道理是一样的，搞不清楚我们的银行股权为什么会“贱卖”，就弄不清我们今天为什么会在黑石的投资上追高。

美洲银行为什么会入股中国的银行，是因为便宜吗？不是的，相反，是因为看到了中国市场的巨大空间以及中国银行股价的巨大空间，否则，你请他，他也不会来；黑石为什么会在 IPO 前让中国入股，是黑石要让利于人吗？不是的，相反，黑石的创始人清楚自己的价格已经高估，即便有折扣，依然是高估。高估到什么地步呢？高估到自己 IPO 时就要变现走人。

妄自菲薄和妄自尊大的结果是一样的，被人卖了还要替人数钱。

水皮和许多朋友一样关注美国次级房贷债券危机以及由此引发的全球资本市场震荡，和很多人不一样的是，水皮更多的是感到欣慰。

为什么？

因为美国次级债的危机来得正是时候，不仅能刺破房贷的债券泡沫，同样会刺破包括黑石在内的金融类公司的资产泡沫。对于急于走出国门的中国资金而言无疑提供了逢低入市的难得机会。比如像贝尔斯登这样的投行，如果没有旗下对冲基金的蒸发，中信入股的价码不知道会要多高，而今天身陷危机，中信的钱就可能成为救命钱，此一时彼一时，时间不过一个月，主动与被动换了个位置。

外汇投资公司的规模在2000亿美元之上，如果一定要付出学费的话，那么黑石30亿美元的投资可以算第一笔，但愿这笔学费能让管理层警醒，外汇投资能够保值增值。

吃亏不可怕，可怕的是不知道吃亏。

（2007年8月18日）

5000点是谁的青藏高原?

只差一点，这是《中国证券报》和《上海证券报》8月23日头版差不多都相同的标题。

差哪一点?

当然是差5000点的整数关那么一点点。8月22日在央行突然宣布加息的情况下，沪深股市大幅低开之后即强行冲击5000点，结果盘中两次在4999点戛然而止，留下那么一点不成悬念的悬念。

中央人民广播电台经济之声的编辑在当天开盘之前联系上了在去机场路上的水皮。中央台的编辑应该讲是一个专业的编辑，因为他在加息的背景下作出了一个判断，大盘或许会冲破5000点，而如果大盘真的冲破5000点的时候，中央台会中断正常的广播，直播市况，找水皮就是想约直播评论。水皮告诉他，大盘不会直接冲5000点的。为什么？因为大盘周一的240多点已经是报复性反弹，周二的50多点已经有点力不从心，周三又如何能勉为其难呢？直到上飞机，中央台的电话再没有响过。

大盘冲3000点时，中央台请水皮直播过，大盘冲5000点时，中央台也想请水皮和全国听众一起见证。水皮很感谢中央台，虽然不敢自封为5000点先生，但是来自同行的认可依然让我们这些媒体人有一种价值实现的欣慰。

一个多月前的7月7日，正值《华夏时报》改版后的第二期出版，封面的大标题我们做的是“2007：被压抑的牛市猜想——5000点或6000点”，坚定地不留余地地给出了年内上证指数起码要上5000点的判断。而彼时彼刻，大盘正在3500点震荡，7月5日大盘曾经暴跌200点，悲观绝望的情绪弥漫了整个市场，私募基金的经理到处寻找3000点的理由，并不惜在网上和水皮展开论战。

有不少人问水皮，大盘上了5000点，你是不是很兴奋。水皮的心情很矛盾，一方面是预言变成了现实，一方面是现实正在变得迷惘。

迷惘的感觉之一是指数冲得越快，新一轮调整的压力就越大。连潘石屹都在问水皮，为什么政府在4000点有调控，在5000点又不调控了？

迷惘的感觉之二是领涨板块都已经表演过，该涨的工行涨了，不该涨的中钨高新也涨了，就连万科的增发价都超过了30元。5000点上活跃的又是概念股，又能撑多大的场面。

迷惘的感觉之三是两市大盘的市价正在超过英国的市值，成为仅次于美国、日本的全球第三大股市，但是同期市盈率也达到了平均56.47倍，和2001年6月上证指数达到2245点顶部时相当。虽然动态地来看，可以算作38倍，但是空间毕竟已经被透支。要以时间换空间，震荡就在所难免。

水皮在很多场合都反复强调过一个观点：

上证指数在突破3500点后就进入泡沫膨胀的阶段，在这个泡沫膨胀确切地讲是指数泡沫膨胀的过程中，大盘是安全的，个股却是危险的。指数的高度由20%左右的股票创造，而70%的个股不会上涨甚至还会下跌。最新的统计表明，60%的股票并没有能回到“5·30”之前的价位，只有200家股票跑赢了同期大盘。

5000点的沪深股市就像我们伟大祖国的青藏高原，美丽而雄伟，高贵而圣洁。但是高原就是高原，尽管还有无限风光的珠穆朗玛，但那毕竟不是所有人都能仰望的高峰。高原反应不是每一个人都能够克服适应的，越是健康的人或许遭遇的生命危险越大。

我们能够克服高原缺氧吗？

能，但是需要时间。

5000点是高原而不是高峰，所以我们不必恐惧。

5000点是高原而不是平原，所以我们不能贪婪。

“我看见一座座山一座座山川，一座座山川相连，呀啦索，那可是青藏高原？”

《青藏高原》是一首歌，高亢的歌调动听而迷人，能够唱好的人却不多。

（2007年8月25日）

十七大是目前最大的政治

“11月8日到11月14日，中共十六大开了整整一周，这一周是全中国人民为全面奔小康而群情激奋的一周；

11月8日到11月14日，沪深股指几乎跌了整整一周，这一周是全中国股民为100多点的暴跌而胆战心惊的一周；

11月8日到11月14日，证监会主席周小川作为党代表参加了十六大，见证了继往开来的历史时刻，同时，证监会主席周小川作为证券市场的主管眼见着股指长阴绵绵而无能为力；

周小川的心情恐怕有史以来没有这一周这么复杂。”

这是一段写于2002年11月的文字。五年前中共十六大召开的当天，上证指数跳空20点高开，下午以暴跌30多点收盘，此后一周连拉阴线，K线组合完全是跳水的形态。而在11月7日，证监会宣布推出QFII。

五年前的市场和五年后的市场当然已经完全没有了可比性，但是五年前的人情世故并不会因为市场的变化而有任何的改变。

五年前，水皮这篇杂谈的题目叫“全流通为什么总闹心?”五年后，水皮想寻找的答案是在十七大召开的日子里，上证指数的走势会不会让现任的尚福林尚主席觉得安心、舒心和开心。

中国是个最讲政治的国家，也是一个最讲面子的国家。对于尚福林来讲，上证指数就是他的面子。指数健康稳定，他的面子就容光焕发；指数上蹿下跳，他的面子就黯然失色。

讲政治从来就不是一句空话，从来都要贯彻从群众中来到群众中去的原则，从来都是现实和实践紧密地联系在一起的。

从十六大到十七大，是中国社会发生深刻历史性变革的五年。在这五年中，新一代领导人执政为民的理念深入人心。由SARS引发的公共卫生到公共财政的演进为此提供了最好的实践；在这五年中，国有企业的改革有了突飞猛进的跨越，国有企业的利润再一次把国富民强推向新的高度；在这五年中，中共中央做出了取消农业税这一中国历史上前所未有的创举，中国的亿万农民切实地分享到了改革开放的丰硕成果；在这五年中，越来越多的中国企业开始“走出去”，越来越多的民营企业开始叫板跨国巨头，“36条”的出炉更是打破了捆绑在民营经济身上的制度性枷锁。在这五年中发生的事情很多，但是再多，对于投资者而言，重要性也大不过股权分置改革这场伟大的制度革命。正是因为有这场革命，中国股市才从人为制造的整整五年的熊市中间顽强地走出来，才从被推到的1000点的废墟中顽强地站起来，才从被边缘化的弱市中顽强地夺回来了主导权和定价权。

股市是经济的晴雨表吗？五年前并不是，五年后才刚刚开始。尚福林是在十六大一个月后接替周小川出任证监会主席的，某种意义上讲，没有十六大就没有中国股市的今天。水皮相信，十七大之后的中国股市一定会拥有一个比今天更为灿烂的未来。

但是，问题在于现在，从现在到十七大召开的10月15日，以及召开之后的日子里，上证指数该如何表演。

既然5000点已经是青藏高原，既然股市是个最讲政治的地方，那么我们能不能暂时歇歇脚，慢慢停下来呢？这种假设是一种理想，但是并非幻想。

假如这种理想变成了现实，那么一个月以后市场的空间就更加豁然，环境就更加宽松，步伐就更加轻快，K线就更加昂扬，心情就更加舒畅，你轻松我快乐，皆大欢喜，何乐而不为呢？

水皮一直相信市场有自我修正的力量和能力，投资者更有自我约束的理性和智慧，没有行政干预的市场未必就疯狂，有了行政干预的市场未必不崩溃。

相信群众，相信党，相信十七大是我们投资者目前最大的政治。

（2007年9月1日）

肉价、房价和股价

肉价、房价和股价，在不同的国家，不同的领导人心目中排序是不一样的。

对于中国这样的发展中国家来说，对于温家宝这样的总理而言，毫无疑问，肉价是放在第一位的，房价是放在第二位的，股价是放在第三位的。因为肉价事关“民以食为天”，房价事关安居乐业，而股价则是一种愿赌服输的数字游戏，股市即便熊了三五年也没有造成社会不稳定。

对于美国这样的发达国家来说，对于布什这样的总统而言，毫无疑问，股价是第一位的，房价是第二位的，肉价则是第三位的。美国股市上涨，布什是不会说一个不字的，不管涨得多快，也不管涨得多高，但是只要股市一跌，特别是超过了3%以上的大跌，布什必然会出来喊话，稳定人心。而对于房价，大家已经看到了，即便次级债危机扩展到了亚太和欧洲市场，我们至今也没见布什对此发表过什么评论，充其量是布坎南在充当发言人。至于肉价的问题，水皮相信绝大多数中国人都知道，美国是世界上最大的“肉食”国家，美国的肉价是不会构成什么社会问题的。换句话讲，肉价在美国是没有人关心的。

这就是中美两个国家不同社会发展阶段的差别。如果说美国是个资本社会的话，那么，中国现在就是一个商品社会。

水皮在凤凰卫视和曹景行做“长安街”节目，谈的话题就是肉价的问题，因为此前国家发改委的副主任召开的新闻发布会谈的也是相同的问题。肉价上涨对城市中低收入的人群影响是大的，而对于农民增收的影响却是有限的，我们能不能因为对农民增收有限就一味地期望肉价能够下跌呢？恐怕也值得商榷。

肉价为什么会涨呢？养猪人的积极性不高是重要的原因。养猪人为什么积极性不高？是因为养猪无利可图。为什么养猪无利呢？因为农产品饲料价格的上涨，养猪人无法消化成本。农产品为什么会上涨？因为全球粮食供应的预期发生了变化，大量的美国玉米成为生产乙醇汽油的工业原料。为什么美国人对乙醇汽油那么感兴趣？因为以石油为代表的能源价格的上涨迫使人们寻找新的替代能源。能源价格又是怎么涨起来的呢？能源价格的上涨充分体现在原油期货价格的走势上。

把中国的肉价上涨和美国芝加哥商品期货交易所原油价格的上涨联系在一起，表面上看来有点荒诞，但是现实中就是这么一回事，说到底，肉价就是股价的反映。

那么肉价的上涨会不会导致通胀呢？

水皮认为不会。

原因之一，肉价虽然导致 CPI 的增长，但是却是整个涨价链条的末端，传导性不强；

原因之二，农产品和与此相关的肉禽蛋品都有生产周期，价在量之先，有价就有量，量上来了，价就下去了；

原因之三，中国 90% 以上的行业都是产能过剩，几乎没有什么产品是供不应求的，本来就内需不旺，又如何涨价？

CPI 的数字是目前大家最关心的，8 月可能会突破 6%，但是要指出的是这是和去年同期的比较，更有价值的是看环比，即 8 月份和 7 月份的比较，价格上涨的幅度是加大了，还是缩小了，趋势是加快了，还是减缓了，这样的分析可能更全面。

肉价上来了，下去没那么容易，能够稳定就算成功；股价上来了，下去也没那么容易，因为流动性过剩场外资金太多，能够平稳就算理性。

肉价也好，蛋价也好，股价也好，其实是联动的，要往上都往上，要往下都往下。

（2007 年 9 月 8 日）

假如美联储今天减息

虽然这只是一个可能，但是越来越多的观察家已经在讨论，美联储会不会就此停止加息的步伐，甚至开始减息。

有人会问，美联储为什么会减息，石油价格不是一直在走高吗？原油期货的价格已经达到了80美元一桶，已经连续三天创出了历史新高，第二季度美国的GDP增速甚至达到了4%，在这种情况下，美国怎么会不但不加息，反而背道而行之呢？

要回答这个问题，必须要清楚美联储调控经济的手段。我们知道，资本主义都是有经济周期的，有繁荣就有萧条，传统的经济学理论告诉我们这是因为个体生产的无序和社会化大生产的有序之间的矛盾造成的，所以就有了1929年的大萧条，所以就有了股市的牛熊交替。但是，自从20世纪80年代末期格林斯潘的前任开始反周期调控之后，人们发现经济周期这个现象在美国，似乎消失了。克林顿当总统的八年，美国经济是持续稳定增长的八年，美国股市也走出了连续十年的大牛市，有人认为这是因为克林顿的经济政策和互联网发展的结果。克林顿下台和互联网泡沫破灭之后，美国经济却并没有出现人们想象中的衰落，资本的流出也仅仅维持了一年。2002年美国重新又超过中国成为全球最大的外资流入地，尽管纳斯达克的指数从5000多点一路跌到1200点，但是代表主流经济的道琼斯指数仅仅从11000点的高点回落到9000点就不肯往下走。尽管有“9·11”，尽管有小布什的牛仔作风，尽管有阿富汗和伊拉克之战，我们看到的却是一个稳定增长的美国，一个道琼斯屡创新高的美国，即便有次级债这样令亚太市场暴跌30%的所谓金融危机，对道琼斯的影响也就是1000点左右。

什么叫反周期调控？就是在一轮景气周期快到循环高点的时候在货币政策上提前作出反应，打出适度的提前量，这个提前量一般是三个月。因为货币政策的传导是有一个过程的，也是需要时间的，一旦经济拐点出现，再作调整势必成为马后炮，不但不会减缓调整的力度，而且会起到雪上加霜的作用，也就是说最需要加息的时候恰恰是应该减息的时候。

早在2003年9月央行推出房地产新政之时，水皮就曾对比过周小川行长和格林斯潘的操作理念和手法。周小川对于宏观调控的判断无疑是超前的，央行的新政比宏观调控提前了一个季度，中美几乎同时进入了加息周期。只不过格林斯潘选择的是小幅加息，而周小川选择的是小幅提高存款保证金率，但效果是一样的，美联储每次加息是0.25个百分点，我们则是0.27个百分点，差别只有0.02个百分点。

无独有偶，在美国就业率创出新高之时，中国的CPI也创出6.5%的新高，现在的问题比较复杂，如果美联储停止加息进程，甚至减息的话，周小川周行长会作出什么选择呢?

其实，央行上次加息的时候，水皮已经提出了这个问题，而在8月份CPI公布之前同时宣布提高存款保证金率和发行1500亿央行票据，央行的用意也是非常明显的，尽量降低人们对降息的预期。

中美两国现在已经成为世界经济的两个火车头，相互影响又相互制约，国际资本市场已经把中美看做一个整体的概念。因此，中美两国经济的大趋势是一致的。如果说美国进入一个降息周期的话，那么中国是不是也会存在这种潜在的需要呢?

股市上有句话，会买的是学生，会卖的才是老师。套用到货币政策上也是如此。加息谁都能理解，减息未必能够理解，但大家都能理解的选择未必是正确的选择，而大家暂时不能理解的选择或许才是胆识的体现。

（2007年9月15日）

国有股划拨岂不皆大欢喜?

解铃还需系铃人。

2001年6月1日国有股按市价减持的消息公布之后，当时的财政部部长项怀诚在接受中央电视台记者采访时明确表示这对股市是个利好。

国有股按市价减持对股市是不是利好，项部长说了不算，谁说了算?市场说了算。公布消息之时，上证指数在2200点附近，半年之后，也就是11月份的时候，上证指数已经跌到了1300点附近，国务院只能宣布暂缓A股执行计划。再过半年，也就是2002年的6月24日，国务院索性宣布停止在A股减持国有股，中国股市上有名的“6·24”行情就来源于此。

其实，国有股减持方案现在看来并不是什么大不了的事情，因为只是在新股发行之时减持10%充实养老社保基金的缺口，数量是极其有限的。A股宣布停止之后，港股和其他海外上市的IPO都还是执行原方案，并没有太多的负面反应，那么为什么A股就不行呢?问题出在当时的环境是一个股权分置的环境，全流通始终被投资者视为一个洪水猛兽，虽然减持的份额是有限的，但是按市价减持的原则马上让人联想到全流通。如果说10%的份额大家可以接受的话，那么60%就没有人能够接受了。没有任何补偿的全流通在投资者看来就是与民争利，就是在变相剥夺股民的资产。

时过境迁。

五年之后，当时的财政部部长项怀诚已经成为社保基金理事会的理事长，肩负着近2000多亿社保基金保值增值的重任；而且市场也已经不再是当时的那个熊市，指数不但超过了2245点，而且超出了一倍还多。

但是，国有股减持的话题并不会因此而消失，不但不会自动消失，而且还在近期又一次成为大家关注的热点。

全流通的情况下，国有股如何减持是一个问题，规范的意见国资委已经在7月份出台了三个文件；国有股减持的目的则是另一个问题，规范的意见据说正在讨论中。

国有股减持的目的需要明确吗？

当然需要。如果是为了打压股价的减持，那反映的就是政策意图。中国股市目前还是一个转轨中的政策市，管理层要让股市下去，投资者就有套牢的危险，这一点不可不防；而反过来讲，如果这样的打压达不到目的，股价下不去，那么国有股就有变相低价减持的嫌疑，“赔了夫人又折兵”，这一点管理层又不能不防。

社保资金有缺口大家都知道，数字可能在2万亿元左右，这个缺口怎么填都需要资金，但是资金未必都要现金。

项怀诚对中国社保基金事业的贡献是巨大的。巨大的价值不是在于100%的保值，而在于他对国有股减持变成划拨的政策建议。正是这个建议，让社保基金的资产增值了不知道多少倍。按照原来国有股减持的方案，建行、工行和中行发行时只要按IPO价减持10%就可以了。但是项怀诚看到了其中的缺陷，争取到了相对股权的划拨，将减持的主动权掌握到了自己的手中，形成资产管理的新组合。是不是要减持，按什么价减持，一般视市场情况而定，现金分红好的企业可以长期持有，又为什么非要减持呢？

大牛市重提国有股减持有点煞风景，要想皆大欢喜，按原来10%的比例划拨社保基金不失为一个好的选择。社保基金可以长短组合理财，管理层不用承担打压的责任，投资者更不必为此杯弓蛇影。

何乐而不为呢？

（2007年9月22日）

5500点限速是谁的杰作？

《华夏理财》的版面做了一期“5500点限速”的专题，结果在新闻排行榜中名列前茅。在过去的一周中，股指依然在5500点的区间运行，只有在节前最后一个交易日才算跃上5500点，说明《华夏理财》上一期的策划不仅是及时的，同时更是有生命力的。

5500点是个什么点位，指数又为什么要在这个区间限速，限速又是谁在主导？

5500点是个介于5000点和6000点之间的点位。2007年7月9日出版的《华夏时报》头版头条的标题就是“2007被压抑的牛市猜想：5000点或者6000点”，水皮当时之所以不敢把话说死了，就是想留有余地。事实证明，5000点和6000点的中位数的确是有其市场价值的。

当然，更重要的是，5500点是个整数位，根据四舍五入的原理，过了5500点就向6000点靠拢了，而不过5500点还可以解释为指数在围绕5000点震荡。表面上看，这只是一种心理暗示的游戏，但是越来越成熟的投资者知道，这种心理暗示对于管理层来讲却是至关重要的，否则就会导致管理层的冲动，从而再次产生“5·30”那样的后果。

谁又会愿意看到又一个“5·30”呢？投资者不愿意，难道管理层就愿意？

所以我们看到了基金设立的停止，我们看到了QDII和港股直通车的推进，我们看到了一个月近1500亿的新股发行，大盘H股建设银行、中石油和神华股份的集中海归。一方面开源，一方面节流，管理层通过调节供需矛盾从而为股市降温的目的昭然若揭。

1500亿算不算一个大数？1500亿在水皮看来是个说大不大、说小不小的数字。几乎相当于沪深股市一天的交易量，相当于股市一个月平均20个交易日的1/20，相当于全年平均240个交易日的1/240，而目前集中在A股市场打新股的资金又有多少呢？整整2.6万亿人民币，差不多相当于A股市值的1/9。说1500亿这个数不大是针对一次性而言，如果这个一次性变成了常规值，9月一个月新股1500亿变成了每个月1500亿，那这个数字就是一个令人恐怖、令市场崩溃的数字。

上证指数跃上5000点之时，水皮写过一个“5000点是谁的青藏高原?”的杂谈。北京电视台的李峙冰在“城市”栏目中把这篇杂谈拍成一个连播了四天的专题，在很多人心中引起了共鸣。青藏高原是美丽的，一座座山、一座座山川也是美丽的，喜马拉雅更是美丽的，但是高原毕竟是高原，刚上高原是有反应的，过度兴奋也是一种高原缺氧的征兆。为此，我们需要时间去适应，需要多看少动去适应。指数能在5000点附近震荡的时间越长，换手越充分，突破5500点后的空间就越大，上涨的时间就会越长。

其实，5500点限速局面的形成，与其说是管理层调控造成的，不如说是投资者的自我约束或者说是市场自身的内在调整机制发挥作用的结果。

越来越多的投资者认识到，自己冲动的后果是要自己付的，而管理层冲动的后果又由谁来付呢？答案是也要投资者来付。所以，不想承担大家都不愿意承担的后果，就要在思想上、行动上、组织上和管理层保持高度的一致，否则，连“买者自负”这样的责任也担当不起。

那么，管理层又愿不愿意看到股市上涨呢？当然愿意，不但愿意，而且还愿意涨得持久，涨得平稳，涨得和谐，涨得和国民经济发展相呼应，形成良性循环；管理层最不愿意看到的是暴涨，因为有暴涨就会有暴跌，就会有亏损，就会有风险，就会有人哭天抹泪、寻死觅活；管理层更不愿意看到的是一年365天股市天天都在涨，偏偏就在重要的历史时刻连跌五天，给全国人民添堵！

5500点的限速是伴随着板块调整进行的，这在一定意义上是一种风险释放的过程。有人为过节持股持币发愁，其实根本没有必要，因为节后指数涨，未必你持的股就涨，而节后指数跌，你看好的股票未必跌。

（2007年9月29日）

管理层会不会打压指数？

管理层会不会打压指数？这个问题节前有人问，节后还是有人问；节前有人问关系到是持币还是持股，节后有人问则关系到年内行情的高度。

投资者之所以会产生这样本来不该产生的问题并非无理取闹。原因之一是因为的确存在着一个“5·30”现象。原因之二则是因为产生“5·30”现象的各种因素都没有发生改变，再一次发生“5·30”事件的可能性是完全存在的，可以这么讲，“5·30”事件的后果的严重性已经远远超出了资本市场本身，影响是深远的。

“5·30”发生的时候，上证指数的高度在4300点附近，而在9月的最后一个交易日，上证指数已经突破5500点的心理点位。从指数上看，5500点较之4300点已经上涨1200点，涨幅已经达到将近30%；以四个月的时间来衡量的话，这样的涨幅不算大也不算小；而和年初的2670点相比，涨幅则已经超过100%。也就是说，单纯以指数的点位来看，再次发生“5·30”的可能性不仅存在，而且较之“5·30”时的市场状态，可能性更大。

但是，如果我们分析一下现在的指数状态的话，可能会得出另一种结论。

5月30日之前的5月29日是当时绝大部分股票跟随指数创出新高的日子。

5月29日，工商银行的收盘价是5.59元，当日涨幅是1.08%；宝钢股份的收盘价是12.82元，当日跌幅是2.29%；联通股份的收盘价是6.49元，当日涨幅是1.49%；中国国航收盘价是11.16元，当日跌幅0.71%；中石化当日没有交易，30号则逆市大涨3.29%，报收13.50元。

9月28日这些股价的价位又在哪里呢？工商银行报收6.61元，宝钢股份报收18.19元，中国联通报收9.34元，中石化报收18.94元，中国国航报收23.54元。其中工商银行的涨幅最小，涨幅20%不到，涨幅最大的国航超过100%，中国联通涨幅将近50%，而宝钢和中石化的涨幅均在40%以上，也就是说对于指数影响极大的指标股的涨幅大多超过大盘的涨幅，而即便是涨幅没有超过大盘的工商银行由于权重比较大，涨一分就可以影响大盘指数一个点，对于大盘指数的贡献也超过100多点。如果考虑到其他对指数权重较大的指标股的影响，这1200点的行情完全可以看成是指标股行情，这也可以用来解释为什么70%的个股到目前还没有回到“5·30”的高度。

换句话讲，目前的5500点对于个股而言风险不是大了，而是小了，要比4300点时的风险还要小。指数越涨越高，风险却越来越小，这样的结论可能不太为人所接受，但是大家不妨看看身边的朋友，有多少人满仓，有多少人空仓，又有多少人丰仓，言谈话语之中又有多少人充满忧虑，又有多少人担心还有调控的利空，看一看，是不是有恐高症在蔓延。

水皮早在指数跨过3500点的时候就预测，指数会不断创新高。但是70%的股票可能不但不会涨而且还会跌，也就是说个股的风险要大于大盘大于指数，现在看来这样的分析是站得住脚的。齐涨齐跌的格局结束究竟是好事还是坏事？以水皮的观点看，这既是上市公司结构性调整的必然，亦是管理层多年以来一直想看到的情景。

但是并非所有的人，包括具有一定话语权和影响力的，甚至是决策权的都这么看，因为他们首先看到的是指数，以及由于指数的走好而营造出的投资氛围，对于指数的控制依然有着强烈的意愿，动不动就会沿用原有的思路，时不时就想打压一把。比如在国有股减持这个问题上。

本来国有股减持的规定，国资委已经在7月初下发的三个配套文件中说得很清楚了，无论是规模还是程序都有章可循，在规定之内减持与否完全是一种企业行为，国资委不会也不必，更不应该以此作为打压股市的工具。但是偏偏有人就会联想，就会发挥，就会灵光闪现，就会尝试把增发和减持捆绑，就会尝试所谓的强制减持，就会尝试以中石化等之类的大蓝筹作集中减持，凭空制造出一个人人自危的所谓利空。

国有股减持在股改完成之后，在全流通之后本来就是一个最正常的市场行为。但是把一个正常的市场行为渲染成一种行政行为、政府行为就是一种不正常，这不是在帮忙而是在添乱，聪明的管理层是不会上这种当的。

（2007 年 10 月 6 日）

谁制造了蓝筹股泡沫？

熟悉水皮杂谈的朋友都知道，对于所谓的“二八”现象和所谓的蓝筹股泡沫，水皮一直有自己的看法。在相当长的时间内，都认为“二八”现象是正常的，而所谓蓝筹股的泡沫也是夸大其词的。

但是，节后的行情发展动摇了水皮的一贯理念。面对急剧上升的指数和每天近千家股票惨绿的情景，每一个理性的投资者都会疑虑重重。专程从上海赶到北京来参与华夏理财大讲堂的李振宁先生可以说是中国资本市场的“死多”，七年黄金牛市就是他最早提出来的，现在的行情同样让他有着强烈的不安之感。

为什么会这样？为什么神华在近70元的价位附近能够连续两天涨停？为什么中石化同样以涨停的姿态飙升？为什么工商银行在一周之内有20%的涨幅？为什么联通在一个月内能有近50%的突破？中国船舶300元的股价是真实的吗？山东黄金200元的股价又能站多久？

其实早在节前，我们对大盘在5500点的限速已经有过清醒的认识，在指数跃上5000点的青藏高原之后，震荡整固是正常的。可是在牛市的氛围中，理性的压抑并不能持久，更何况中共十七大召开在即，在一般人的认识中，管理层绝不至于在十七大前后出台让市场下跌的调控措施。因此，随着十七大的临近，透支行情演变成为一轮赶顶行情，这是其一；

神华申购暴露了增量资金源源不断的底牌。打新的资金从1万亿现在已经上升到2.6万亿，而不断扩编的基金规模更是吸纳了散户的大量资金。“5·30”的后遗症之一就是散户行为的变化，基金规模的盲目扩张，钱多人傻，这是其二；

基金规模扩张得越大，基金投资品种的范围越窄。一方面，5500点之上毕竟是高原地带，没有充分挖掘的个股品种越来越少，另一方面，对于投资品种的流动性要求越来越高，动辄百亿规模的基金可以建仓进出的股票并没有多少，基本上集中在那么几个大蓝筹身上。而统计表明，沪深股市 20 个大市值公司已经占到全部市值的 70%，也就是说，基金选择大盘蓝筹也是没有办法的办法，是一种“抱团取暖”的牛市版本而已，这是其三；

港股直通车尽管迟迟未开，但是其影响却在香港市场上演绎得淋漓尽致。不仅恒指一个月狂升 10000 点，而且 H 股和 A 股的价差也在不断缩小。工商银行在节日 H 股大涨直接顶推 A 股在节后的上涨，这虽然不能说是主要的因素，毕竟也起了推波助澜的作用。

“二八”现象和蓝筹泡沫是紧密相连的，甚至就是一个问题的两面。尽管我们知道蓝筹泡沫不可能持久，但是我们更担心由此而带来的指数泡沫，更担心由于指数泡沫而左右管理层对目前市场的判断，从而作出冲动性的决定，那样无辜的投资者也会为此吃瓜落。

蓝筹股泡沫为什么不会持久？因为蓝筹股一般是成熟的大公司，本身的想象空间是有限的，更何况有国际同类公司的估价可作对比，高估是相对的，回落是正常的。必须指出的是蓝筹股股价的非理性高估对于国有股减持也是不利的。A 股上市的蓝筹可流通的份额占的比例都比较低，一旦减持，那么股价回落的速度也会较快，大盘也就会出现剧烈的震荡。

中央电视台的主持人问水皮，去年底也出现过“二八”现象，此“二八”和彼“二八”是否有可比性。水皮认为不具可比性，彼“二八”如果说是一种价值发现的话，那么此“二八”就是一种泡沫的膨胀。更为重要的是，“二八”也好，“一九”也好，盛极而衰是一种规律。3000 点关前，是“二八”的天下，3000 点之后是“八二”的天下。如今指数在 6000 点，“二八”和“八二”的规律会不会重现，大家不妨走着瞧。

（2007 年 10 月 13 日）

十七大报告的市场价值有多大?

中共十六大召开的日子，上证指数曾经连跌五个交易日，指数在1500点徘徊；

中共十七大召开的日子，上证指数阴阳相间，指数创出了这一轮牛市的新高6124点。

如果从指数的高度看，十七大的指数高度和十六大的指数高度不可同日而语，如果从市值的角度看，十七大时市值已经超过25万亿，十六大时不过4万亿，同样是不可同日而语；如果以市场的交易量看，十七大时的交易量接近3000亿，而十六大时的交易量不超过100亿。

无论是指数的高度，还是市值的规模，还是交投的活跃，都在为胡锦涛总书记十七大报告中的那句话在背书，“制造条件让更多的群众拥有财产性收入”。

其实，不单是水皮，就是身为十七大党代表的中国证监会主席尚福林也在接受记者采访时坦言，听到胡总书记的这句话眼前为此一亮。

为什么?

不仅仅是因为中共作为一个执政党第一次在党的报告中提出这个说法具备的深刻历史意义，这种政治理念上的创新突破无论如何评价都不过分；更重要的是，这样的理念为管理层今后的工作指明了方向，也为投资者明确了身份，坚定了信心。

什么信心? 中国资本市场成为中国经济晴雨表的信心，中国的投资者分享中国经济高速发展的信心，在新的历史条件下，党和政府创造更多财富机遇的信心。

不可否认，指数从3000点上涨到6000点并不是一帆风顺的。“5·30”的记忆犹新，管理层在强调风险教育，市场正在拷贝3000点的震荡行情。此时此刻，市场向何处去，绝大多数人是迷惘的、困惑的，尤其是中小散户，因为“二八”现象制造的蓝筹泡沫，虽然赚了指数但是却赔了钱。他们担心，一旦蓝筹泡沫破灭，指数暴跌，覆巢之下没有完卵，受害最深的还是他们。

一个真正的牛市，一个反映中国经济真相的牛市，肯定不是一个少数中字头蓝筹股独步江湖的过程，而是一个大多数上市公司业绩改善估值提升的过程，也就说是一个广大人民群众有充分的自由的选股空间，从而为自己带来投资性收益的过程。从这个意义上讲，水皮要修正自己关于“二八”现象是绝对的，“八二”现象是相对的观点，重新认识蓝筹泡沫的危害性。任何事情都有一个度，所谓过犹不及，而资本市场的投资行为又偏偏喜欢走极端。

令人感到安慰的是，管理层经历了“5·30”之后，调控的手段和艺术已经有了极大的提高，面对蓝筹泡沫，没有采取一杠子打翻一船人的做法，而是采取了“点射”蓝筹泡沫的做法。一方面提醒大家现在的市场存在局部的泡沫，一方面又告诉大家蓝筹泡沫膨胀将会导致局部泡沫向全局性泡沫演化，言外之意不言自明。

3000点的时候，市场出现过头底之争，水皮相信不久这种头底之争也会出现在各种媒体之上；3000点之前，指数从1700点到3000点，市场也是“二八”格局，突破3000点之后，市场才出现“八二”的局面。

“二八”现象要向“八二”现象转变需要过程、需要时间，围绕6000点的震荡是完成这种转变的需要，也是牛市继续的过程。

认真领会胡锦涛总书记的报告不仅是管理层的事，同样也是我们一般投资者的功课。对于管理层讲，创造条件就是组织上的要求，对于更多的群众而言，拥有财产性收入而不是亏损就是基本的期待。

中国改革开放30年，国富民强，国有资产有保值增值的要求，民间财富同样有保值增值的要求，胡总书记的一句话，说出亿万人民的心声，市场价值不可估量。

（2007年10月20日）

6000 点拷贝 3000 点行情

真是三十年河东，三十年河西。

想当初中石化在香港的发行价不过 1.60 元港币，而在 A 股居然定价为 4.4 元人民币，不但让抢进的投资者饱尝套牢之苦，而且也曾一度让社保基金“偷鸡不成反蚀把米”。

但是现在中石油回归，网上的定价却只有 16.7 元，而港股的交易价却是 19 元港币。

如果说过去 A 股的高价增发实际上是补贴了 H 股股东的话，那么，现在 A 股较之 H 股 12% 还多的折让是不是让 A 股的股东沾了 H 股的便宜呢?

问题当然不会这么简单。

尽管国内不少机构认为中石油的价格会在 30 元上下，甚至有的港股分析师给出了 50 元的惊人之价，但是，大家都知道的一个现实是，在中石油确定回归之前，中石油的港股也就是 11 元的东西，19 元的涨幅完全是拜托了回归的利好才短期打上去的价位。

无独有偶，也正是拜托了中石油的回归，中石化的股价也才从 16 元的平台起步，短短一个月中狂涨到了 26 元的高位，尤其是在 10 月 1 日之后，股价的涨幅更是达到了惊人的 30%。

中石化不是一般的股票，而是一个指标权重股，中石化的流通盘不是一个亿的数量级，而是 85 亿的数量级，中石化是一头名副其实的大象，大象狂舞会有什么结果呢?

结果大家都看到了，踩死无数的蚂蚁，踩塌了表演的舞台，指数也就从 6000 点的高空，飞流直下到 5500 点。

一将功成万骨枯。

两个月前，《华夏时报》的头版曾经推出过一篇红筹回归的猜想，究竟是王者归来呢，还是会演化成牛市终结呢？中石油虽然不是标准的红筹股，但却是权重最大的蓝筹股，同时还是亚洲最挣钱的公司。回归仪式搞得好可以为牛市增添新鲜血液，搞不好就会成为资金的吸血鬼。

中石油现在毫无疑问已经将蓝筹的泡沫推向了极致。“二八”现象向“一九”发展，这既是“5·30”的后遗症，也是大盘风险释放的必然。

那么，管理层“点杀”蓝筹泡沫的后果会怎样，会拉开中期调整的序幕吗？

水皮认为，恰恰相反，“点杀”蓝筹泡沫导致的暴跌也许正是中期调整的结束。

为什么这么讲？

因为对于绝大多数的股票而言，所谓中期调整早在10月1日前后就已经展开了。大家都在抱怨挣了指数亏了钱，事实也的确如此。从5500点到6000点行情就是工商银行、中国联通、中石化和中国神华几只股票的拉升，每一天的盘面上都是绿的比例远远高于红的比例。不知不觉之中，80%的股票已经跌出了50%以上的空间，不少股票更是跌出了“5·30”之后的新低，所以对于大盘而言，中期调整一直在进行，只不过没有在指数上体现而已。因此，指数的暴跌在很大程度上只是摧毁投资者信心的最后打击，恐慌的形成就是这种打击的直接结果。

牛市是不是就此变成了熊市，6000点会不会变成头部，类似的问题在3000点已经出现过，现在再一次摆到了大家的面前。

水皮认为6000点不会是顶，正如3000点不是头一样，但是年内围绕6000点作整理是不可避免的，因为要消化蓝筹的泡沫，要承接蓝筹的下跌，指数就必须作出牺牲。

类似的观点，水皮在早前的杂谈中论述过多次，最担心的情况就是目前这种覆巢之下没有完卵的盘势，所以这一次明确指出6000点将拷贝3000点的震荡行情，就是希望大家不要把失望当绝望，把牛市当熊市。

胡锦涛总书记在十七大的报告中刚刚提出要创造条件让群众拥有

更多的财产性收入，管理层还没有来得及把总书记的指示落实到实处，该创造的条件还没有创造，中国的牛市就宣告结束了？

世界上从来没有鬼，人吓人吓死人。文章结尾之时，沪深股市的盘面上不但指数飘红，上涨的个股也在10月1日之后第一次超过了下跌的个股，新的希望在绝望中产生了。

（2007年10月27日）

第二章　熊市上半场

（2007 年 11 月 ~2008 年 5 月）

中石油是馅饼还是陷阱？

中石油马上就要挂牌上市了，这个亚洲最挣钱的公司目前已经成为万众瞩目的明星。不少朋友都打电话问水皮：我是否能够买点中石油？

中石油能不能买呢？

要回答这个问题，首先要搞清楚为什么要买股票，其次才能搞清楚为什么要买中石油，最后才能搞清楚现在能不能买中石油。

在东方财富的股吧里面，水皮看到一位投资者的留言："中石油上市明显会给投资者带来40%—80%的收益，其他股票只有被抛弃的份儿，相对于中石油而言，其他A股都是垃圾。"

没有问题，但凡来市场投资的朋友都是抱着淘金的目的来的，买股票就是要收益。当然这种收益由两部分组成，一部分是股息，一部分是差价。股息是股东的预期，差价是股民的目标。股息是一种长期的过程，而差价则是一种短线的暴利。目前大家所关注的中石油的收益，不是股息，而是差价。

中石油会不会有差价呢？

一定是有的，但是是相对16.70元的IPO价而言的，至于挂牌之后还有没有空间，水皮认为不会有。

为什么？

因为中石油的开盘价会一步到位，根本不会重演中国神华的故事，开盘之后还能给大家留下三个涨停的空间。如果说中石油的表现会和中国神华一样的话，那么也是冲高回落上的一样。

什么事情都是物极必反。

实际上，长期以来，中石油的H股股价一直在11元港币附近徘徊，受中石油海归的刺激，H股股价在一个月中暴涨近一倍，并在周四盘中受原油期货价格突破96美元的刺激摸高20港币，目前也就维持在19.50港币附近。中石油A股发行价确定的价位，相当于H股打八折，这样的低定价实际上已经反映出管理层对于中石油过度炒作的担心，否则相对于其他A股和H股的折价，中石油现在的发行价就是明显的低发，从IPO的角度看是失败的，从国有资产的角度看是低估的。

A股和H股，一直都有价差，平均在30%左右。现在价差一直缩小，尤其是金融股，平均价差不过20%左右。比如，工商银行A股是8.70元，H股是6.97元，比价为77.71%；招行A股43.45元，H股是37.40元，比价为83.49%。但是，能源类的股票，价差不但没有缩小，反而有扩大的倾向，平均价差已经超过50%。比如中国神华，A股是77元，H股是48元；中国铝业，A股是46.86元，H股是20.90元；江西铜业，A股是61.05元，H股是25元。其中，石化类的股票，差价尤其大，比如上海石化，A股20.01元，H股是6.02元；中石化，A股28.76元，H股仅12.58元。上海石化H股不到A股的1/3，中石化H股也就是A股的40%。

如果我们参照中石化的A股和H股价差比例给中石油定价，中石油的H股价格是19.60元左右，那么A股的价格大致就是50元左右。而如果考虑到中石油和中石化H股的价差比例，那么以中石化现在28元左右的价格，中石油A股的价格大致也能在50元左右。

50元的中石油你敢买吗？

很多分析师把中石油的A股价位定在30元左右，实话实说，恐怕连他们自已都不信，就目前市场这种言必称中石油的狂热，就3.3万亿资金打中石油新股的疯狂，就人人都恨不得割肉去炒中石油的神经，中石油的股票等你能买上的时候，一定是套你的时候，或许中石油的开盘价就是最高价。

水皮劝告每一位朋友远离中石油，远离中石化，同时水皮相信中石油和中石化走上价值回归之途之日，就是蓝筹泡沫破灭之时，更是大盘企稳之时，牛市要继续，必须翻过中石油回归这一页。

（2007年11月5日）

让我们敲希望的钟吧！

这几乎是心理学上的一条定律，那就是最期望的往往会变成失望，而最担心的却往往会变成现实。

进入10月份以后，这条定律又开始在中国股市得到了验证。

其实，早在10月份之前，水皮已经在《华夏时报》的杂谈上发表过类似“5500点是谁的杰作？”的文章，明确提出了市场对于管理层的担心，担心管理层只看到了指数在突破5000点之后的凌厉攻势而看不到导致这种疯狂走势的背后的那只手。哪只手？蓝筹股的那只手。更担心管理层再次出台针对指数的调控政策，城门失火，殃及池鱼。

现在看来，该发生的还是会发生，最担心的也是最揪心的。

尽管温家宝总理同样担心股指的大起大落，但是上证指数还是在这一周演出了一幕跳水行情；

尽管中石油的高开低走是意料之中的事，但是由此而带动的中石化的回落还是对指数形成了巨大的影响；

尽管我们一再提醒大家目前大盘和指数已经形成两张皮，但是指数的持续暴跌还是对大多数调整已经接近50%的个股形成巨大的心理压力。

什么叫覆巢之下，没有完卵？

中国股市这一周的走势就是如此。

身为市场中的散户，最悲哀的莫过于两面挨耳光。没有赶上蓝筹股泡沫，赚了指数赔了钱已经挨了一下耳光；蓝筹股泡沫破灭，指数大跌，连累本来就没有上涨的个股，又挨一次耳光。

当然最悲哀的还不是最悲惨的。

最悲惨的投资者莫过于听信黑嘴的鼓噪割肉而炒中石油。

中石油登陆A股之日，正是A股暴跌之时。

水皮在“中石油是馅饼还是陷阱”的杂谈中已经明确指出，中石油的开盘价会在50元左右，而且是一步到位，高盘价会变成近期的天价，劝告每一位对中石油动心的股民像远离毒品一样远离中石油。

中石油的走势被水皮不幸言中。

中石油是不是一个好公司？

回答是肯定的。

中石油能不能作为资产配置？

回答也是肯定的。

但是水皮要告诉各位的还是那句话，好股票的配置也要讲“天时、地利、人和”。

而目前对中石油而言，时间、价位都不合适。

国际油价接近100美元，上升空间大还是下跌空间大？如果油价下跌，中石油的股价是不是就要下跌？

中石油H股长期在11港元，受回归和港股直通车双重影响，一个月内升一倍，现在回归已经完成，港股直通车却遥遥无期，H股又怎么会不回落？而H股如果回落，A股又如何能自欺欺人？

和金融股相比，能源类的A股和H股的折价率已经到了不可思议的地步，金融类A股较H股仅高25%左右，而能源类的如中石油已经高达250%，这样的折价又能维持多久？不是H股狂涨就是A股暴跌，现在H股回落，A股又怎么可能涨？

类似的不仅是中石油，中石化、中国神华和中国铝业同样。

水皮大胆预言，中石油的走势将和年初暴涨之后的工商银行类似，从此进入一个震荡的周期，不断向下寻找价值和价格的平衡契合点，慢慢完成一个着陆过程。

对于大多数投资者而言，现在是最受煎熬的时刻，也是黎明前的黑暗。6000点不会是顶，也不会是头，但是调整是难免的，也是痛苦的。如果说真的有时光隧道的话，那么不妨让我们穿过这一个月的黑暗，直奔光明的前途。

让我们敲希望的钟，无限祈祷在心中，让大家看不到失败，叫成功永远在。

（2007年11月12日）

牛市什么时候才会结束？

这个问题是中央电视台四套《今日关注》的主持人在11日晚上的直播节目中最后提出来的，中央台的关注从某种角度来讲也正是市场情绪的一种反应。因为在不少的投资者心中一个巨大的疑团已经产生，现在的中国股市还是牛市吗？

为什么现在的股市在投资者心目中已经无法确立牛市的形象呢？

当然是因为赔钱效应。

有朋友对自己周边的人群作过统计，发现去年进入股市的人已经不挣钱了，曾经挣过的都已经吐了回去，而今年进场的投资者则更惨，不但没有挣到钱，反而亏损累累。让人赔钱的市场不是熊市，难道还会是牛市吗？

类似的话题，其实水皮在杂谈中曾经谈过，牛市里面赔钱也是正常的，而且恰恰因为是牛市，所以才会赔大钱。因为在熊市里面，大家的投资相对谨慎，套牢了不割肉也不会加仓，更不会大规模、不顾一切地杀入。而牛市则不一样，因为唯恐挣不到钱，所以会倾家荡产地买股票，而一旦市场有个风吹草动的震荡就足以让投资者血本无归。

不过，如果仅仅是因为一时的赔钱效应就得出牛市已经终结的结论，那就失之片面了。也还是因为这个缘故，水皮上周在华夏时报的杂谈中引用“祈祷”的歌词作标题，“让大家敲希望的钟吧”。没有想到的是，这么一篇杂谈居然在新浪的财经新闻点击排行中进入了前六名，可见大家的心情是多么的迫切。

周一下午编辑部开会的时候，水皮一本正经地告诉大家，现在是买股票的时候了，这样的话，水皮在6月5日的中午也说过一次，那一次是华夏时报的改版培训，而在华夏时报，平时是禁止谈论炒股的，尽管我们是一份财经类的媒体，又以投资为特色。

不过，牛市里面最可怕的还不是赔钱，最可怕的其实是熊市思维。

在上证指数的K线图上，6124点是一个高点，6005点则是第二个高点，从形态上看，俨然是一个双头的雏形。因此，不少所谓的分析师、技术派人士就预言，这一轮的调整目标位至少在4700点。为什么？因为这是双头的理论跌幅和目标位。水皮经常会反问，如果上证指数跌到4200点之后，指数会怎样，一般情况下没有人能够回答这样尖刻的问题，因为那意味着指数还会去寻找下一个理论跌幅，一个复合头肩顶形态下的下跌目标位。那样的话，4000点都是打不住的。

这是一种典型的熊市思维。

“5·30”时期，这种思维也曾经左右过很多人的大脑。有人提出上证指数要跌到2700—2800点附近，而根据也就是所谓的双头。事实证明，所谓的双头在牛市中间只不过是双底的左侧而已。

可惜，这样的错误往往披着技术的外衣。

不可否认的是，上证指数这一次的调整已经跌破了5500点，双头变双底已经没有可能，如果一定要水皮现在描绘双头的右侧，那么最大的可能就是以5032为底的一个复合头肩底的形态。这样的形态也符合我们对大盘震荡整理的判断，无论时间还是空间都合适。这就是牛市思维。

中国股市的牛市什么时候才会结束呢？

这一轮的中国牛市，伴随着股改，伴随着汇改。股改的牛市应该讲，在2500点就结束了，而汇改的牛市则一眼望去还看不到尽头。

无独有偶的是，汇改始于2005年7月21日，而彼时正是上证指数1046点之际，从1000点到6000点，人民币升值不过10%。在水皮看来，什么时候人民币升值到位了，什么时候这一轮牛市才会真正结束。

（2007年11月19日）

谁在左右上证指数的走势？

观察上证指数的盘面，越来越多的投资者发现，伴随着指数进入震荡区域，K线图上的跳空缺口频频出现，而且有点莫名其妙。

11月22日，上证指数以跳空101点的5113点开出，跳空的幅度将近2%，开盘即奠定了当日跌破5000点的态势；

11月16日是星期五，上证指数跳空低开92点，跳空的跌幅近1.6%，但是当天却收出了一根将近43点的小阳线，尾盘只跌了49点；

11月14日是星期三，上证指数在前一天收盘依然下跳的形态上居然跳空88.46点高开，跳空的幅度高达1.71%，而当天最终以暴涨254点收盘，涨幅为4.94%，创出本轮牛市的最大涨幅。

无论是14日，还是16日，或者说是22日，政策面上都没有什么真正能导演股指大幅跳空的消息。如果说16日的跳空低开勉强可以和国税总局规范个人收入的所得税必须申报炒股收入联系起来的话，那么14日的跳空高开就完全是反趋势的结果。

上证指数真的会莫名其妙地开盘吗？

当然不会。

那么又是哪只无形的手在操控指数呢？

打开道琼斯指数的K线图，我们就能找到答案。

11月13日，受石油期货价格跌回90美元的影响，道琼斯指数暴涨319点，涨幅高达2.5%，报收13307点。

11月15日，道琼斯指数在K线图上留下的一根阴线，幅度为0.79%。

11月21日，道琼斯指数受石油期货价格再次突破99美元的影响，大跌1.62%，报收12799点。

无独有偶，道琼斯的 K 线图上亦出现了我们在上证指数 K 线图上观察到的双头形态。前一个高点出现在 7 月 17 日，位置在 14021.95 点，第二个高点出现在 10 月 11 日，位置在 14198.10 点。两个低点，一个出现在 8 月 16 日的 12517.94 点，另一个则出现在 11 月 21 日的 12786.03 点。和上证指数的双头不一样，道琼斯的高点一次比一次高，低点也是一次比一次高。在感恩节停市之前，第二个低点还高于第一个低点 270 点。而在上证指数的 K 线图上，周四的收盘不但跌破了前期 5032 点的低点，而且还跌破了 5000 点。

但是这并不是说上证指数已经成为道琼斯的影子指数，毕竟在道琼斯探出第一个高点的时候，上证指数才收在 3896 点。而在 10 月 16 日创出 6124 点新高之前，上证指数要远远强于道琼斯，上证的走势不但不受道琼斯的影响，相反在更早的“2·29”和“4·19”暴跌中还对道琼斯产生了巨大的影响。

那么，这又能说明什么呢？

这至少说明，中美两国的股市已经产生了相互的影响，虽然这种影响有时强有时弱。美股均衡市时，A 股对美股的影响大一点。而 A 股弱势时，美股对 A 股的影响就完全体现了出来。

这算不上什么新发现，但是却提示我们的管理层，任何对 A 股的行政干预都有可能或大或小地影响到美股的走势，有形之手对股市的拨弄就要慎之又慎，否则产生的就可能是国际影响。

其实，A 股和美股的联动，某种程度上看的还是石油期货价格的脸色。油价涨，美股就跌；油价跌，美股就涨。而在油价涨跌的背后又是美元的走势在起决定作用，美元越弱，油价就越高；美元越强，油价越低。美元能弱到什么程度，会弱到道琼斯崩盘的程度吗？美国经济真的会因为次级债而进入寒冬吗？如果美国经济不给劲，中国经济能担负起世界经济增长的重担吗？什么样的点位，A 股才会对美股产生正面的影响呢？

不得不指出的一个现象是，石油价格突破 99 美元之时却是中石油跌破 35 元人民币之日。中石油的泡沫是典型的蓝筹泡沫，这个最大泡沫的破灭对于 A 股长期发展是利好，而对指数的短期走势却是拖累，否则上证指数也不会轻易跌破 5000 点，推翻水皮 5000 点单针探底的判断。因此，从表面上看，道琼斯左右了上证指数的走势，但是透过现象看本质，中石油的走势才是决定上证指数走势的内因。

中石油股价何时归位，上证指数何时重拾升途。

（2007 年 11 月 26 日）

我们需要一个和谐的股市

本人真诚地希望，股市能够成为一块“和谐”的乐园，一个重塑国家和企业以及个人“公平、公正、诚信、科学、自然”的品牌的理想场所，而不要再滋生不和谐的社会毒瘤，让股市涨跌有序，调控有度，法制代替人制，民主代替专权，让我们心平气和地去价值投资，而不是每天忐忑不安地揣测某人的讲话是利空还是利好，而不是得上什么“恐惧症”，让我赚了钱能够真心地说一声“感谢你”，而不是嘲笑你，让我赔了钱心服口服地说“怨自己”，而不是“都怨你”。

这段文字不是水皮的原创，而是摘自一位网友在网上的留言，水皮看完之后感慨颇多，抄录在此也是想和大家分享。

什么是一个和谐的股市？

大起大落的股市不是一个和谐的股市，弄虚作假的股市不是一个和谐的股市，庄家横行的股市不是一个和谐的股市。那么一个动辄就进行投资者风险教育的股市是不是一个和谐的股市呢？

恐怕也未必。

上证指数自10月16日创出历史新高6124点之后已经连续下跌30天，下跌1346点，跌幅达到20%，市值的损失高达5万亿左右，相当于这一轮牛市启动之前中国股市的整个市值，不夸张地说，是蒸发了一个传统股市。按照跌幅超过25%可以视作牛熊转换的理论来看，这样的调整即便不能算崩盘，至少也是大起大落的一种表现，更何况根据媒体的统计，从2006年11月至今，投资者亏损面已经达到70%以上，挣钱的不足25%。

有这样的牛市吗？

难怪有人惊呼熊市已经开始了。

股市有涨有跌是正常的，不正常的是人为的改变市场的规律，有形的手动辄就要和无形的手掰手腕，结果把那只无形的手搞得伤痕累累，无地自容。

不得不指出的是，中国股市一直就有政策市的说法。历史的经验表明，对于资产泡沫的警觉一直是管理层的重心，而挤泡沫又是一种本能的反应，无论是1996年的人民日报评论员文章导致的大盘连续跌停，还是2007年“5·30”导致的大盘暴跌到3500点都是如此。也就是说对付股市的大起我们是有经验的，尽管这些经验并不意味着成功，但是对于防止股市大落，我们其实是没有经验的，更缺乏有效的对策。

尚福林说中国股市的市值目前居世界第四位，中国的GDP总量也居世界第四位，中国的股市可以说已经能作为中国经济的晴雨表了。水皮对此也是认可的。同时，水皮还要提醒投资者和管理层的是，随着中国经济的进一步增长，中国股市越来越成为跨国资本关注的热点，围绕着利益的争夺，各种各样的代言人也正在扮演着复杂的角色。

罗杰斯不值得我们在此多费口舌，这个美国老先生自己都不把自己的话当回事，演讲就和演戏一样，唯一不变的标准就是是否有利于自己的操作。相对于罗杰斯的赤裸裸，格林斯潘的欺骗性则大得多。这位素以讲话谨慎著称的前美联储主席对待美国股市是一个态度，对待中国股市则又是另一个态度。对待美国股市他要求政府不要去主动刺破泡沫，美联储只要做泡沫破灭后的应对工作即可；而对待中国的股市则出尔反尔，年初在上海时还建议政府不要干预，但是到了10月底却在波士顿发话称中国股市泡沫快“突然爆破”。什么叫“突然爆破”？了解格林斯潘讲话的人都知道他指的是什么。与格林斯潘讲话相呼应的是，11月8日以“做空中国股市”为标的第一只GTF“超短新华富时中国25指数”正式在纽约证券交易所上市，上证指数就在这一周出现了九年来的最大周跌幅，这仅仅是巧合吗？

股指期货推出之前，水皮最害怕的是被人洗脑，尤其是被格林斯潘这样“道高望重”的外国人洗脑，被人卖了还替人数钱；股指期货将推未推之时，水皮最担心的是管理层今后将如何调控股市，和过去的单边市不一样，今后的股市做多做空都有利可图，挤泡沫就会成为空方的同盟军，管理层的公信力就会面临挑战。

历史上最漫长的一周过去了，在这个最漫长的一周中，我们的投资者一边要承受中石油硬着陆对指数的冲击。另外一方面，还要为不确定的政策预期而备受煎熬，为一轮大牛市中人为的熊影而忧心忡忡，食不甘味，夜不寐安。

一个和谐社会是离不开一个和谐的股市的，要把胡锦涛总书记“创造条件让更多的群众拥有财产性收入”的讲话精神落到实处同样需要一个充满着阳光和希望的股市。投资者要有风险意识，管理层又何尝不是如此呢？

（2007 年 12 月 3 日）

王岐山为什么值得投资者期待？

2007年11月最后的一周是中国股市历史上最漫长的一周，上证指数以18.19%的跌幅刷新了13年以来的单月下跌幅度，投资者承受的是大牛市前所未有的“水深火热”。

2007年12月开始的一周已经被证明是大牛市拨开迷雾、重见天日的一周，虽然上证指数的涨幅有限，但是毕竟开始摆脱了中石油的束缚，投资者的信心在将信将疑中恢复。

不得不提及的是中央经济工作会议也在12月的第一周召开，更不得不提及的是在中央经济工作会议召开之前的那个周末新华社频繁播发的重要人事变动。尽管相当多的人事变动是在意料之中，但是赶在同一时间宣布还是给人一种争分夺秒的感觉。事实上临近年底，临近政府换届，这样的变动不是结束而是开始，可以预料的是，随着前任北京市长王岐山的履新，新一轮金融高层的人事变动也将拉开序幕。

王岐山为什么值得期待？

以北京市长身份在中共十七大上晋升政治局委员的王岐山享有“救火队长”的美誉，2003年在抗击非典的关键时刻，王岐山从海南省委书记的位置上奉调进京，临危受命，不辱使命，让王岐山在全国人民面前树立了一个硬汉的形象。

王岐山“硬”在哪里？

硬在这位匆忙上阵的市长敢于直面疫情，敢于直面新闻界，敢于直面选他为市长的北京市民。他敢说我说的话都是实情没有隐瞒，他敢说我和大家在一起共渡难关，他还敢说我的朋友到处都有，和拉板车的发小沟通也无障碍。

中国资本市场是一个新兴加转轨的市场，中国社会又进入了一个史无前例的全民理财的时代。随着中国股市市值的提升，不但经济晴雨表的作用在日渐显现，而且对于社会生活的影响也越来越大，更何况伴随着国际化的进程，国际资本市场和中国的联动也越来越紧密，管理层面对的是一个越来越复杂的市场，调控的难度也越来越大，要求也越来越高。搞不好就会好心办坏事，以人为的股灾防止自然的股灾，伤敌一千，自损八百。“5·30”是这样，刺破蓝筹泡沫也差强人意，大起大落没避免，患得患失却成了病根。

当然，值得期待的绝不仅仅是王岐山的行政风格和务实态度。了解王岐山背景的人都知道，王岐山在当海南省委书记之前曾在广东省当副省长，任内一手处理了棘手的广国投破产案。而在去广东之前，他的职务是建设银行的行长。同时还兼任建行和摩根斯坦利合资的如今在业内鼎鼎大名的中国国际金融公司的董事长，更早的时候，他又是和周小川一样是当时筹组体改所的积极分子。王岐山的从政经历说明他具备应对复杂金融局面的能力，有对付金融风险的经验，同时还具备必要的国际视线，对于资本市场有过直接的参与，而这恰恰是我们现在的管理层所欠缺的。高盛董事长保尔森出将入相担当美国财政部长要职曾经令许多投资者羡慕不已。投资者羡慕什么呢？投资者羡慕美国的财政部长和美国的投资者出身相同，观念相同，是同一类人，面对同一个市场容易产生共识，这样，政策的不确定性就会大大的减小，误杀和误伤的概率就会大大降低，投资者就有安全感。

水皮曾经说过尚福林是历任证监会主席中的最佳人选，因为尚福林主导了股权分置改革，从而为中国资本市场恢复了本来面目。水皮没有提及的是股权分置改革之所以能够顺利地成为一项政治任务而得以推进，仅以管理层的力量是远远不够的，必须借助决策层的决心和魄力，所谓站得高，才能看得远。

中央经济工作会议已经结束，一年一度的中央金融工作会议即将召开。中国资本市场的走势终究将反映中国经济的增长态势，牛市的步伐也绝不会停止，人们有理由相信更专业的管理层会让这个市场走得更好更远。

（2007 年 12 月 10 日）

三个因素影响股价未来走势

地产股的暴跌就像2008年的第一场雪，虽然来得晚了点，不过该来的还是来了。尽管谁都知道水皮一贯看不准地产股，但是面对突如其来的下跌，水皮却没有丝毫的兴奋。

为什么呢？

因为不早不晚的暴跌不但对目前的大盘走势构成了压抑，而且会影响投资者对未来市场的基本判断。很多人都在问自己，地产股是不是就此完蛋了，如果地产股没有了前景，那么是不是意味着这一轮牛市的支柱就失去了一半？更多的人不明白，难道央行第二套住房的解释杀伤力真的有那么大，会成为压垮骆驼的最后一根稻草？

在水皮看来，央行第二套住房的解释不过是导致地产股暴跌的导火索而已，换句话讲，是市场为自己下跌寻找的理由而已，地产股暴跌的真实原因还在于自身调整的需要。

说起来是巧合，央行解释出台的当天晚上，传说中的王石和首都新闻界的主流媒体老总们聚会。在座的老总问王石，万科的股票能不能买？王石的回答很艺术，万科是一个值得长期拥有的公司，万科的发展让所有的万科人都想不到。2004年的时候万科的销售只有70亿，2007年已经达到了500亿，但是万科现在的市值已经是美国前三位的地产商相加的1.5倍。2007年9月5日，万科定向增发的3亿股股份上市，增发价达到31.53元，而到目前已经四次跌破这个增发价。王石没有明说，但是言外之意却是直截了当的。

地产股的泡沫一方面源自人们对人民币升值的预期，另一方面源自于不断上涨的地价对于股价的推升。如果地价出现拐点，那么房价的上涨就失去了根据，地产股的股价回归就是一种必然，也就是说，地价已经成为影响未来股价的一个重要因素。

当然，地价对于股价的作用是短期的，中期的因素则是油价。

根据国家统计局公布的最新数字，11 月份的 CPI 是 6.9%，食品价格上涨了 18.2%，粮价上涨了 6.6%，油价上涨了 35%，肉禽上涨 38.8%，猪肉价格上涨的比例达到了 56%。CPI 居高不下，是我们判断通胀的重要依据，而推动 CPI 的重要因素又是肉禽和猪肉的价格。一个很多人并不清楚的事实是，今年实际上是全世界粮食产量创历史新高的年份，但是粮食产量的新高居然没能导致粮价下行，问题在于大量的玉米现在已经被视作了工业原料用于开发乙醇汽油，而乙醇汽油这种替代能源之所以走俏，根源又在于不断创出历史新高的油价。国际原油的期货价格已经逼近 100 美元，目前正在震荡之中，是见顶回落还是重拾升途，对于全球经济的影响至关重要，更何况油价涨跌已经和道琼斯指数形成了明显的跷跷板效应，油价只要下跌，道琼斯就能收好，否则也一样。

更重要的是，油价反映的还是国际上商品期货市场的整体行情。油价的涨跌还和黄金、铜、铝等有色金属价格息息相关。虽然商品期货尤其是有色金属和能源类商品价格的上涨能够带动相关的公司股价，但是对于绝大多数的上市公司却未必是好消息。商品期货市场的牛市什么时候会结束呢？如果油价回落，中石油的硬着陆什么时候会完成，油价在哪里能找到支撑就是我们必须关注的话题了。

中国股市的这一轮牛市，前期是股改行情，后期则是汇改行情，人民币的升值过程就是这一轮牛市的过程。在“牛市什么时候会结束?”的杂谈中，水皮曾经提出一个概念，什么时候人民币升到了头，什么时候牛市也就走到了头，也就是说汇价是一个决定股价的长期因素。

人民币升值的空间有多大呢？一般预计在 2008 年中可能的升幅会达到 10% 左右，这还仅仅是针对美元而言的，对于欧元和英镑而言，人民币可能还处在相对弱势，更不用说升值了。因此，从这个角度看，地产股的泡沫是短期的，破一下或许更健康，更有利于来年的行情。

（2007 年 12 月 17 日）

何时才能满仓等待暴跌？

满仓等待一次暴跌是水皮在杂谈“人无远虑，必有近忧”中的一句话，后来被网络的编辑们摘出来做成了标题，便成了流行语，所以难怪和讯的编辑第一个问题就是现在是不是又到了满仓等待一次暴跌的时候了。

水皮是怎么回答的呢？

一句话，王顾左右而言他。

为什么这么不痛快呢？

要弄清楚现在是不是满仓等待一次暴跌（实际上是最后一跌）的时候，必须先搞清楚当初水皮提出这个概念时市场的点位和态势。

“人无远虑，必有近忧”写于6月底，发表于7月2日改版的《华夏时报》第一期。当时市场的点位是3800点附近，市场处于“5·30”暴跌反弹之后的二次探底过程中，投资者心态极不稳定，悲观的看法上证指数要跌到2800点甚至2400点。但是水皮认为这种观点是错误的，是牛市意志不坚定的典型表现。尽管水皮一直认为3500点之上，70%的股票不但不会上涨反而还会下跌，但是对于指数的预期还是相当乐观的。道理在哪里？在于当时蓝筹海归的期待。海归的蓝筹本身是指标股，而它们在A股市场的同板块弟兄们也是指标股。一方面它们在A股上市将带动指数上扬，另一方面A股已有的指标股的迎新姿态也足以带动指数的上扬。更重要的是，在指数突破3000点拉锯到4300点的过程中，大盘指标股都没有出色的表现。工商银行6月29日收盘价在5.01元，不但远低于1月4日的高点6.77元，甚至都低于3月29日的5.80元；中国联通6月29日收盘价5.87元，较3月29日的5.62元涨幅有限，和1月4日的高点5.07元相比，涨幅不过15%；中石化是“5·30”之后唯一上涨的大盘指标股，但是7月5

日的收盘价也就在 13.13 元，这个价格和 1 月 10 日的高点 11.23 元相比，涨幅不到 20%；宝钢股份 6 月 29 日收盘价是 11 元，比 1 月 30 日的高点 10.45 元不过涨了 0.55 元。总之，在近半年的时间中，上证指数从 2675 点涨到 4335 点，上涨 1660 点，涨幅达到 60%，而大盘指标股和如此壮观的牛市却失之交臂。

塞翁失马，焉知非福。

其实，正是大盘指标股上半年的不作为，为下半年指标股突破 6000 点提供了契机和可能。正是基于这种判断，《华夏时报》改版第二期的头版头条的标题就是“被压抑的牛市猜想：5000 点或者 6000 点”，见报日期是 7 月 9 日，和满仓等待暴跌的预言仅差一周。并非巧合的是，就在 7 月 5 日，上证指数暴跌 200 点，完成了“5·30”之后的最后一跌。

现在的情景和当初正好相反。

和讯的网上直播是在 12 月 19 日做的，当天上证指数上涨了 105 点，报收 4941 点。这个位置对于上证大盘而言也是二次探底的位置，和讯的编辑如此提问也有道理。

问题在于蓝筹泡沫的破灭会有一个消化的过程，基金的建仓也有一个过程，恢复元气更有一个过程，而这个过程在短期内不可能完成。

工商银行的价位现在是 8.01 元，和 6 月 29 日的收盘价 5.01 元相比，不多不少正好涨 3 元，半年涨幅 60%；中国联通的价位现在是 10.60 元，和 6 月 29 日的 5.87 元相比，涨了 4.73 元，涨幅 80%；中石化的价位是 23.11 元，和 6 月 29 日的 13.17 元相比，涨了 9.94 元，涨幅 75% 还多；宝钢股份现价 16.97 元，和 6 月 29 日的 11 元相比，上涨 5.97 元，涨幅近 55%。而同期大盘涨了多少呢？6 月 29 日，上证指数 3820 点，现在是 5101 点，半年之中，上涨 1281 点，涨幅 30% 左右。

因此，水皮的回答是把大盘和指数分开。就绝大多数股票组成的大盘而言，满仓等待暴跌已经没有必要了。事实上，不少股票由于下半年的回调幅度太大，回调时间太长，根本就没有随着指数回落做什么探底动作，已经开始走出底部。而上证指数，则由于中石油、中石化和工商银行调整的拖累，很难走出轻快的步伐，再次震荡在所难免。

水皮是个坚定的牛市论者，坚信2008年的上证指数一定会创新高，坚信创新高的力量非大盘指标股莫属，前提则是这些大盘指标股必须调整到位，为上涨留出空间。

一个人原地起跳的高度是有限的，要跳出新高度，必须下蹲、蓄力，然后爆发，股市也是如此。

（2007年12月24日）

伟大的时代，伟大的博弈

十年前海归青年祁斌来到华尔街，找到了一本描写华尔街金融帝国崛起的书，书名就叫《伟大的博弈》（The Great Game）。华尔街在推动美国从一个原始而单一的经济体成长为一个强大而复杂的经济体中发挥的巨大作用给了祁斌以巨大的震撼；

十年后已经成为中国证监会研究中心主任的祁斌带领他的手下完成了一份中国资本市场发展报告的白皮书，而这份报告的起因却是来自于世界银行的一个预言，那就是2020年中国资本市场的市值有可能超过美国成为全球第一；

身为中国证监会官员的祁斌当然不可能在发展报告中对中国股市的具体数字给出定量的描绘，但是这并不能影响他对于中国资本市场的定性分析，更不影响他把完成于2005年但却迟迟没有发表的“资本市场与大国崛起”在年初登上《中国证券报》，更为巧合的是，世界银行的动议就是在2005年中国股市为崩溃而崩溃的时刻提出来的。

2005年，中国股市的市值是多少？

2005年，中国股市市值最低的时候不过3万多亿人民币，而美国的市值已经超过15万亿美元。

祁斌的第一个反应是不可能，第二个反应还是不可能，第三个反应依然是不可能。

但是，牛市让这一切变成了可能。

2007年3月，中国股市的市值超过10万亿人民币；

2007年8月，中国股市的市值超过20万亿人民币；

2007年11月，中国股市的市值最高超过30万亿人民币；

2007年的中国股市创造了历史上太多的第一，第一来得是那么的迅速，又是那么的猛烈，让所有人都有无所适从的感觉。

市值第一次超过GDP，基金第一次供不应求，股东账户第一次超过一个亿，日成交量第一次超过4000亿，上市公司的融资第一次超过5000亿……

当然，伴随着这无数个第一次，还有指数不断给我们带来的第一次：第一次超过3000点，第一次超过4000点，第一次超过5000点，第一次超过6000点。

飞奔的指数当然会带来耀眼的泡沫。

2007年，中国还有太多的上市公司市值创造了全球的第一：工商银行成为全球市值第一的银行，中国国航成为全球市值第一的航空公司，中国石油成为全球第一的石油公司，万科成为全球第一的房地产公司……

2005年的某一天，水皮的朋友华生教授提出了一个令人不敢相信的预言，中国股市在未来十年中市值会扩大十倍，这个当初遭到众多网友口诛笔伐的预言又有谁会想到在两年半之后就会成为现实？就连华生教授本人对这种变化都没有思想准备，2007年面对4000点的指数，华生也开始发出善意的警告，开始为泡沫担心。

当然，2007年"有形之手"和"无形之手"的较量也给人留下了深刻的印象。

如果说指数2000点时的泡沫说和3000点时的头顶论都还算是"无形之手"的话，那么"5·30"和"点杀蓝筹泡沫"就该算是"有形之手"的杰作了。

其实，"5·30"的发生是必然的，中国的股市说到底还是一个"新兴+转轨"的市场，政策决定股市的生命，政府承担着决策的责任和后果。因此，尽管有"买者自负"在先，但是依然有"半夜鸡叫"在后。事实上，每一次牛市都会有类似的情景上演，1996年12月是"十二道牌"和《人民日报》评论员文章，2001年6月则是清查银行违规资金和国有股减持，提高印花税应该讲是一种经济措施，但是出台前后的政令矛盾才是失信于民的根本，最想保护的往往是受伤害最重的，这不能不说是政策市的悲剧。

但是，必须指出的是，"有形之手"只能见效于一时，却不能改变市场的大势。也正是基于这个判断，改版第二期的《华夏时报》在指数二次探底3500点的危情时刻，旗帜鲜明地扛起了6000点的大旗。7月9日头版头条的标题正是“2007年被压抑的牛市猜想：5000点或者6000点”。我们感到欣慰的是2007年的最高点6124点，只比我们预言的6000点多124点，这个点差和水皮预言2006年2500点结果收盘在2675点惊人的相似；我们更欣慰的是，在指数3500点悲观情绪蔓延、牛市遭到怀疑的时候，我们为投资者找回了信心，赢得了财富，以我们的实际行动实践了我们“投资为纲、报道为目、纲举目张、共创财富”的办报理念，让“思想创造价值”验证“有用才是硬道理”。

2007年的中国股市既是投资者不断壮大的一年，也是备受风险教育的一年。在这一年中，开户数超过了1.3亿户。央行的调查统计表明，中国家庭主要的金融资产中，股票最多已经达到12.8%，拥有基金的更达到25.4%，居民的炒股热情连续四个季度不断上涨，最高值时达到43.3%，而这其中绝大多数又为新股东。一方面是投资者队伍已经呈现蚂蚁雄兵之势浩浩荡荡，一方面中国资本市场的投资品种也在不断壮大。QDII在这一年中走入大家的生活，港股直通车也一度闹得沸沸扬扬，股指期货和创业板的半推半就更让人失魂落魄，也为政策市的终结敲响了警钟。

中国证监会主席尚福林在为祁斌的译著《伟大的博弈》作序的时候有感而发：当我们在关键战略机遇期考虑中国资本市场发展的道路时，借鉴他山之石，吸取成熟市场的经验和教训，有助于我们认识资本市场发展的客观规律，从而更好地为中华民族的伟大复兴作出贡献。尚主席落笔之时，还在2004年11月，他一定不会想到的是，在三年不到的时间中，中国和美国这个世界上最强大的金融帝国之间会发生如此多而又如此微妙的转折。

2007年2月27日是中国春节之后的第二个交易日，沪深股市分别暴跌8.84%和9.29%，全球股市纷纷跟进，但是中国股市第一次在全球发挥影响力却并不能让人信服，包括索罗斯在内的评论家们更愿意把中国的暴跌看成是全球股市暴跌的导火索，而决定性的因素更愿意相信来自于日元套期交易的集中变现，不过当这种情景再一次在“4·19”暴跌中上演的时候，我们再也听不到评论家们的怀疑之声了。

2007 年中我们听到最多的一个词汇恐怕莫过于流动性过剩，中国的外汇储备已经超过 1.5 万亿美元，继续增长的可能性有增无减。外资看好中国人民币升值的潜力，更看好中国的投资机会，QFII 增加到 300 亿美金并不能满足美国人的胃口。中国资本市场的影响力并不是我们身在其中的人能够认识的，德国之声电台的记者撰文称，过去法兰克福的投资者晚上很辛苦，因为纽交所闭市的时间正好是德国时间晚上 10 点多，法兰克福股市跟着美股走，他们自己就睡不好觉，而现在不一样，只要在早上 8 点醒来就可以了，因为法兰克福时间早 8 点正是上交所下午闭市的时间。德国记者的说法有点夸张，但是，全世界就是中国流动性过剩、钱多，却是不争的事实。

钱多意味着中国必然成为次级债暴风骤雨洗礼中的美国金融机构的拯救者。中国国家的外汇投资公司在 2007 年成立，而在成立之前的黑石投资则成为交学费的代价，至今已经有 50 亿的亏损，但是谁又能说黑石的投资不是中国资本参股美国金融机构的敲门砖呢？中信证券 10 亿美金和贝尔斯登相互持股，中国外汇投资公司 50 亿美金参股摩根斯坦利，虽然不能肯定中国资金抄到了落难美国公司的底，但是至少由此突破了中美两国金融的双边开放，招商银行的分行也正是在这种背景下才登陆了美国的国土。联想到当年中海油收购美国优尼科石油公司遭到的阻击，我们不能不感叹物换星移的神奇。参加第三次中美经济对话的美国官员普遍有一种感觉，他们的对手和两年前判若两人，因为中国官员不但会说不，而且还会提出要求，开始要求美国人干这干那。

2007 年的中美关系上下半年截然不同，上半年是美国人为中国制造找碴，下半年则是中国资金为美国银行救急，以德报怨是中国人的美德。如果说，1998 年东南亚金融危机中，中国坚持人民币不贬值确立了负责任的地区大国的形象，那么在 10 年后的美国次级债危机中，谁又能说这不会构成中国资本强国萌芽的契机呢？

中国正在进入一个史无前例的全民理财或者说是全民投资的时代。这个时代的到来，和改革开放 30 年民间财富的巨大积累必须通过资本增值的形态表现分不开，也和我们构建和谐社会的进程消除了人民群众在房改、教改、医改等基本社会保障方面的不确定性有关，更和存款负利率刺激了人们的投资理念分不开。是投资，就有博弈，投资者与投资者之间，投资者与管理者之间，有形的手和无形的手之间，本土资本和外来资本之间，甚至国家与国家之间，波澜壮阔的场面会在我们的面前不断地展开。

2007 年，中共中央总书记胡锦涛在中共十七大报告中说了句话，“创造条件让更多的群众拥有财产性收入”，这句话既可为我们这个投资时代背书，也可以视作一个资本大国崛起的集结号。

2007 年，一个伟大时代的开始，一场伟大博弈的开始。

（2007 年 12 月 31 日）

“八二”现象悄然而至？

俗话说，一年之计在于春。俗话说的是自然界，但是对股市却也适用，一元复始的第一个交易日往往会暗蕴着全年的走势。

2008 年会是个什么走势呢？

也许就是一个红十字星的走势。

这不仅是 2008 年第一个交易日的指数走势，同时还是大盘和指数背离的微妙反映。

什么背离？

“八二”的背离。

曾经备受“二八”现象煎熬的投资者欣喜地发现，分时走势图上的那两根均线又开始分岔了。但是这一回不是白线呈喇叭口向上，而是黄线呈喇叭口向上，更多的投资者进一步发现，尽管指数在跌，但是自己手中的股票却一直在飘红。

这是久违的牛市情景，是一个绝大多数个股能为投资者带来财产性收入的情景，换句话说是一个大多数个股都有机会、但是指数却保持均衡增长的情景。

2007 年的最后一周，水皮在“何时才能满仓等待暴跌?”的杂谈中指出，对于大多数的个股来讲这个机会也许转瞬即逝了，但是对于指标股构成的指数而言或许时机还没有到来。2008 年的第一个交易周证实了水皮的这种判断。

第一个交易日，拖累指数的是中石油；第二交易日，拖累指数的是中国联通和地产；第三交易日，拖累指数的是工商银行。

为什么指标股会成为指数的拖累呢？

一句话，没有调整到位。

中石油是一个不能不说的个股。

中石油是11月5日上市的，此前的10月22日国际油价首次突破90美元，此后的11月21日突破99.23美元。但是上市之后的中石油股价并没有随着国际油价的上涨而上涨，反而一路狂跌，从开盘的48.60元最低跌至29.15元，受油价突破100美元的影响，目前的股价也不过仅仅反弹至31.31元，中石油一个个股套牢了180万的投资者、整整2000亿的资金，投资者的亏损普遍在35%，被称为中国股市上害人最惨的股票，以至于证监会和上交所都在召集机构投资者讨论“中石油为什么会开在48元”？是交易缺陷造成的，还是发行制度有问题？

其实早在中石油上市之前，水皮就发表过“中石油是陷阱还是馅饼”的文章，两点结论：一是中石油开盘在50元附近，开盘价就是历史天价，二是请大家像远离毒品一样远离中石油。中石油为什么会开得如此之高，交易制度或有缺陷，比如开盘当天没有涨跌板的限制；发行制度也有问题，比如机构资金的特权配售形成相对的集中持股优势。但这些都不是实质性的问题，至于传说中的承销商瑞银做局推高H股价从而拉升A股价格也不过是些雕虫小技而已。为什么这么说？因为H股尽管可以推动A股高估，但是高估的溢价的标准却相差十万八千里，金融股不过高估30%左右，但是能源类和有色类却高估了2.5倍，中石油只不过是其中的一个分子而已，50元附近的中石油开盘价是水皮根据中石油和中石化的H股价差以及能源类A股和H股溢价差估算出来的，两个标准、一个价格还不能说明问题吗？说明什么问题，说明A股的局部泡沫的确到了令人发指的地步，能源类和有色类是典型中的典型、泡沫中的泡沫。推动这两个板块泡沫的力量不是别人，正是投资者的那种集体无意识，这种集体无意识至今投资者依然回避，反而还在为中石油的高开寻找替代理由，逃避自身的责任。

当然，中石油现在还能在30元附近盘旋，国际油价居高不下是一个因素；套牢太多、无力割肉是另一个因素；还有一个因素则更为重要，就是所谓的指标股溢价因素。中石油的总股本有1830亿股，但流通盘才30亿。按上证指数的权重计算方式，中石油的权重第一，最多达24%，中石油具有四两拨千斤的效应，完全可以操纵上证指数的走势。事实上，一般情况下，上证的走势就是中石油的走势，因此考虑到上证指数和沪深300的极度相关性，尽管中石油对沪深300指数的影响才排在第四位，权重也不高，大家依然有普遍的预期，机构资金可以通过中石油操纵股指期货从而谋利。

上证指数的计算虽然是不合理的，是等待中石油自然回落从而让指数摆脱现在的拖累，还是快刀斩乱麻、调整上证指数的计算方式，管理层必须作出决断，否则，今后的指数震荡会加剧，盘面的风险会加大。

新年股市开门红，三天涨了整整100点，涨幅近2%。而三天之中，中石油一天低开低走，两天高开低走，30多元的股票才涨了0.30元，涨幅0.1%；工商银行连跌三天，还跌掉了0.11元；万科则连跌两天之后才出现反弹，28元多的股票才涨0.40元，1%多点有限。

中石油也好，工商银行也好，万科也好，它们代表的都不仅仅是一个板块，更多的代表意义还在大盘蓝筹，它们的表现说明，目前蓝筹不会受到持续的资金的追捧，充其量是鸡肋，指数还会有反复。

“八二”现象已经悄然而至，炒自己的股，让指数颤抖去吧。鸡肋就是鸡肋，不会变成牛排，也不会变成熊掌的。不信，可以走着瞧。

（2008年1月7日）

油价、次债和中国股市

历史有时候就是小人物的心血来潮而或然创造的，比如第一次世界大战，比如英国巴林银行的破产，再比如，眼前100美元的油价。

纽约时间2008年1月3日，独立交易商理查德·阿伦斯因为想检验一下油价的最高极限，所以从同事那里购买了最低限度的1000桶原油，无意之间创下了油价100美元的历史纪录。在此之前，油价是99.53美元，阿伦斯交易完成后，油价瞬间蹿至100美元，随后便跌到了99.40美元，阿伦斯不但没有挣到钱，反而亏损了600美元，而如果他在当天没有止损，那么第二天亏损就会扩大到1000美元，如果到今天还没有平仓，那么损失会扩大到5000美元。

100美元的油价是如此产生的，难怪当时就有观察家怀疑这个价格的有效性，1000桶原油的恶作剧会改变历史吗？

其实，从油价的长期走势看，近20年一直在20美元徘徊。1998年12月最低跌至10美元，1999年7月才回升至20美元，2000年2月到过30美元，其后又曾跌破20美元，2004年5月摸高40美元，从此一发不可收拾，几乎是直线上升至80美元附近，但好景不长，2006年10月又跌破60美元，其后再次拉升，2007年之中上涨近60%，达到99美元附近。从10美元涨到40美元用了五年时间，从40美元到80美元用了四年时间，从80美元到100美元只用了四个月的时间，也就是说，油价越涨越急，斜率越来越陡，近一年的涨势就像连续上涨的股价一样是竖起来走的，完全是期货的炒作。

原油期货为什么出现这种丧心病狂式的炒作呢？市场需求不能解释，因为作为石油最大消耗国的美国30年来对石油的依存度已经从25%下降到了7%，所以大家发觉美国政府对此无动于衷，欧佩克的态度更能说明问题，因为欧佩克根本就没有增加产量；地缘政治同样不能解释，美国中央情报局公布伊朗没有核武器的报告不但给布什下不了台，更重要的是消灭了打伊朗的借口，中东战火难燃，原油供应就不会受影响，更何况，油价的高涨，获利最大的都是美国的敌人，俄罗斯和委内瑞拉都靠石油的收入壮大了国力；中印两国的发展因素同样不能解释，早在油价创出 40 美元新高之时，国际市场上就有中国“饿虎论”的概念在炒作，但是中国进口原油的数量是有限的，增量同样有限，尤其是在宏观调控背景之下，经济发展的模式在转型，环保节能成为主流，人均能源的消耗更不到美国的零头，哪里就会导致油价在 10 年中涨 10 倍?!

油价疯狂炒作的主力是投资银行。油价在 60 美元时，高盛曾预言油价要到 100 美元，当时很多人都认为不可能，但是当油价接近 99 美元时，高盛又开始放出看空报告。有人统计了一下国际投行的利润发现，2007 年投行的利润一半来自原油期货的交易，而更进一步的发现则是在投行内部的分工中，搞次级债投资的和搞原油期货投资的均由一个负责人归口。次级房债的亏损已经导致摩根斯坦利、花旗、贝尔斯通、瑞银这样的投行资金断裂，在原油期货上的炒作既是扳本的需要，也是孤注一掷的需要。油价的直线飙升发生在次级债危机全面爆发之后，或许这就是最好的解释。

水皮在最近的演讲中一再提醒大家，国际油价已经对中国股价构成中期影响。如果油价居高不下，或者涨得更高，那么就会影响到中国 CPI 的走势，因为在我们的 CPI 构成中粮价和肉价占了 30%的比例；如果 CPI 的走势不断创新高，那么就会影响我们对通胀的看法、从紧货币政策的执行和效果，从而对上市公司的经营造成压力。更重要的是，如果油价下不去，那么中石油的股价就不肯回归，而中石油不回归就缺乏上涨的空间，指数的上涨就没有力度和保证。事实上，水皮在上期的杂谈中曾指出，“八二”现象已经悄然而至，这种感觉在上周已经被统计数据所证明。1060 家公司的股价目前已经回到了上证指数 6000 点的位置，这个数字占到了全部上市公司的 60%。深证成指目前已回到 19100 多点的位置，距 19600 点的高点一步之遥，但是上证指数还在 5400 点，原因就在于 17 家权重股包括中石油的压制。

中石油还要在30元附近盘整多久呢?

（2008年1月14日）

第二次“5·30”的概率有多大？

传说中的最后一次暴跌，就像2008年的雪一样，虽然来得晚了点，但毕竟还是发生了。在过去的一周，上证指数的K线图就像长安街头挂满乌鸦的树枝一样，沉甸甸的，看着直让人揪心。

于是，便有人提出了类似的疑问，现在的行情会不会成为“5·30”的翻版。

为什么会有这样的疑问呢？

因为暴跌的走势，因为飞流直下的图形，还因为政策层面的担心。

2007年的最后一期水皮杂谈，题目是“何时才能满仓等待暴跌？”，文章缘起和讯的编辑对水皮的采访，其时上证指数在4700点附近，水皮的结论是对于大多数的股票而言，已经错失满仓等待暴跌的机会了。因为绝大多数的股票在11月中旬上证指数单针探底5000点时已经探明了底部，在此后一个月上证指数的反复下探过程中，大多数的股票不但没有随风飘零，反而走上了自己的上升通道。也就是说，“八二”现象其实已经悄悄地在我们身边生成了，最近的统计数据则更能说明问题，沪深两地的上市公司中有60%的股价已经接近6000点时的价位，而深成指和深综指均已接近前期历史高位，中小板指数早就创出新高。

但是，个股虽然没有机会，不等于大盘没有暴跌的机会。道理何在？在于蓝筹泡沫没有挤干净，在于中石油价位高悬，在于房地产股面临“拐点”的压力，在于一旦地产股跌势形成，造成的对金融股的危机影响。只要以中石油为代表的能源板块，以工商银行为代表的银行板块，以万科为代表的房地产板块，三个板块中任何一个下跌，都会对指数构成重大的杀伤，如果三个板块同时发力，就会形成指数意义上的暴跌。

因此，道琼斯指数的暴跌引发中国股市暴跌充其量只是一个诱发因素，沪深两市的暴跌，内因还是起主导作用的。

在最近的演讲中，水皮反复向大家介绍一个观点，A 股和美股的关系互动越来越密切。在 A 股强势时，美股受 A 股影响；在 A 股弱势时，A 股受美股影响。2007 年上半年 A 股强势，所以 A 股“2·27”会引发全球暴跌。2007 年下半年，A 股震荡，所以跟着道琼斯上蹿下跳。进入 2008 年，美股一口气从 13500 点下跌到 12500 点，其间 A 股上证指数连涨九天，从 5260 点涨到 5522 点，涨幅超过 4.5%，深成指从 17700 点涨到 19219 点，涨幅超过 8%，许多个股的涨幅在 20%—30% 左右，A 股本身有调整的要求，美股的暴跌引发 A 股的是共振。事实上，第二天美股仅下跌 34 点，全球股市反弹，但中国股市依然暴跌，而第三天美股暴跌 300 点，中国股市却出现了跳空高开的震荡走势。从中可以看出，A 股目前正在重新确立强势地位。从长远的角度看，美股和 A 股反映的是美国经济和中国经济的一种对比状态。美国经济现在最大的问题是什么？是次债风波导致的金融震荡，换句话讲，美国的金融缺钱，所以，包括摩根斯坦利和花旗在内的大投行只有向中国银行乞资。而中国经济现在最大的烦恼是什么？是流动性过剩，以及由此而必然导致的资产价格过快上涨所产生的泡沫。一个是缺钱，一个是就不缺钱，这就是美中两国的写照，此强彼弱，再正常不过。

当然，中国对待流动性过剩一直在努力，存款准备金率已经提到 15%，证监会又在暴跌之后及时公布创业板的时间表。以积极的股市政策对冲从紧的货币政策对企业融资的影响是一种明智的政策组合，这种选择会为中国股市注入新的潜力。

给点阳光就灿烂，给点洪水就泛滥。创业板的上市，意味着大盘蓝筹靠边稍息，概念股横行天下，“八二”现象卷土重来，鸡犬升天之下会不会出现第二个“5·30”的确值得投资者警惕。

2008 年 8 月 8 日，中国第一次举办奥运会，要在如此盛大欢快的节日中保持股市的稳定也是和谐社会的一个指标，而想避免 8 月的暴跌，就必须在此之前让市场降温，市场自己不降，管理层就人为地降。

（2008 年 1 月 21 日）

股灾究竟是谁惹的祸?

全球股灾，中国也不能幸免。

暴跌可怕吗?

既可怕也不可怕。

为什么不可怕?

因为在意料之中。

《华夏时报》上期的水皮杂谈发表的文章题目就叫“第二次‘5·30’的概率有多大?”。文章明确指出，指数就是存在暴跌的空间和机会，市场如果没有反应，那么管理层也会有反应。文章是19日晚上上网的，新浪的点击表明这篇评论始终名列新闻榜的前茅，相信看到过的人很多。

指数为什么存在暴跌的可能呢?

原因之一是前期蓝筹泡沫没有挤干净。比如蓝筹泡沫的代表中石油，尽管股价从48.60元一路跌到30元左右，但是依然不到位，依然有人恋恋不舍，依然有人心存侥幸，而多头不死，跌势不止。能源类、地产类这两大板块指标股居高不下的现实已经成为行情发展的重大隐患。一方面，他们不调整到位，指数没有上升空间；另一方面，如果没有充分的调整，在指数上升过程中他们就会成为破坏的力量。很难想象，新一轮的泡沫会在旧泡沫的基础上产生，所谓旧的不去，新的不来。

原因之二是“八二”现象已经让六成的个股回到了前期6000点附近的价位。短期升幅可观，有回调的要求。而回调的动力一是获利回吐，二是解套变现。

原因之三是美国次债导致香港股市H股的大幅回落拉开了A股和H股的价差，从而形成下跌的地心引力，表现在金融板块上尤其明显，本来A股和H股的溢价只有25%左右，由于H股大跌，现在溢价扩大到了50%以上。银行类股本来不存在高估，但是不怕不识货，就怕货比货，和H股相比，A股的股价又如何能独善其身？

因此，跌是意料之中的，春节前不跌，春节后跌。没有“1·22”，也会有“2·27”，这就是星期天晚上水皮在央视四套《今日关注》中所谓的“洗洗更健康”。

既然如此，又有什么可怕的呢？

可怕的问题不是出在跌字上，而是出在暴跌上，出在跌过了头上，出在了导致暴跌的导火索上。

什么导火索？

平安巨额再融资的导火索。

星期天晚上的《今日关注》，话题说的是创业板，但是水皮特别指出了一个让管理层警惕的问题，主板和创业板不能同时推出扩容大跃进，主板更不能和创业板争夺资金，上交所和深交所不能搞成恶性竞争，否则就会成为中国股市的不能承受之重。

话音未落，平安的再融资消息在周一见报。

平安是个好公司，平安的融资有其并购的目的。人们担心的是，平安的做法被更多国有大盘蓝筹上市公司效仿，把再融资作为圈钱的手段，不圈白不圈，圈了不白圈，白圈谁不圈。人们更担心的是管理层被一度火热的行情冲昏了头脑，对中国资本市场的状态作出盲目乐观的判断，作出大干快上的政策安排，又是创业板，又是股指期货，又是大蓝筹回归，又是再融资泛滥。

统计表明，2007年中国资本市场融资再融资的规模近8000亿，而印花税为2005亿，两者相加近10000亿，相当于流动市值的1/10。这笔钱是从市场中拿走的，基本上不可再生。如果2008年的主板融资规模维持不变，那么再加预期中的创业板的融资规模和大非解禁的资金数量，增量资金的需求量就是一个天文数字。2008年的股市有那么乐观吗？

实话实说，全球股灾的祸首是美国。但是美国周一是休市的，中国股市黑色星期一的暴跌扯不上次级债，黑色星期二的暴跌更扯不上，亚太股市和欧洲股市的暴跌还不知道是受了谁的影响呢！否则，为什么美国政府和美联储的救市措施能够立竿见影，而中国股市却在暴跌之后萎靡不振呢？

暴跌是坏事也是好事。

好就好在及时地提醒管理层，中国股市并没有那么坚强，投资者的信心是脆弱的，热情是需要保护的，政府该救市的时候就要负起自己的责任，该托市的时候就要采取必要的干预措施。

天灾都是人惹的祸。

（2008 年 1 月 28 日）

中国式救市为什么如此彷徨？

救市还是不救，这恐怕是摆在中国资本市场的管理层面前最迫切需要回答的问题，也是一个无法回避的问题。

如果说2008年1月21日的暴跌是由于平安千亿再融资而引发的话，那么市场实际上担心的还是管理层对于目前市场供求关系的判断，对于目前市场点位的判断，说到底，还是管理层对于目前市场行情性质的判断，是不是存在利用再融资打压指数的可能。

市场为什么会有这样的担心？

因为大家清楚地记得2007年“5·30”事件发生时的点位，而这个点位距离暴跌前的4700点还有整整400点的位置。

中国的投资者在全球股市面临灾难、各国政府均在不遗余力救市的时刻，居然会有如此的担心，令人别有一番滋味在心头。

事实证明，1月21日欧洲股市7%的暴跌其实只是一个意外，一个法国兴业银行的交易员在金融衍生品交易上的欺诈行为造成的意外。由于这个意外的交易金额达到了可怕的500亿欧元，因此法国兴业银行被迫在德国股指期货上强制平仓，从而导致欧洲市场的股指全线暴跌。但是，美联储迅速果断的救市却让我们领教了什么叫做挺身而出，什么叫做当机立断，什么叫做力挽狂澜，什么叫做政府行为！

美联储紧急降息0.75%的决定是在美国股市开盘前一个小时作出的决定，距离美联储月底的常规会议的时间还有10天，尽管市场当天还有400点的低开，但是收盘时就已经收窄，只跌了100多点，此后的时间道琼斯指数迅速回升，而美联储则乘胜追击，再次宣布0.50%的降息幅度，摆出了一副将救市进行到底的姿态。

也许是阴差阳错，也许机缘巧合，也许本身就是借题发挥，美联储的行动却极有可能提前结束美国经济有可能出现的衰退或者下滑，在人们信心即将崩溃之时，给市场带来了希望。而早在里根时代，那位美国前总统对经济危机已经有过经典的论述，那就是“改变经济状况有50%要靠心理学”。

的确，救市在相当程度上实际上对于投资者而言起的是心理救援的作用，救市的措施如何是次要的，救市的姿态更重要。

这就是一个崇尚自由市场经济的国家政府扮演的角色。

理论上讲，救市是一种行政干预，和自由经济的原则是对立的，那么美国政府为什么一定要在股市出现暴跌时喊话甚至直接进场呢？因为，市场有失灵的时候，当每个个体都在寻求自身利益最大化的时候，不可避免会和社会的整体目标发生冲突。股市下跌时也是如此，人们的心理恐慌会放大灾难，从市场到社会，从公司到家庭，从经济到社会，而现代意义上的政府承担的就是社会公共安全管理的职能。市场自身能解决的问题自然是不用政府插手的，市场发生了自身不能解决的问题时政府就必须干预，该干预的时候不干预，就没有意义了。

应该说，中国政府对于股市的关注和关爱和美国政府相比，有过之而无不及，一直非常希望市场能平稳地发展，避免大起大落。但是避免大起我们已经有过成功的实践，避免大落，我们却一直没有成功的经验。

我们为什么不能旗帜鲜明地站出来呢？为什么要自己给自己加上枷锁呢？

中国有那么几个经济学家，长期以来食洋不化以所谓的“新自由主义”自居，股市下跌时警告政府不要救市，股市上涨时又呼吁政府打压，七搞八搞，搞得政府都不知道如何是好，关键时刻，顾虑重重。越是这样，投资者越是恐慌。投入股市的资金也都是人民的财产，当人民的财产遭受损失的时候，他又能指望谁？雪灾是灾，股灾也是灾，雪灾看得见，股灾就能视而不见吗？

中国经济没有问题，上市公司的业绩增长没有问题，中国股市的前景也就没有问题。暴涨会涨过头，暴跌会跌过头，涨过头该管，跌过头就更该管。其实，管理层的救市措施都在悄悄地进行，放行基金，放行券商集合理财，放松货币投放，大家之所以麻木，实际上是要管理层的一个姿态。

此时此刻，印花税为什么不改单边？

此时此刻，平安再融资为什么不否决？

此时此刻，为什么就不能表达一下对中国经济的信心呢？

全面理财的时代，执政为民就要落到实处，就要创造条件让群众拥有更多的财产性收入。还有什么可彷徨的?!

（2008 年 2 月 4 日）

猴市特征为什么越来越明显？

早在2001年的时候，水皮就出版过一本叫《猴市》的书，中心思想恰如书名一样，中国股市不存在牛市，也不存在熊市，有的只是上蹿下跳的猴市。

为什么这样说呢？

2001年左右的中国市场尚未进行股权分置改革，制度上的严重缺陷，使得全流通这个巨大的阴影始终笼罩在投资者头上，成为一把达摩克利斯之剑，而管理层功利性的取向使政策市的特征发挥得淋漓尽致。打压股市时可以有十三道金牌，人民日报评论员文章；刺激股市时同样可以有“5·19”行情和人民日报的评论员文章。因此，中国股市的走向和宏观经济的走势是完全背离的，暴涨暴跌成为至今都没有药方的顽症，中国的股市既没有真正意义上的牛市，也没有真正意义上的熊市，有的只是猴性十足的猴市。

水皮没有想到的是，2008年初始，中国股市当初的猴市特征越来越明显，症状也越来越复杂，而最明显的变化则莫过于受外盘因素的影响越来越大。

如果说2008年春节之后第一个交易日沪深股市的跳空低开还可以拿节前的暴涨获利回吐是内因、外盘影响则是外因来解释的话，那么后两个交易日沪深股市已经和港股一样是完全看美股脸色行事了。2月14日，上证指数一改前日的颓势，跳空高开37点之后高开高走，全天上涨了62个点；但是，2月15日，上证指数不但没有持续14日的升势，反而跳空低开30个点，一度甚至于下跌了100多个点。莫名其妙的上涨，莫名其妙的下跌，原因只有一个，道琼斯的走势使然。中国股市被道琼斯牵着鼻子走，这样的情景不但2001年没有，就是2007年11月之前也没有。

由美国次贷危机引发的经济减速和衰退的担忧，对于中国经济不能不说没有影响，但是更多的是在心理上的冲击。事实上，道琼斯指数从高位14198点下跌至今不过2000点左右，跌幅最多不到17%。但是，恒生指数的跌幅却超过了30%，上证指数的跌幅更是达到了33%，均超过25%的牛熊分界岭，也就是说美国股市还没有走熊，中国股市已然跑到了美国股市的前面，谁影响了谁?

处在危机中心的美国股市反而比远离危机中心的中国股市更坚强、更强硬，只能说明一点，中国股市自身的问题更严重。上证指数围着道琼斯的指挥棒起舞只是表面现象，美国股市比中国股市强也是表面现象，中国股市的弱势才是本质。

这种弱势十有八九又是人为造成的，因为无论是宏观经济的走势和上市公司的业绩增长态势都不支持中国股市的弱势。

人为因素之一是大小非解禁。股权分置改革从制度上已经完成了，但是落实市场层面的全流通则还有一个过程。2008年解禁的全流通股份是1300亿股，市值相当于3万亿。当然，根据常理，这部分股份，尤其是国有股流通减持的可能性是相当小的，特别是控股股东，2007年国资委出台的三个文件已经把减持的影响减小到了最小的地步，但是再少也有，如果按20%的实际发生率计算，也需要市场提供6000亿的接盘资金，6000亿的规模已经超过2007年全年IPO的规模。

人为因素之二是融资再融资的规模，2007年融资额4500亿左右，再融资是3500亿左右，总额相加是8000亿左右。2008年会保持一个什么样的规模，大家心中都没有数；管理层会不会考虑到大小非减持的资金需求，大家心中也没有数；大盘蓝筹的圈钱式融资和再融资会不会受到约束，中国平安的巨量融资是不是仅是个案，大家心中更没有数。

人为因素之三是创业板。创业板实际上是风险板，适时推出对解决中国中小企业发展融资难是有帮助的，对于中国经济可持续发展同样是有推动的。但是，创业板的推出对于资金也是有要求的，如果说一年达到500家所需资金不过1000亿，在牛市中不算是个大数目的话，那么在弱势中间就是个不大不小的难题。创业板的推出要不要和主板市场的大盘蓝筹回归和再融资统筹兼顾，会不会出现主板和创业板争夺资金的恶性竞争，投资者没有明确的预期，管理层没有明确的安排。

人为因素之四是股指期货。作为双向交易的制度性完善，股指期货的推出是早晚的事情，但是时机也有一个把握的问题，牛市推出助涨，熊市推出助跌。投资者现在必然由此揣摩管理层的心思，是打压指数还是拉升指数？管理层也要考虑，如果股指期货的推出和黄金期货的推出结果一样套牢散户的话，会不会成为大家投资失败的替罪羊，毕竟股指期货也会分流部分市场的资金。

人为因素之五是印花税。2007 年的印花税高达 2005 亿，足够两个创业板的融资金额。同样的资金，去向不同，作用完全不一样，前者加大投资成本，后者助推经济发展。2008 年资金面如此紧张，印花税单边征收就可以支持一个创业板，这样利国利民的好事什么时候才能付诸行动？

粗粗算来，2008 年按照 2007 年的不变条件计算，对资金的需求将会达到 1.7 万亿左右，将比 2007 年增加 80%，目前囤积于一级市场打新资金不过 3 万亿，又如何能够承受如此的抽血？这些不确定一天不明朗，那么市场就一天不可能转强。

宏观经济不支持熊市，融资取向不支持牛市，中国股市也就只能选择猴市了。

（2008 年 2 月 18 日）

谁该对这个市场负责任?

2008年1月20日，水皮在中央电视台四套的《今日关注》中谈创业板时表示，创业板并不可怕，可怕的是主板市场上大盘蓝筹在创业板推出之际也不断海归、不断再融资，从而形成主板和创业板争夺资金的恶性融资竞争。

现在看来，创业板还没有推出，但是主板市场的再融资竞赛却已拉开了序幕。1月21日，平安公布1600亿的再融资方案，2月21日，浦发银行声明承认正在制定再融资方案，热心的媒体统计目前已经公布的再融资额已达2658亿，而去年全年才2800亿。

第一财经电视台的记者在采访时问水皮，上市公司再融资不是正常的吗?水皮的回答是，正常的事情如果选择的时机和场合不对，也会变成不正常的事情。同样处在调整周期，香港联交所一个月没有发一只新股，而沪深股市不但新股照旧，而且再融资也紧锣密鼓，这就是不正常。

事实上，在市场弱势的情况下，霸王硬上弓其实是一种损人不利己的行为。

1月21日，平安宣布方案，上证指数当天破位暴跌266点，第二天再跌355点，仅仅两天，指数就从5200点跌到4500点。在市场层面引起巨大恐慌，逼迫管理层匆忙之中推出救市措施。而平安自身的股价也因此而一路狂泻，从110元的平安连续下跌至70元左右，跌幅近40%，市值蒸发3040亿，而和前期高位的149元相比，则被腰斩，市值蒸发更是高达6080亿。

平安股价的暴跌影响市场，蒸发市值，损失最大的还不是上市公司，而是平安的上万员工，尤其是期权即将到期的高管们，眼看着自己的财富缩水一半，心头痛，备受煎熬，更遑论市价追入的员工，真金白银灰飞烟灭。投资者以脚投票，再融资规模也就自然削减，原来平安12亿股可融1200亿资金，现在按市价顶多不过800亿，如果说平安的融资项目真的需要1200亿，那么现在的结果也绝非上市公司所愿意看到的，换句话讲，在这个游戏中没有赢家，只有输家。

如果说平安再融资要做的是件正确的事，那么选择的时机就是错误的。在一个错误的时机做一件正确的事，后果可能比在一个正确的时机做一件错误的事更可怕。

浦发银行同样如此，虽然具体方案未定，但400亿的再融资规模已经在市场流传，结果是三天暴跌超过20%，股价从50元的市值直下40元，市值蒸发435亿，而如果从高点计，市值蒸发则为800亿。

那么，我们这个市场会不会由于融资和再融资崩溃呢？

理论上讲，只有市场低迷导致融资失败IPO停止，不存在融资导致市场崩溃的结果，但是理论上的事只能在成熟市场的背景下才有意义，就像香港市场一样。而在内地市场则不一定适用，更何况我们的市场是一个处在全流通转化过程中的新兴加转轨的市场。

全流通是股改的结果。应该讲，股权分置改革是一场制度革命，历史意义和现实意义都很重大，从制度层面看，股改已经完成，但是从市场层面看，只有全流通平稳过渡之后才算大功告成。因此，2008年和2009年的市场有相当的特殊性，管理层必须引起高度重视。由于全流通对资金的需求急增，因此，必须控制IPO和再融资的规模以保证市场的平稳。此一时，彼一时，2007年的扩大海归分流流动性过剩、平抑股价过快增长的策略现在已经不合时宜了。

金融股的“融资门”从另一个侧面提醒我们，股权分置改革并非包治百病的灵丹妙药，并不能自然推进公司治理，更不能化解大小股东的矛盾和高管与股东的利益冲突，法治环境的建设依然任重道远，保护中小股东利益不是仅有愿望就可以的，必须有相应的保障措施，再融资的管理条例必须尽快出台，否则，基本没有门槛的增发必然走向滥发，从而摧毁这个市场。

实话实说，身在这个市场，每一个利益攸关者都应该对这个市场负起自己该负的责任。投资者要讲理性，上市公司要讲回报，管理层要讲规矩，资本市场是个资源优化配置的地方。一味索取而没有休养生息，再多的资源也会枯竭，五年大熊市的历史教训不能忘记。

（2008 年 2 月 25 日）

政策拐点会不会变成市场拐点？

常言道，塞翁失马，焉知非福。

现在看来，2008 年的 1 月 21 日真是一个值得大书特书的日子，所有的巧合都在这一天发生，所有的意外也都在这一天发生，所有的故事也都在这一天不可避免地发生了。

法国兴业银行的愣头青交易员热罗姆·凯维埃尔由于在欧洲股指期货的反方操作给兴业银行造成了高达 49 亿欧元的损失，法国兴业银行在股指期货上的强行平仓把法国 DAX 指数打爆了将近 7%。但是凯维埃尔绝对想不到的是，正是欧洲指数这一天的暴跌，导致美联储在纽交所开市前一小时紧急降息 0.5%，尽管道琼斯指数低开了 400 多点，但是却完成了探底动作，配合美国政府的减税方案和此后的再度降息，美国经济的衰退危机或许在那一天被意外地提前终结了。

中国平安的高管们当然也不会意料到这一天他们宣布的 1600 亿再融资会对市场带来如此大的冲击，不但导致指数突破了 5100 点的调整平台引发新一轮的暴跌，而且由此而引发的再融资的风潮会造成如此重大的影响，一方面浦发银行唯恐起大早赶晚集，另一方面逼迫中国证监会就此正式亮明态度，无意之中帮助上证指数完成了 4123 点的探底动作。

很多媒体在报道中国证监会发言人 2 月 26 日晚的答记者问时都把标题做在了再融资决不应是恶意“圈钱”行为上，由于证监会在报道中史无前例地对平安的再融资行为作出了直接的回应，媒体的关注也是正常的。不过，在水皮看来，再融资只不过是证监会回应市场热点的一个话题。最重要的是，证监会第一次通过这种答问形式，对这一轮的牛市性质给予充分的肯定。

在中国经济持续健康较快地发展，资本市场改革开放不断推进，金融市场流动性充裕的情况下，股市出现较快发展的势头有其必然性和合理性。近一段时间，市场波动明显增大，既受到外部经济环境变化等不确定因素的影响，也与资本市场的自身调整需要有关。我们清醒地认识到，由于发展时间比较短，市场的外部环境和内部运行机制尚不健全，在当前和今后相当长的一段时期内，资本市场“新兴加转轨”的阶段性特征不会发生根本改变。

为了避免歧义，水皮把这一段文字完整地抄录在这里，为的是让每一位读者自己体会“必然性”和“合理性”。

毫无疑问，中国的资本市场是一个“新兴加转轨”的不成熟市场，尽管股改完成了股权分置的制度变革，但是并没有完成市场意义上的全流通，大小股东、上市公司和投资者的不同利益取向甚至冲突都是客观存在的，市场化的再融资之所以会演变成恶意“圈钱”，原因就在于此，这既需要投资者通过表决维护自己的利益，也需要管理层作出必要的行政干预。

那么，管理层又凭什么干预市场呢？

凭的就是对市场行情性质的认定，合理的还是不合理的，必然的还是偶然的。

其实，每一位投资者都明白，“5·30”以来的政策取向基本都着眼于挤泡沫，4300点之前挤的是题材股的泡沫，6124点前挤的是蓝筹股的泡沫，不管是防患于未然也好，还是强化风险意识也好，行为逻辑是一目了然的。所以会有印花税翻倍，所以会有大盘蓝筹集中回归，所以会有IPO和再融资集中放量。总之，基于股票供不应求的判断，寻求的是供需平衡以抑制股价过快上涨的结果。

此一时，彼一时，曾几何时，上证指数回落2000点，股票供过于求的预期已经形成洪水猛兽，大小非的解禁已经成为供需平衡的不确定因素，维护市场平稳运行，促进股市健康发展已经成为矛盾的焦点，合理性和必然性也就成为管理层的共识。这种共识落实到政策层面会有一个过程，但是，“拐点”已然出现。

政策的拐点会成为市场的拐点吗？

最新的数据表明，沪深300成份股的动态市盈率已经下降到26倍，这对于一个GDP维系在10%以上，上市公司业绩增长40%以上的市场而言已经具备了相当的投资价值，水皮相信，伴随着道琼斯指数的重拾升途，一度被冰冻的中国投资者的热情会随着春天的到来而回暖，升温，继续下一轮的行情。

（2008 年 3 月 3 日）

周小川扮演的是什么角色？

一个人在生活中会扮演各种各样的角色，生活经历越丰富，扮演的角色也就越多；扮演的角色越多，角色的性格也就越复杂。

周小川是中国人民银行的行长，也就是我们一般所说的央行的行长，行长中的行长，这恐怕在眼下的中国是一个三岁小孩都知道的事实，但是三岁小孩一定不知道的是，周小川在五年前出任央行行长前曾经担任过中国证监会的主席，连13岁的小孩都不知道的是，早年间的周小川更多是以一个热心体制改革的青年学者身份出现在大家面前的。

学者和官员是两种完全不同的角色。学者之所以有价值，在于学者的专业精神和与众不同，没有个性的学者是没有价值的学者，作为学者的观点一定是“片面”的，甚至是“偏激”的，因为突出的是理论，追求的是完美。而作为官员则正好相反，因为官员是政府这部大机器的一个组成部分，不是说不能有个性，而是说必须和整个体系相融合，而其制定的政策更是必须兼顾方方面面的利益，政策没有最优和最好的说法，政策追求的永远是有效和均衡。燕京华侨大学校长华生先生在谈到学者的身份时有句话给水皮留下深刻的印象。他说，学者是什么人，学者就是领导在作决策时会听取你的意见，但是又绝对不会按照你的说法去制定政策的人。

作为央行行长，周小川时不时会流露出学者的率性。比如在两会的新闻发布会上回答央行会不会加息时，周小川就首先表示，他个人认为是存在加息空间的，联想到美联储第一次降息时，周小川曾表示中国存在0.54个百分点的加息空间，水皮知道，周小川为自己定义的个人，就是作为一个学者的发言。

那么，作为学者的央行行长的个人意见，会不会变成央行的货币政策呢?

未必。

这就是周小川在新闻发布会上和记者打太极的由来。

原因之一是美元降息。中国实际上是和美国同时进入加息周期的,都始于2003年6月至9月份,只不过美元是加息,人民币是提高存款准备金率,其间美元和人民币的息差越拉越大,但是在美元进入降息周期后,人民币不但没有同步,反而加息,导致目前人民币对美元产生了息差。人民币的升值预期一直是外资进入中国的重要原因,原来尚有息差的风险,现在如果息差变成了息加,中国何以抵挡流动性过剩?

原因之二是增强内需。刺激内需是中国政府自1997年以来就一直致力解决的问题。中国是一个大国,不可能把长期增长的潜力寄托在外贸出口上,尤其是在美国经济陷入衰退边缘的时刻。要刺激内需就要降低储蓄率,扩大消费。加息,显然与此目标背道而驰。

原因之三是资本市场。利率保持低水平,投资者就会到资本市场寻找投资品种,更多的资金会流入股市,在货币政策从紧的背景下,积极的股市政策能扩大直接融资比例,从而缓解对实体经济的制约。

在水皮看来,周小川谈到三点,之一在意料之中,之二在意料之外,之三有脑筋急转弯的感觉。

为什么说之二在意料之外?因为在通货膨胀危险首当其冲已经成为越来越多的学者的共识之时,加息似乎已经成为他们的必然选择。但是事实上,此番的通胀结构性特征明显。2007年全年CPI 4.8%中,3.9%来自粮食和肉禽,0.5%来自房价;2008年1月CPI 7.1%中,5.9%来自粮食和肉禽,0.6%来自房价。粮食和肉禽的消费是日常的,刚性,加息了,大家还得吃饭,不会不吃饭或少吃饭,所以单纯加息不但不能扼制通胀,反而可能助涨。

至于之三,的确由于央行的弯拐得太急让人犯晕。印象中央行一直对于资产价格的泡沫是比较担心的,也多次声明货币政策不会以调整资产价格为诉求,但是现在加息却要看股市的脸色,如此精心,如此呵护,令人受宠若惊。或许这就是所谓政策"拐点"的效应。

年前胡锦涛总书记在中央党校发表谈话,强调要考虑国际国内的复杂因素，适时适度把握宏观调控，确保中国经济持续稳定增长，要做到这一点，央行的货币政策是重中之重，央行行长的角色自然也是重中之重。

（2008 年 3 月 8 日）

6000亿救市资金从何而来？

美欧央行联手注资2800亿美元救市的效果是立竿见影的，当天道琼斯指数暴涨416.70点，创下五年以来最大的单日涨幅，K线图上3月11日的大阳线和1月22日的探底中阳线构成的双底形态呼之欲出。

这就叫美国式的救市，这就叫美国式的政府干预。

美国式的政府救市拯救的不仅是美国股市，拯救的还是全球股市，欧洲股市全线飘红，亚太股市亦全面暴涨，唯一无法拯救的是中国股市，当天的中国股市跳空高开100点，收盘时不但没有任何上涨，反而下跌了100点。

中国股市的玩笑越开越大。

4000点是被刘纪鹏教授划定的股改生命线，亦是当初“5·30”半夜鸡叫的临界点位，但是4000点如今就只有一个整数点位的意义。

中国政府会救市吗？

答案是毋庸置疑的，这不仅由资本市场的特性决定，亦是中国这样的国家政府的角色使然。

问题在于救市的时机、方式和措施。

韩志国教授认为管理层已经失去了救市的最好时机，按照韩志国的理解，救市的最好时机在于股市适度回调投资者信心犹存之际，而在万国测评的董事长张长虹看来救市的时机在4000点之下或许才开始成熟，过早的救市只会导致短线的反弹，消耗多头的有生力量。

水皮则认为，即便没有政府救市，任凭股市自由落体，那么在3500点，股市自己也会产生强劲的反弹，而管理层是难以承受这种巨大的市场压力的。

怎么救？

当全球流动性不是最大的市场出现最大涨幅，而流动性过剩最大的市场却出现暴跌的时候，当中国铁建的 A 股价格低于 H 股的时候，再迟钝的人也知道，出问题的绝不是中国股市本身或者中国股市的投资者，而是所谓的政策和预期。

政策是党的生命，同样是股市的生命。

印花税不是投资者说了算的，是政策；

IPO 不是投资者说了算的，是政策；

再融资也不是投资者说了算的，是政策。

在目前所有困扰市场资金供求的种种因素中，投资者自己能把握的，我是说相对确定的，只有一个大小非解禁，而仅此一项涉及的资金需求就差不多是 6000 亿元。

6000 亿，对于 2008 年的中国股市而言是保证股权分置改革后全流通顺利过渡的增量资金底线。

进入调整状态的中国股市有这么多的增量资金吗?

难说。

所以，必须调整印花税，必须调整 IPO 政策，必须调整再融资政策。

印花税如果改单边，可以回流资金 1000 亿，可以养活一个创业板；而如果一定要在 2008 年上创业板，那么大盘蓝筹的上市就必须暂停；既然大盘蓝筹 IPO 都能暂停，再融资就更没有理由公开增发，一定要增发，只能选定向。

如果管理层能在印花税、IPO 和再融资的政策上调整到位，那么就能有效地消除大家对于 2008 年资金面上的巨大的恐惧，为股市的稳定发展创造明确的预期。

中国式救市不需要央行注资，更不需要政府出力，只要不从股市抽血就行。

这样的股市上哪里去找？谁能忍心如此作践呢?

股权分置改革能够顺利推进到今天，是因为管理层把它当做了一次政治任务在抓落实，现在为了避免这项伟大的制度革命功败垂成，同样需要以讲政治的高度来为股市创造良好的宽松的政策环境。

有信心才会有资金，有资金才会有行情，有行情，广大的投资者才会有“财产性收入”，有财产性收入，更多的群众才能分享中国经济增长的成果。

一个 GDP 保持 10% 以上增速的经济体，一个市盈率（动态）26 倍的新兴市场，需要救市，本身就是不应该。早救市，找主动，晚救市，找被动。

（2008 年 3 月 15 日）

中国股市的系统性风险何在?

水皮此前已经说过，政府会不会救市是个伪命题，本来是没有什么讨论价值的，否则，温家宝总理也就没有必要整天密切关注这个市场，更没有必要和来访的美国国务卿赖斯一起出席新闻发布会，传达中美两国政府联手稳定金融市场安全的信念。

套用一句话，救市不救市是个态度问题，救得了市还是救不了市是个能力问题。从国际上来看，金融市场的危机基本上是 10 年一次，2007 年是美国的次贷危机，1997 年是东南亚的金融危机，1987 年是华尔街的黑色星期一，1977 年是拉美的金融危机，1967 年是英镑危机，哪一次危机都不是靠市场的能力能够化解的，最终不是当地政府的干预就是国际组织的一致行动才挽救的。

当然，并不是所有的人都赞同政府救市观点的。即便在美国政府救市的问题上，也有人持不同观点，简单点讲，就是美国救得，中国政府也救不得。

一种观点认为，美国政府救市是失败的，道琼斯指数越救越熊，中国政府救市也不会成功。

的确，道琼斯指数从 1 月 22 日创出 11600 点的低点，此间美国政府又是注资又是降息，道琼斯指数却暴涨暴跌，反复震荡，至今还没有走入上升通道。但是大家有没有想过，如果没有这些措施，道琼斯指数会仅仅下跌 17% 就止步吗？如果任由道指一路下泻到 10000 点以下，美国政府刺激经济的努力还有意义吗？如果没有美联储的大力干预，全球的投资者对美国股市还会有信心吗？

美国政府救市和中国政府的宏观调控效果是一样的，有人看到房价没有大幅回落就认为宏观调控是失败的，但是客观地讲，如果没有宏观调控，现在的房价或许已经飞上了天。

另一种观点则不同，认同美国政府的救市，但是却认为中美没有可比性，中国政府救市不可为。

为什么美国政府可以救市呢？因为美国市场面临的是系统性风险，美国政府已经到了不得不救的地步，是没有办法的事。中国的情况则有所不同，据所谓的有识之士指出，A股的调整不会引发系统性风险，理由居然是现在基金的规模膨胀过快，不少环节存在问题，市场调整正好给基金公司一个缓冲的机会，可以让基金练好内功，目前基金公司现金充裕，规模下来1/3也不会有问题。

基金是一种特别的机构投资者，实话实说是一个拿真正的投资者的钱去冒险的职业，挣了拿奖金，亏了拍拍屁股走人。基金什么时候能够练好内功，又为什么要练好内功，恐怕连自己都说不清，而以此为理由反对政府救市，说本末倒置是客气的，不客气的话就是脑袋被驴踢了，这种观点能够堂而皇之地被放在网站的头条，实在令人哭笑不得。

大家知道股市是经济的晴雨表，反映的实际上是对经济前景的信心。证监会的负责人在股市大跌后分析认为，应该对中国资本市场有信心，因为一是经济保持高速增长，二是上市公司业绩在提升，三是法律监管水平在提升，但是同时也承认现在最大的问题在于投资者的信心不足。

为什么证监会对股市有信心，而投资者对股市的信心却濒于崩溃呢？

信息不对称是一方面，政策取向的多变也是一方面，但是更重要的恐怕还是管理层和投资者对于股市现在面临的系统性风险认识存在着较大的差异。

2008年是股改的关键年，大小非解禁是对全流通的重大考验，供求关系出现重大逆转。毫无疑问，在一个供求关系严重失衡的市场，任何所谓的估值都是苍白无力的。上证指数从6124点调整到3500点，动态市盈率从60倍调整到25倍，这个市场就有价值了吗？不一定。如果股票供给远大于市场需求，即便是动态市盈率下降到10倍，这个市场依然没有任何投资价值。因为股价没有最低，只有更低，这就是真正的系统性风险，这种风险在美国是不存在的，只有在中国这样的新兴加转轨的市场才有，在这样的市场预期中，所有的参与者都是输家，散户是输家，机构也是输家，政府当然输得更多，基金连生存的可能都没有，还练狗屁内功。

特殊的年份，就必须用特殊的政策，更何况中国股市从来就是一个政策市，要不蹈政策市的覆辙，必须首先让全流通平稳过渡，让市场有一个稳定的环境，对未来有一个良好的预期，所谓开源节流就是一个最现实的选择。

如果说化解市场的系统性风险就是救市，那么，这样的救市，首先救的不是投资者，而是管理层。

（2008 年 3 月 22 日）

第二次被推倒重来的代价

从6124点到3375点，上证指数在短短六个月不到的时间里面下跌了整整2767点，下跌的幅度达到45%，如果从998点的牛市起点算，那么跌去了所有涨幅的50%，这样惨烈的跌幅不仅世界股市所罕见，即便和中国历史上最漫长的人造熊市相比，也是有过之而无不及的。

刚刚过去的那轮大熊市，时间跨度长达五年，但是一次性下跌的幅度却并不大。从2001年6月2245点的头部算起，到11月底管理层暂停国有股市价减持的1350点，上证指数不过跌去了900点，跌幅也就是40%；从2004年反弹的高点1740点算起，跌到998点，也就是700余点，跌幅也不过就40%，而如今在一轮公认的大牛市中，上证指数居然能够在这么短的时间内完成如此深幅的回调，实在是叫人无言以对。

中国股市毫无疑问，在过去的半年中又被活活地推倒重来了一把。

无巧不成书的是，经历了一年的打磨，祁斌兄执笔的中国资本市场发展报告白皮书正好在此时此刻上架，中国金融出版社与和讯网一起召集了一个座谈会，邀请了刘纪鹏、吴晓求、曹凤岐和水皮四个人发表感想，遗憾的是当事人在敏感时刻担心言论被认作救市信号而没有到场，尽管如此，座谈会还是被我们四位开成了一个集体呼吁政府救市的座谈会。呼吁有没有用不重要，重要的是活人不能被尿憋死。

从长期的角度看，中国资本市场前程无限，祁斌兄刻意想把白皮书做成中国版的“伟大的博弈”无可厚非。水皮也一再在各种场合提出，2007年的美国次贷引发的金融危机或许是中美这两个大国资本博弈的拐点，就像1997年的东南亚金融危机反而确立了中国负责任的地区大国的形象一样。2007年也许就会成为中国走向世界性资本强国的起点，在美国这个金融市场陷入流动性短缺危机的时刻，唯独只有中国是流动性过剩，机会不是留给中国的还能留给谁？当然，机会一向是留给有准备的人的，能不能抓住机会还要看我们的管理层。准备不足，错失机会的可能性也是存在的。至少在目前的A股市场，这种自毁牛市长城，葬送股权分置改革成果的危险性越来越大，投资者信心崩溃，国民财富遭遇洗劫，亟待我们的管理层有所作为，重塑我们对于中国经济未来的信心。

水皮在座谈会上说，中国A股现在3500点面临的风险和998点相比，其实是有过之而无不及的。

原因之一是大盘蓝筹跌破发行价。中国太保、中煤能源和中海集运都是国有控股的大盘股，中石油虽然没有跌破发行价，但是跌到发行价造成的伤害对投资者更大。一方面对于中石油的投资者而言造成了70%的亏损，一方面持续的暴跌造成对指数形成巨大的压力，拖累所有的股票估值；

原因之二是A股和H股倒挂，中国平安的股价在H股走强的同时顽强地跌破50元整数关，导致A股和H股倒挂，而中国人寿和工商银行A股和H股的溢价最低时只有50%左右。A股比H股价高是正常的，H股和A股大面积倒挂只有在998点时才发生，而且即使那样，金融股的A股比H股溢价其时也有20%—30%；

原因之三在于大小非毫无节制地减持。中国平安A股低于H股，有增发的原因，也有多达20多亿股限售股解禁的原因。全流通是股改的结果，不可逆转，但是原始股的持股成本和二级市场投资者的持股成本差距太大，市场向好时抛售压力不大，市场低迷时抛售压力反而剧增。如果没有必要的限制，没有一个市场能够承受两倍于市值的减持压力，即便美国也如此。

当然，最主要的原因是，中国股市现在的市值容量和投资者的规模都已不是998点时可同日而语的。一天蒸发的市值就是1万亿，换句话说就是人民的财产性损失，全国的股民和基民相加，总数超过1亿，以每个人影响相关人群四人计，影响的人口达4亿，而且这4亿人集中在大中城市，股市的涨跌事关国计民生已经是现实，管理层如果麻木不仁又如何实践“执政为民”的理念，又如何能利为民所谋？

第一次推倒重来不仅是中国资本的悲剧，更是耻辱，第二次推倒重来同样是中国资本的悲剧和耻辱，但愿我们的管理层能和投资者一样，在哪里跌倒在哪里爬起来。心向未来，从头再来。

（2008年3月29日）

政策救市在等待什么时机？

水皮早就说过政府救不救市的话题是个伪命题，关键在于什么时候救市才能起到事半功倍的作用。

3月30日，在福州海峡都市报举办的报告会上，水皮做了一个小测验，问了大家两个问题，一是认为政府现在会救市的人举手，二是认为现在是反弹的人举手。结果，1000多人的会场，认为政府会救市的只有寥寥数人，而认为上周五是反弹行情的人却黑压压一片。

这个结果说明什么？

说明大家的心态并不稳定，政府现在的救市措施一定会被大多数投资者视为反弹出逃的良机，救市的最佳时机恐怕当时并不成熟。

那么什么时候时机才算成熟呢？

判断的标准一个是道琼斯指数的走势，一个是奥运会的周期。

为什么道琼斯指数的走势这么重要呢？因为道琼斯指数在最反对救市的“海归”教条主义者看来恐怕也不得不承认是美国经济的晴雨表，而美国经济的状况现在事实上已经成为中国决策层在执行政策时不得不考虑的，甚至是居于首位的因素。道理很简单，如果美国经济衰退，美元持续走弱，那么油价就不可避免地上升，中国的CPI就很难降下来，通货膨胀的压力就难以消除，中国经济的不确定性就加大，股市下滑本身就会成为必然的趋势，在这种情况下救市只能产生反弹，只会越救越低，在这个意义上道琼斯指数已经成为中国股市的一个先行指标。

那么道琼斯现在是一个什么状况呢？现在是一个双底已经成型的状态。如果说在4月1日之前大家还不能确定的话，那么4月2日那根上涨了391点的大阳线已经明白无误地告诉大家，道琼斯已经开始重新走牛了。

或许很多投资者并不明白，美国经济不正在衰退吗？道指如何就走牛了呢？其实大家不知道，二战之后，美国的经济衰退周期一般不会超过十个月，而道琼斯更是晴雨表的作用，一般会提前半年反映美国经济的状态。换句话讲，2008 年 1 月 16 日，美联储在开盘前一小时紧急降息救市道指深探 11640 点的时候，指数的调整已经一步到位，相对 14200 点的高位，道琼斯这一轮下跌 2500 点左右，已经接近历次调整的极限。

无独有偶，伴随着道琼斯 3 月初那根同样是创下历史最大涨幅的大阳线，无论是国际油价还是黄金价格均开始大幅回落，而美元则同步走强。

美国次债、国内宏观、政策导向是影响眼下中国股市的三大不确定因素，其中美国次债又居决定地位。如果美国经济预期向好，中国国内的宏观局面就会乐观，通胀的压力就会减轻，而只有在决策层确定通胀压力减轻之下，才会真正把注意力移到解决股市自身的问题上来。从这个角度讲，你不能不佩服有关方面死扛的魄力。当然，绝大多数的投资者是扛不住的，也正因为此，过去的一周是大家信心崩溃的一周，不少股票的价格开始没有任何支持地自由落体，腰斩再腰斩。股灾的结果是中国股市的市值由 32 万亿直降 22 万亿，10 万亿市值灰飞烟灭，不仅投资者的财富被蒸发，国有资产同样面临巨额的流失。

至于为什么奥运周期会成为另一个救市的时间窗口，道理水皮已经在年前的杂谈“第二次‘5·30’的概念有多大?”中已经谈过。如果我们不能确定奥运期间不会暴跌，那么只有一个办法，在此之前让指数完成暴跌，届时指数处在相对低位，政府救市亦是水到渠成的事，这也是汇丰认为中国政府会在第二季度末救市的原因。

印花税改单边并不能改变股市的趋势，但是能安抚民心，稳定情绪，让大家看到诚意和善意，从而恢复对管理层的信心；而在 IPO 和再融资上作出限制性安排则是为了确保股权分置改革能够顺利进行，完成这次制度革命。不让大小非减持是一种倒退，不足取，但是放任融资和再融资与大小非减持并举则造成供求严重失衡，估值体系崩溃，造成社会危机，不作为无论如何也不能成所谓监管的新思维，对上对下都是交代不过去的。

行情是在绝望中产生的，在犹豫中发展，在欢乐中死亡。此时此刻，投资者所能做的就是坚定对于中国经济的信心，坚定对于中国政府的信心，坚定对于中国资本市场的信心，否则，你还能做什么呢？

（2008 年 4 月 5 日）

投资者的信心何时才能恢复？

暴涨必有暴跌，暴跌未必会有暴涨。

为什么？

因为信心的问题。

信心这个东西从爆棚到崩溃可以是一个漫长的过程，也可以是一个顷刻的瞬间，而从崩溃到恢复却一定是一个缓慢的过程，一个心有余悸的过程，一个一步三回头的过程。一朝被蛇咬，十年怕井绳就是说的这个道理。

3月22日，水皮出席民生银行非凡理财的启动仪式，在演讲的时候，水皮说如果一定要在此时此刻让水皮为大家推荐一个包赚不赔的股票的话，那么水皮为大家推荐的不是民生银行，而是工商银行。

为什么是工商银行？

因为工商银行不仅代表着金融股板块，更是代表着大家对中国经济的一种价值判断，换句话讲，工商银行实际上在油价高企的时代，已经成为中石油这个定海神针的替代产品，如果我们在工商银行身上看不到希望的话，那么中国股市是没有希望的。

那么工商银行能不能给大家带来希望呢？

其实，工商银行现在看来是提前大盘一周见底。上证指数在4月2日创下3270点的新低，而此前的3月20日，工商银行探底5.30元之后就再没有下跌，当时的指数不多不少正好是3516点。

水皮向大家推荐工商银行一共有两次。一次在2007年初，工商银行4块钱的时候，一次就是现在工商银行在5块钱的时候。4块钱的工商银行，市盈率是28倍，5块钱的工商银行市盈率却只有20倍。一个年增长达到60%的银行，一个A股价格快和H股接轨的银行，20倍的市盈率难道不是低估还可能是高估吗？

什么是价值投资？

在水皮看来，价格围绕价值波动，高抛低吸就是价值投资，但是绝大部分投资者的操作其实正好相反，他们信奉的其实是趋势投资，其实是追涨杀跌。股票越是有价值的时候，越不敢买，越是没价值的时候，胆却越大，连证监会的朋友都搞不懂为什么大家6000点在买股票，而3000多点却在卖股票。道理就在于绝大多数投资者并不真正在意或是明白手中股票的价值，而是随波逐流，涨的时候，看得更高，跌的时候，看得更低。

价值投资在某种意义上讲和趋势投资正好相反，是一种只输时间不输钱的投资法则。

当然，工商银行能挣钱并不意味着能挣大钱。同样是业绩增长，工商银行的增幅其实在银行股中算低的。2008年一季度，工商银行的业绩增长是50%，而同期招商银行的增长是140%。激进的投资者会觉得工商银行股价的弹性不足，但是对于信心尚在恢复过程中的投资者而言，工商银行的走势至少在对指数影响上是至关重要的，而在2007年，工商银行曾经到过9块钱，从目前6块钱的价位看，上升空间并不小，工商银行能走多高，大盘就能走多高。

《华夏时报》4月5日的头条文章题目叫“机构布局，A股绝地变盘?”根据水皮的同事的研究发现，早在3月14日3891点时，地产板块的万科A已经探底回升，这个时间整整提前大盘两周，而工商银行则是提前大盘一周探底回升。始于2005年8月的这轮牛市，一方面有股改的因素，另一方面又有汇改的时间相契合，也可以称之为汇改行情，而房地产和金融又是其中的两大领涨板块。

并非巧合的是，2008年以来，人民币升值的速度越来越快，这一周已经突破了7元的心理关口。如此看来，地产股和金融股此类受汇率上升收益影响最大的板块春江水暖鸭先知不但是正常的，也是必然的，而包括QFII在内的机构提前介入这两个板块不但是合理的，也是正常的。不正常的倒是我们这些被暴跌彻底摧毁了信心的散户，倒霉的也是这些散户，底部割肉交出筹码的也正是散户。

金岩石说，价值投资就是超越生命周期的投资，这话在暴跌之后多少有点悲壮的成分，不过仔细想想，但凡进入股市的投资者又何尝不是一朝入市、终身套牢呢？又有多少人会把钱从股市里拿出来用于消费呢？挣了还想多挣，套牢了就想解套，这辈子就算为国家和社会的直接融资作贡献了。从这个意义上讲，股市越活跃，吸收的民间资金越多，不但提高了直接融资比例，降低上市公司成本，而且对于缓解通货膨胀的压力，也是有积极意义的，不知管理层是否能够明白其中的意义。

（2008 年 4 月 12 日）

谁对市场的稳定负责任？

促进中国资本市场的稳定健康发展是今年国务院的工作重点之一，温家宝总理亦在不少场合都谈到要防止股市的大起大落。

但是事实又如何呢？

事实是中国股市从去年10月创出最高点6124点之后一路狂泻，在今年连续跌破被管理层视为政策底的4000点和被机构投资者视为市场底的3500点，最低探出3078点，跌幅达到了惊人的50%，短短半年的跌幅已经接近上一轮大熊市的跌幅，而大熊市的时间跨度长达5年。

更可怕的是，大起大落的股市目前面临局面失控的危险。

4月17日，道琼斯指数暴涨256点，在K线形态上已经隐约出现牛市的印迹，而就在这一天，工商银行和交通银行、中国人寿A股价格跌破H股的价格，加上此前的中国平安和处于接轨状态的中行与建行、招行，A股的金融板块面临和H股的全面倒挂。

同样是4月17日，继南京高科跌破净资产之后，长春经开和湖北金环、华银电力、皖能电力、皖维高新等一批股票的价格跌破了净资产。

如果说A股和H股的倒挂是估值体系崩溃的结果，那么事实上目前A股跌破发行价和增发价已经意味着股市的融资功能也面临着丧失的危险，而A股跌破净资产则意味着资本市场的价值发现功能已经被完全破灭，甚至走向了反面。

这一切都意味着中国的股市在暴跌之后，又一次成为千人踩、万人踹的“破鼓”。

中国证监会不是没有看到事态的严重后果，专门以红头文件的形式下文要求各地的证监办和券商做好投资者的稳定工作，避免恶性事件发生，维护市场交易的安全。

中国资本市场经过2006年和2007年的快速发展，无论市场的规模和投资者的人数都已今非昔比，说资本市场事关国计民生一点都不夸张，在国有资产巨额流失，国民财富遭遇洗劫的时刻，证监会从社会稳定的高度未雨绸缪不但是应该的，也是必要的。

但是，为什么明明知道市场的非理性下跌都快形成社会不稳定因素了，还不采取市场化的措施稳定人心，解决市场的问题呢？

这无论如何是不能让人理解的。

因为，无论是美国次债还是国内通胀都已经不能再成为管理层不作为的遮羞布了。

次债危机爆发在美国，但是道指最多跌了17%，美国股市连熊市的边都没有沾上就开始回升，现在越来越多的投行开始乐观的预期，当美股走牛之际，还能把A股的暴跌归罪于次债影响吗？

国内通胀是头等大事，但是一季度的数字表明，CPI的预期在稳定下降，中国经济依然保持10.6%的增速，连国务院常务会都判断经济形势比预期的要好，这难道不是说最困难的时刻已经过去了吗？

这有什么理由等一等，看一看呢？

谁该对资本市场的稳定负责呢？

1987年美国遭遇黑色星期一，格林斯潘下飞机听说暴跌500点随即返航并上电视台发表稳定市场的谈话，贝克回绝了四大投行要求停市的申请并在晚上发表救市声明。格林斯潘是美联储主席，他很清楚他的职责是稳定市场，而贝克则是美国财政部长，虽然他不同意停市，但是中午的时候却有大批至今不明来路的非市场资金进场抄底托市。

在美国，救市也好，托市也好，没有证监会什么事，证监会只是保证市场交易的合理与合法，指数涨跌与他无关，但问题在于，有人对指数负责，美联储和财政部。

中国呢？

如果中国的证监会因为美国的证监会的定位给自己画地为牢的话，谁来承担稳定市场的职能呢？

实事求是地说，对于稳定市场，证监会“2·26”发表过新闻发言人谈话，央行行长周小川做过加息是否要考虑对资本市场的影响的评论，国资委主任李荣融更说过国有股减持会坚守承诺不会影响市场的话，但是，实事求是地讲，都只有说法，不见办法。

资本市场是现代经济的最高市场形态，资本市场不稳定，对国家、对社会、对个人都是灾难。

（2008 年 4 月 19 日）

将“救市”革命进行到底

行情往往在绝望中产生，这是一条颠扑不破的真理，换句话讲又叫不破不立。

但是，依然有很多人想不到，在中国证监会4月20日雨夜紧急发布大小非减持规范意见之后，市场会弱到隔日创出2990点新低的地步。

当然，更多的人想不到，中央政府救市的决心是如此之大，4月23日就由国务院常务会批准了两项券商管理条例，并在当晚宣布印花税由3‰降低至1‰，最终导演出上证指数一天暴涨305点的壮丽景观。

4月22日，上证指数刺破3000点的时候，水皮正在上海为民生银行的非凡理财开幕式作演讲，上台之前，水皮为自己的演讲确定了一个最终的主题，那就是“听党的话，跟党走”。

为什么要“听党的话，跟党走”呢？

因为，无数的事实证明，只有听党的话，跟党走，才有投资者的出路，否则就是自己和自己过不去；无数的事实更证明，只要是党和政府想解决的问题，就没有做不到的，要让市场稳定，要让投资者恢复信心，办法有的是，关键在于态度。

有人问水皮，现在的行情是反弹还是反转。

水皮的回答是，既不是反弹也不是反转。因为若是反弹，那么“反弹不是底，是底不反弹”，后市还要创新低；而若是反转，则等于承认前期已经是熊市，现在又由熊转牛。众所周知的是，水皮这个“死多头”从来就没有承认过中国股市已经成为熊市了，始终坚定不移地坚持这不过是在牛市中一轮失去理性的调整，一轮几乎演变成第二轮推倒重来悲剧的暴跌。

美国是这一轮次债危机的策源地，道琼斯不过最多下跌了17%，连熊市的边都没有挨到，而中国这个被全世界寄托着经济拯救希望的国家，一个全世界唯一的流动性过剩的国家，一个过去一年中股市表现最好的国家，怎么股市就变成了一个千人锤万人砸的破鼓了呢？

显而易见，问题不是出在投资者身上，甚至也不是上市公司身上。那么问题出在哪里？出在“新兴+转轨”的制度缺陷上，出在股权分置改革的难度估计不足上，出在管理层计划跟不上市场变化的痼疾上。正是这些原因，政府要不要救市居然成为讨论的话题，一个伪命题居然能引起一场讨论，居然能让管理层左右为难，本身恐怕也能解释为什么中国股市会走到这一步。

救市的讨论可以烟消云散了，但是有些话还是不得不说，水皮一向对人不对事，所以从没有针对不同的意见反驳过任何人。现在网上流传的“掀起许小年的盖头”的文章明眼人一看便知是伪作，并非水皮所为，不过，许小年所言“没有危机，何来救市”一说是具有相当代表性的不同意见，水皮必须指出的是，宏观经济没有危机不等于股市没有危机，一个经济学教授概念要严谨，不能偷换，而许小年提出要放松管制，水皮是赞成的，但是放松管制的前提就是政府管制，一个政府管制的市场，难道政府不要对此负责任吗？这是一个基本逻辑的问题。

那么，既不是反弹又不是反转，现在的行情又算什么呢？

现在的行情在水皮看来也就是报复性的修复行情，结束调整重拾牛途的行情。短期看，3500点就是一个价值中枢的区位，脱离这个区位过高过低都是不现实的，在这个点位上，大跌大买，小跌小买，大涨大卖，小涨小卖，不涨不卖。而从长期来看，要让中国股市真正能够稳步地发展，必须在制度层面上解决供求失衡的问题，比如再融资的规定，再比如大小非解禁大宗交易的出路和大小非减持的信息披露，适时引入做市商制度，一方面能稳定市场对大小非解禁的预期，一方面又能提高市场的稳定性。

历史已经证明，股市繁荣的时候会掩盖所有的问题，股市震荡的时候亦是各种利益主体分歧最大的时候，只有在股市相对低速的时候，方方面面才能达成共识，形成合力。水皮真诚的希望管理层能抓住现在的机会，“宜将剩勇追穷寇，不可沽名学霸王”，只有将“救市”革命进行到底，才能拨开云雾见青天，才能为长治久安创造条件，才能为中国股市迎来更大的繁荣。

（2008 年 4 月 26 日）

谁让证监会陷入了被动？

早些时候，也就是3月15日，上证指数还在4000点一线徘徊之际，水皮杂谈曾经发表了“6000亿救市资金从何而来？”的文章，最后的结论就是“早救市，找主动，晚救市，找被动”。

为什么早救市，找主动，晚救市，找被动呢？

因为说来说去，股市是一个信心经济，在信心没有完全崩溃之际，扶一下，市场可能就自我修复，站稳了；如果该扶的时候不扶，一定要等大家的信心都崩溃了，市场完全呈现自由主义状态了，人都倒下去了，再想把市场给拽起来，无论是付出的精力和代价都要比扶一下大得多。

早救市，是未雨绸缪；晚救市，充其量是亡羊补牢，不能说亡羊补牢一无是处，但是，匆忙之中难免挂一漏万。

4月20日，北京大雨之夜，证监会在指数逼近3000点之际，紧急宣布规范大小非减持，消息出台之际，当然是大家兴奋异常之时，但是规范指引的漏洞也是明显的。漏洞之一就是没有说明大小非减持额度在1%以内的这部分股份和大宗市场交易减持的那部分股份性质是不是一样。如果性质是一样的，那么在大宗市场交易的部分转手就可以进入二级市场，1%以上的减持到大宗交易进行的作用就会大打折扣；漏洞之二就是没有针对违规减持的惩罚和防范性措施，超过1%的减持如果发生了又会有什么结果？显而易见，这是一个防君子不防小人的“指引”。

资本市场上有多少君子，又有多少小人呢？

想必大家都清楚。

担心的事情总会发生，这是一种心理学的规律，恐怕也是股市的一种规律。

四川宏达股份是最早挑战证监会底线的上市公司。在重组关门数月之后，宏达以重组失败复牌，连续的跌停是意料之中的事，出乎大家意料的是，4月29日在疑似庄家对倒的反弹行情中，宏达股份的小非出货会是如此的坚决。股东之一的四川平原当天出货量是1.46%，而股东之二的绵阳市益多园地产公司更是在当天把全部股份抛个一干二净，数量达到1.35%。

制度有漏洞，宏达的小非股东钻空子是可以想象的。无法想象的是上交所居然对此无能为力，除了限制账户交易时间和品种之外，再也提不出惩罚措施，所谓的处理意见还不如不说，因为对于绵阳益多园而言，1.35%意味着抛空了所有股票，已经抛无可抛，又如何限制人家的交易。

榜样的力量是无穷的，坏榜样的力量就更是巨大。有宏达股东闯关在先，就难怪冠福家用的股东紧随其后，尽管深交所一再提醒，但是冠福家用的股东福建恒联股份依旧我行我素，在4月21日到5月6日之间违规抛售135.96万股，占全部股份的1.19%。

如果说宏达的股东是故意冲撞，那么冠福家用的股东就是恶意挑衅，而开开实业的股东，中国石油化工上海石油零售公司违规减持1.35%，纯属一而再、再而三之作，完全就是在刻意羞恶，是可忍孰不可忍。

不幸中的万幸，证监会对此的反应还算及时，明确指出，对违规的不会如此轻松放过，但是立案后是否真正能做到惩前治后，现在下结论，为时还太早。

什么样的惩罚才能有威慑呢？

限期回购可能是一种选择，冻结资产也可能是一种选择；违规减持部分收缴国库也是一种选择；但是不论哪种选择都要快，否则一旦资产转移，那再多的选择都是落空的选择。当年亿安科技的操纵案，证监会开出的罚单高达4.98亿，但是落实了多少，管理层心中最清楚。

当然，惩罚并不是我们的目的，建设一个健康的稳定的资本市场才是我们的想法，资本市场要稳定要健康就离不开法治，离不开制度建设，大小非减持的问题归根结底是一个制度安排的问题，从这个角度讲，刚刚破题，离答卷还早得很。

（2008年5月10日）

3500点是灾后重建的价值中枢

汶川大地震发生之后，全国人民的注意力都集中在四川那个地方，生命的安危牵动着每一个人的心，股市在相当长的一段时间中差不多已经被水皮遗忘了，如果不是以前的同事姜艳艳的提醒，“5·30”一定不会在今天重新进入水皮的视线。

时间真的是治愈一切创伤的良药吗?

未必。

“5·30”带给中国投资者的心头之痛，恐怕决不小于地震给大家带来的痛苦，所以，每当有人提及“5·30”，我们都有一种说不出的感觉。

如果没有“5·30”，上证指数恐怕也未必会创出6124点的新高，因为正是在“5·30”之后，机构投资者打着价值投资的旗号疯狂炒作蓝筹股，而正是因为管理层的误导，基金成为广大投资者的首选，大量的民间资金集中流向基金，只能导致基金被动买入蓝筹股，从而成为蓝筹泡沫的主力军。

每一次重要的头部都是机构特别是基金用钱买出来的，每一次重要的底部又都是机构特别是基金用股票砸出来的。

中国的机构投资者自从诞生之日起就带有先天的缺陷，即没有长线，只有短线，没有高抛低吸，只有追涨杀跌。基金的分红，基金的排名，基金的考核，都决定了基金甚至都不比一般的投资者更理性，更有耐心，更有抗压性。

所以，我们会看到每一次重要的点位都会出现QDII和国内基金换仓的情景，所以才会出现5500点加仓的基金在3000点减仓的情景，所以才会出现管理层像管孙子一样在防止基金买进和卖出。

基金的操作特点决定了他们是理论上的价值投资者，现实中的趋势投资者。

真正的价值投资信奉的是价格围绕价值波动，当价格低于价值时买入，当价格高于价值时卖出，而价值则是一个相对恒定的区间，切不可随意上下挪动。那种价值上移或下移的说法，纯属本末倒置，投机倒把，实际上价值围绕价格波动，不赔钱是不可能的。

对应于中国这个经济体而言，什么才是一个合理的估值区间呢？

一般而言，25—35 倍的市盈率就是一个合理的区间，35—45 倍是一个可以容忍的区间，而 45 倍以上的区间则是一个危险的区间。

比较有意思的是，相对于 25—35 倍市盈率的上证指数，3500 点就可以看做是一个现阶段的价值中枢。

2007 年的 6 月 5 日，是“5 · 30”后上证指数探底 3404 点的日子。那天下午，水皮正在主持华夏时报的改版培训，开课前给大家半个小时的机会去交易，3 点钟收盘后，很多人已经完成了从跌停到涨停的飞跃，上证指数也报收 3767 点。我们之所以有如此坚定的判断，就是因为我们坚信 3500 点是一个价值中枢，低于 3500 点是不正常的。那个时候，我们就坚信上证指数一定会到 5000 点或 6000 点，但是同时也提出在 3500 点到 6000 点的过程中，70% 的股票不但不会上涨，而且还会下跌，个股的风险要大于大盘的风险，我们提倡“战略上看空，战术上做多”。大涨大卖，小涨小卖，不涨不卖，大跌大买，小跌小买，不跌不买。

一年轮回。

一年前上证指数在 3500 点发起反攻，一年后，上证指数跌破 3500 点又面临着绝地重生。

理由还是价值。

如果说还要更多的，那么，A 股跌破 H 股，跌破增发价和发行价，跌破净资产都可以成为加码的理由。

但是，正如地震之后有余震一样，人们心灵上的创伤的修复是要有时间的。地震是灾，股灾也是灾，上证指数从 6124 点直下 3000 点，市值蒸发 10 万亿，蒸发的不是国有资产就是国民财富，暴跌之后人们心灵上的创伤同样需要时间修复，表现在指数上就会有反复，有震荡，有余震，就会有进两步退一步，甚至进一步退一步，原地踏步走。

因此，同样是3500点，此一时彼一时，我们提倡的是“战略上看多，战术上做空”，大涨大卖，小涨小卖，不涨不卖；大跌大买，小跌小买，不跌不买。

地震可以震垮我们的房屋，震不垮中华民族众志成城的精神；暴跌可以蒸发我们的市值，但是蒸不掉我们对中国经济的信心。3500点就是我们灾后重建的价值中枢。

（2008年5月31日）

第三章　熊市下半场

（2008 年 6 月 ~2008 年 11 月 1 日）

A股整体进入“买套”阶段

大震之后有余震，汶川从“5·12”以来已经发生了大大小小1万次以上的地震。大震固然可怕，但是那是瞬间的事情，就像快刀子拉肉一样，过后才有痛感，而余震的可怕在于预期。生活在不确定的预期之中，对于人的神经是一种可怕的折磨。

A股目前的态势和汶川地震之后的情景是一样的。指数从6124点下跌到3000点附近不过半年的时间，刚开始很多人还沉浸在牛市回落的侥幸之中，等到跌破4000点，恐慌才在市场中蔓延开来，熊市的共识才在绝大多数人那里形成。可以讲，指数的暴跌实际上是在不知不觉中快速形成的，容不得大家作出合适的反应，等大家作出反应的时候，股灾已经发生了。

股灾当然可怕，比股灾更可怕的是灾后的心理恢复。正是因为受打击太大，一般的投资者很难从巨额亏损的阴影中间走出来，即便在指数已经进入合理的投资区间之后，投资者依然会有“习惯性割肉”的冲动。这也是水皮在最近的报告中提醒大家“战略上做多，战术上做空”的重要理由。

无论从市盈率对应的区间看，还是未来客观经济可能的发展看，上证指数，3500点往上的概率和空间都要比往下大很多，这是战略上做多的理由。但是考虑到大家“一朝被蛇咬，十年怕井绳”的惶恐，指数不可能马上就出现单边上升的走势。相反，稍有反弹，就会有人“逃命”；稍有反弹，基金就会有人“赎回”；稍有反弹，指数就会出现反复。虽然从补缺口的角度看，深成指已经完全补齐了“4·24”的缺口，但是，上证指数依然在大缺口内反复震荡，不补齐，心有不甘，补齐，力不从心，真的是上下为难，左右都不是。

什么叫煎熬？这就叫煎熬。

眼前的情景和指数在探底998点之后的行情相似，也和1998年的指数走势相似。

前途是光明的，道路的确是曲折的。

这个时刻应该坚定大家对未来的信心，但是更应该坚定“买套”的决心。

很多人自以为是价值投资者，但实际上是趋势投资者和情绪投资者。如果是价值投资者的话，那么现在A股对应25倍市盈率以下的区间就是一个合理的，甚至是低估的区间。价格一定是围绕价值波动的。当价格低于价值的时候就是价值投资者进场的时机。

更何况，宏观面的情况正在越来越明朗。

首先是美元转强的信号已经非常明确。长期以来，美元的弱势为石油和大宗商品期货的炒作提供了最坚强的后盾，弱势美元何日走到尽头已经成为中国总理最忧虑的问题，因为美元一天不转强，那么由此带来的输入性通货膨胀的压力就一天不会减弱，我们承诺的CPI4.80%的承诺就会成为一句空话。

其次，美国大选的态势也基本上明确，如果民主党的奥巴马上台，那么可以预料美国的伊拉克政策将发生重大变化，由此而造成的石油供应紧张预期也会消退，原油期货价格将不可避免地回落，农产品的价格也会随之出现相应的调整，这同样会大大缓解中国的通胀压力。

第三，伴随着美元走强，人民币快速升值的压力会陡然减轻，中国的外汇储备快速增长的势头就会有所减小，流动性过剩的压力也就会减轻，从紧的货币政策就会出现松动的可能，资金面就会出现和以往完全不一样的情势。

第四，随着成品油价格管制改革的启动，影响上证指数的石化双熊有可能成为石化双雄，而一旦管制放开，那么以挤压上市公司业绩为代价的反通胀模式就可能被放弃，中国的上市公司业绩增长的乐观估计又会卷土重来。

不谋全局者，不足以谋一隅，不谋大势者，不足以谋一时。

“买套”只输时间，追涨才会赔钱。

（2008年6月7日）

市场进入黎明前的黑暗

1月22日，美联储在开盘前一小时召集紧急会议作出降息一个百分点的决定，原因在于法国兴业银行为那个违规的交易员在德国股指期货强制平仓，结果造成股指期货的狂泻，华尔街分析师当时并不了解欧洲股市暴跌的真相，普遍认为美股也会有400点以上的跌幅。事实上，道琼斯指数也的确低开将近400点，但是很快跌幅就收窄至90点，当时创下的11600点的新低至今没有再见过。

6月6日，美国股市受油价狂升10美元的影响出现近期罕见的400点的跌幅。第二天，中国时间的星期六，中国央行出人意料地宣布，提高存款准备金率一个百分点，执行时间分别为6月15日和6月25日。央行并没有解释为什么在一个公休日作出这样看似紧急的决定，更没有解释为什么分两次执行的方案要提前这么多天宣布。结果可想而知，端午节后第一个交易日指数狂跌257点，跌幅达到7.7%，以后的三个交易日更是下跌不止，短短四天时间中上证指数居然跌去了整整461点，跌幅将近14%。

中国发生金融危机了吗？

我们知道越南是发生了金融危机，所以股市狂泻58%，那么中国股市从高点到现在下泻的幅度也将近54%，能不能倒推回去得出同样的结论呢？

显然不能！

但是中国股市如此的表现，却不能不给外界造成这样的印象。

我们为什么恐慌？

资本市场最害怕的是不确定性，因为信息的不对称，因为信息的不透明，因为信息的垄断性，投资者特别害怕身处信息的死角，特别担心别人掌握着自己所不知道的危机，以至于自己作出错误的判断。

众所周知，提高存款准备金率一直是央行此轮宏观调控以来采取的主要手段，每一次提高的都是0.5个百分点，时间选择也基本上是在统计局公布CPI数据之后，这其实就是一种确定的预期。美联储也一样，不管是加息还是减息，一来开会的时间是确定的，二来幅度也是确定的。问题在于，美联储突然降息一个百分点的原因大家是知道的，但是中国央行的突然“变线”的原因我们是不知道的。所以美联储的决定起到了挽狂澜于既倒的作用，而我们央行的决定却造成了市场目前这种态势。

谁对中国资本市场的稳定负责任？

5月30日的时候，管理层要求基金讲政治，讲稳定，6月10日之后，我们又该要求谁讲政治，讲稳定呢？

政出多门一直是行政的大忌，而我们的管理层并没有认识到我们现在的资本市场已经成为社会经济的重要组成部分，股市的涨跌事关国计民生，事关人民的财产，事关社会的稳定，金融政策的调整，影响绝不仅仅是个别的银行，而是社会公众，因此，必须要有公众知情权的概念，而且必须要有问责的概念。

中国的投资者目前正在承受着史无前例的折磨，用内忧外患形容一点不过分，内忧不光来自货币政策的不确定性，同样来自新股发行的不确定性，而外患则一方面来自国际油价的疯狂炒作，一方面来自对于不断增长的外汇储备的忧患。毕竟提高存款准备金率只是被动地对付因为外资流入而形成的流动性，主动性的措施又在哪里呢？反过来讲，外资流入中国会因为央行的政策而退避三舍吗？外资的流动性过剩和内资的流动性不足已经是无法回避的矛盾，要防止中国经济的下滑，必须作出抉择，不能再这样没完没了地“纠错”。

当然，股市的危机在一定程度上也是投资者的情绪造成的，端午节流行的中国股市短信就是这样的心态。最近别进股市，大家都在转发这样的信息，否则是西装进去，三点式出来，奔驰进去，自行车出来。

节前的水皮杂谈提醒大家A股整体进入“买套”阶段，现在要提醒大家的是黎明前的黑暗是可怕的，但决不会持久。

（2008年6月14日）

宏观调控进入市场拐点

暴涨暴跌，只能用这四个字来形容中国目前的资本市场，而且放眼全球，恐怕也只有中国的资本市场对得起这四个字。

说实在的，作为一个拥有15年股龄的投资者，在水皮的印象中，像这样前天大涨147点，昨天大跌192点，今天又大涨82点的情景还是第一次看到，有时候也想不明白，中国的股市是怎么啦，怎么越发展越回去了，越是要避免大起大落，反而越来劲了，究竟是我们的投资者不成熟，还是管理层熟过了头。

每天看盘，水皮都感到莫名的悲哀，因为盘面上割肉的大多来自散户，基本上都是泣血的筹码，市盈率已经低于美国标准普尔500的水平了，为什么还会有那么多人如此恐惧呢？

答案只有一个，大家看不到希望。

雨果在《悲惨世界》里面借主人公说的一句话，给水皮留下终身难忘的印象。他说，当一个人内心充满黑暗的时候，就可能犯罪，真正有罪的人并不是这个犯罪的人，而是制造人们心理黑暗的人。

水皮杂谈上期的题目叫“市场进入黎明前的黑暗”，事实表明，当黑暗充满了投资者的心里的时候，悲剧就发生了。有人说，“可怜之人必有可恨之处”，这话用来说散户太过苛刻，问题在于是谁让我们的投资者对中国经济失去了信心呢？又该由谁来重塑投资者对中国经济的信心呢？

解铃还需系铃人。

如果说，大家对周小川关于现在经济和金融中出现问题部分是由于政策缺陷和监管不足造成的，并非像传统的商业周期由于投资和产能过剩引起的这样含糊的评价不知所云的话，那么中国国家发改委调整成品油价和电价居然引起美国原油期货价格暴跌就足以说明问题了。

可惜的是，我们成品油价和电价提得太晚，正是这种提价的担忧，让我们在和国际原油炒家的对峙中越来越被动，某种意义上原油期货价格敢于从去年90美元狂升到140美元附近，正是抓住了我们政策的软肋。

我们越不敢涨价，炒家的做多理由就越充分，原油价格越涨，而原油价格越涨，我们的输入性通胀压力就越大，因为中国50%的原油要靠进口。原油价格上涨，成品油价格怎么能不涨？不涨就违反经济规律，高买低卖，以中国一国之力又怎么能补偿全世界？

事实上，从2004年以来，原油期货市场炒作的主要概念就是“中国饿虎说”。实际对于原油需求的增长力量也的确来自中国，但是这决不会构成同期油价涨4倍的理由，因为中国的新的增长需求不会超过7%。

中国的成品油价格不涨，就意味着需求量不会降低，中国的需求量不会降低，原油期货价格又怎么会下跌呢？换句话讲，如果中国的成品油价格管制放开，那么原油期货的泡沫马上就可能破灭，油价很快就会跌破100美元，中国的输入性通胀压力立即就会减轻。

金融界的每一次危机都是在政府干预下才会扭转。这个结论是索罗斯在其最新的著作中提出来的，而这位金融大鳄正是“制造金融危机”的高手。想当年他攻击英镑成功就是因为英镑汇率管制，而1998年他围攻港股时又是因为盯上了港币和美元的汇率挂钩这个缺陷。制度性缺陷一定会成为国际热钱炒作和攻击的弹着点。对此，我们的管理层并没有清醒的认识，考虑问题还不善于从金融对攻的角度来寻解。提高准备金率已经被事实证明，对付热钱进入中国没有效果，制造流动性不足却效果明显，完全是自己和自己过不去。

中国经济原来就是全球经济抵消美国衰退的希望所在，美国次贷危机对于中国正如1998年的东南亚金融危机一样，应对得当不是我们的灾难而是机遇，但是看看中国资本市场的反应就知道了，美国的危机犹如发生在中国，崩溃的不是美国股市，而是中国股市。

如果说，始于2004年的宏观调控在当时是必要的，也是正确的，那么在进入2008年之后复杂地变化了的国际国内形势面前，灵活的判断和果断的调整，同样也是必需的、正常的。一味从紧，只能是勒了裤腰勒脖子，自己搞垮自己。

必须提醒大家的是，中国高层对于目前中国经济的状况是清醒的，也正是因为看到了问题，所以才有中央会议关于经济工作的五项要求，其中第四项正是推动资本市场健康发展，稳定房地产市场。我们这一轮宏观调控是因为房地产投资热而引起的，现在要稳定房地产市场，这就意味宏观调控已经进入一个市场的拐点，相应的政策就会陆续出台，而成品油提价只是第一步。

（2008 年 6 月 21 日）

投资是一种信仰

人算不如天算。

在一个人心崩溃的市场猜测短期的指数一定是件吃力不讨好的事情，因为在这种时候，任何风吹草动都会给惊魂未定的投资者以致命的打击。

原油期货最近两次创新高就是如此。

端午节前的最后一个交易日，纽约原油期货价格一天暴涨10美元，创出139美元的新高，道琼斯指数当天暴跌400点，6月10日，上证指数开盘后暴跌250点，跌幅将近8%。

6月26日，纽约原油期货价格一天之中又再次暴涨5美元盘中创出140美元的新高，道琼斯指数当天再次暴跌355点；第二天，上证指数暴跌153点，盘中跌幅超过6%。

如果说端午节的美股暴跌是形成A股10连阴的罪魁祸首的话，那么，最近一次美股的暴跌无异于落井下石，在好不容易走稳的A股K线图上又画了一个大大的问号？

A股的下跌难道就真的会没有尽头吗？

底又在何处？

其实，底就在每个投资者的心里。

证券之星在上海举办趋势大师的系列报告活动，邀请水皮做第一位嘉宾。总经理洪榕有两个目的。目的之一是看看水皮这个牛市的预言者是如何看待眼前的熊市的；目的之二是看看水皮现在是否已经绝望了。在他看来，如果水皮都绝望的话，那么，A股就到达了他心目中的底部。

为什么会这样呢？

为什么不这样呢？股市投资说到底是一种从别人口袋里掏钱的合

法游戏，不过不能抢，不但不能抢，而且还要别人心甘情愿把钱掏给你。凭什么？凭的就是对未来的不同判断。所以，投资者不但要清楚自己想要什么，担心什么，害怕什么，更重要的是要搞清楚别人在想什么，会做什么，又能做什么？一句话，等待别人犯错误。

无疑，在洪榕的眼中，水皮是多头的代表，而股谚说得好，"多头不死，跌势不止"，当这个市场没有多头的时候，难道大家还"空杀空"吗？

当然，投资一方面是一种金融行为，是一种心理的较量，是一种资金的博弈；另一方面也有相对的价值标准，也就是说价格是围绕价值波动的，有波峰就有波谷，波峰波谷之间就是产生超额利润的来源。换句话说，如果3500点是A股的价值中枢的话，那么，目前的点位就是暴利产生的点位。

没错，股市涨过头，就会下跌，下跌的理由就是涨过头了；同样，跌过头，就会上涨，上涨的理由同样就是跌过头了。

沪深300的平均动态市盈率不到17倍，不但低于998点时候的水平，甚至低于美国标准普尔500的水平，不是因为天灾人祸集中在一起，A股指数又怎么会跌到这个水平呢？

但是，以中国GDP10%的增长和美国不到2%的增长；以中国人民币不断走高和美元不断走低；以美国世界上最发达的趋于饱和的市场和中国这个世界上最大的发展中国家的内需尚显不足的市场；以源源不断流入中国的流动性过剩和美国次债引发的金融危机流动性不足；对比一下，为什么在市盈率水准已经低于美国的情况下，还会有人如此割肉呢？

除非，你真的认为中国经济会崩溃，除非你真的认为美国完全主导中国的命脉，除非，你真的认为中国改革开放30年完全是一场梦。

有时候，投资就是一种信仰，一种对国家民族的信仰，一种对人民社会的信仰，一种对明天会更美好的信仰，说到底，就是一种人生观、价值观。

比如，在中美两个大国的博弈中，水皮相信，中国的崛起不可避免，中美的相互影响迟早会易位；

比如，在管理层讲政治的要求面前，水皮相信一定会有稳定市场的有力措施，而股改当时就是因为上升为政治任务才得以推进的。在中国，讲政治意味着压倒一切，任何利益集团都必须服从这个前提，只有这样，才有共识，才有合力；

比如，在产业资本和金融资本的竞合中，水皮相信一定会找到契合点，大小非的恐惧症一定会随着时间而消退，尤其是当大股东定向增发的价格都超过二级市场的时候，我们又去如何想象减持呢？

做人要有原则，投资要讲定力。

价值投资就是每一个人心中的底。

（2008 年 6 月 28 日）

证监会应当成为第一责任人

中国没有救灾部，但是天灾人祸并不会因此而不发生，而灾难一旦发生，则牵涉的部门如何协调，保证高效，就是一个问题。

汶川地震发生之后，中国的总理第一时间赶赴现场充当抗震救灾的总指挥角色，某种意义上也就是一个最高协调人。难以想象，如果不是总理亲任此职，救灾能够如此的出色。

中国股市短时间内暴跌58%，由去年全球表现最好变成今年全球最差的股市，市值蒸发将近18万亿，90%的投资者损失惨重，市场弥漫恐怖绝望，对于社会的影响并不亚于一场灾难，但是时至今天，在投资者看来都是一片迷茫，不知道这个市场有没有人管，会不会有人救，还有没有未来。

为什么会是这样的？又怎么会是这样的？

6月22日晚，从美国归国的尚福林在证监会主持会议，强调要全力保证资本市场稳定健康的运行，第一次在讲话中承认影响资本市场稳定健康发展存在着体制上和机制上的缺陷，有待相关部门协调解决。

此前，沪指走出了历史上少有的10连阴，尤其在6月10日的K线图上留下了一个多达100点的跳空缺口，形成了一个岛形反转的恶劣形态，将4月24日的救市成果悉数抹尽，对市场人气构成巨大打击，不明就里的投资者不明白央行在美股暴跌400点的第二天突然调高存款准备金率一个百分点是为什么，对冲流动性为什么要表现得如此强烈，货币政策的制定和执行怎么能和资本市场如此分裂和对立？当然，不明就里的投资者还搞不明白为什么一方面证监会要投资者坚定信心讲政治，却一方面在新股发行上频频开绿灯，更搞不懂为什么大小非更加规范的制度建设和再融资的规定就如此难产，究竟障碍在哪里？

最近几年来，中国资本市场的发展速度之快是出人意料的，资本市场为中国企业的融资提供了渠道，插上了飞跃的翅膀，已经成为国民经济的重要组成部分。2007 年“2 · 27”上证指数暴跌第一次引发全球股市恐慌，反映的就是中国宏观经济对全球经济的影响力，谁又能说今年中国股市的暴跌对最近道琼斯指数的补跌没有影响呢？中国股市的投资者群体更加壮大，目前开户数已经达到 1 亿户，涉及的人群不下 3 亿，股市的资产已经成为广大人民群众的重要财产组成部分，非理性的暴涨和暴跌反过来一定会影响投资者的家庭消费，对经济运行同样会产生意想不到的负面效果。不把稳定资本市场提高到对党和对人民负责的高度来认识，就不能解决政出多门打乱仗的问题，同样在制度建设层面上就达不成共识，形不成合力。

新华社 7 月 1 日播发了和 16 年前同名的述评，题目叫做《关于中国股市的通信》。16 年前和现在的情景没什么两样，一样是暴跌，一样是喊话，不一样的是一个月后，中国证监会成立，而我们现在需要一个统筹能力超越现在证监会职权的，类似美联储的第一责任人。

因为谁都知道，现在的市场信心靠喊口号和表决心都是没有用的，道理大家都懂：对于资本市场这个资金说话的市场，钱不是万能的，但是没有钱是万万不能的。

钱从哪里来？

钱从平准基金来。

要避免股市大起大落，平准基金不失为一个好的选择。市场恐慌时入场托市，市场狂热时释股平抑，是政府对付市场失灵最好的办法。

其实，即便没有平准基金，在危急时刻，同样出现过非常手段导演的护盘行情。2005 年 6 月 8 日就是如此，不过，毕竟是临时安排，没有形成制度。从另一个角度讲，对信息不灵通的散户投资者也不公平。

承认中国是一个新兴加转轨的市场，是一个大起大落的市场，平准基金的建立就是必要的，而且在全流通的特殊时期意义就更大。中国投资者保护基金会作的调查亦表明，平准基金是大家心目中的救市首选。中国有那么多的外汇找不到出路，与其让中投到海外去交学费，不如让他们承担一定稳定中国资本市场的责任，政府的钱，取之于民，用之于民，正常。

证券市场目前的问题，证监会一家是无能为力的，但是确定证监会为市场稳定的第一责任人，并统筹相应部门的“救灾”职能是完全可以做到的。

（2008 年 7 月 5 日）

宏观调控的本质是什么？

是要一个稳定的物价，还是要一个较快的发展，这是摆在我们的决策面前无法回避的一个问题，也是一个关乎今后一段时期宏观调控方向的一个问题，更是决定中国在目前这么一个国内外形势前所未有的复杂的情况下能不能抓住机遇，变被动为主动，实现更大跨越的一个问题。

事实已经证明，物价靠稳是稳不住的。一方面，本轮的通胀是全球性的通胀，一种输入型的成本推动型的通胀，靠中国自身的努力是无法避免的；一方面如果为稳定物价而一味采取价格管制，行政补贴，无疑是走计划经济的老路，也是违背价格规律的；一方面，在全球经济一体化的格局下，中国的物价补贴实际上是拿中国穷人的钱在补贴全世界富人，也是补不起的；一方面，单纯追求 CPI 的数字，只能以牺牲企业的利润为代价，以降低企业的竞争能力为代价，GDP 要增长，工人工资要增长，而 CPI 不能长本身就是一种悖论，也是经不起推敲的，那是不叫通胀，那叫通缩。温和通胀其实是一种理想状态。

其实早在今年年初，胡锦涛总书记就在中共中央政治局举行的集体学习中强调指出，要正确把握世界经济走势及其对我国的影响，充分认识外部经济环境的复杂性和多变性，科学把握宏观调控的节奏和力度，尽可能长地保持经济平稳较快增长。结合当时国内发生冰雪灾害的现实，《华夏时报》在2月4日的报道中就明确指出，胡锦涛讲话透露强烈的政策信号，继续紧缩的理由已基本消失。

当然，2008 年的中国谁也想不到会有如此多的天灾人祸，雪灾之后是“藏独”闹事，“藏独”之后是火车出轨，火车之后又是汶川地震，地震之后又是南方水灾，中央政府的精力差不多都投向了救灾，经济政策的调整一直成为大家期盼的愿望，而恰恰在这个过程中间，中国经济从标志着过热过快的红灯区滑落到平稳的绿灯区，并且持续了长达五个月。熟悉中国经济的人都知道，继续下去可能就会意味着趋势发生变化，换句话讲，经济已经有了下滑的危险。

宏观调控的本质是什么？本质就是一种逆向调控。当经济开始出现过热苗头时要紧缩，当经济出现下滑苗头时就要宽松。因为经济发展有其自身的规律，有其自身的惯性，而计划总是跟不上变化的，反映在传导机制上，货币政策要对经济发挥作用至少会有三个月的滞后期。逆向，超前，微调是美联储经历上百年的经济周期折腾摸索出来的调控方式，上世纪80年代后期，也就是1987年股灾之后才付诸实践，结果熨平经济周期的效果是明显的，美国经济自此没有产生过大的经济周期。就是这一轮的次债危机，对美国本土的冲击也是有限的，资本市场的下跌幅度甚至比任何一个市场都要小，现在也就是摸了一下熊市的边，达到了美国经济感冒，全世界吃药的境界。

毫无疑问，中国经济现在面对的是史无前例的局面：人民币对外升值对内贬值；流动性过剩和流动性不足共存；劳动力成本上升出口成本加大；中小企业破产影响就业目标；热钱管制挡不住外汇储备激增；灾后重建和货币从紧相冲突；对冲流动性造成资本市场巨幅波动……应对复杂的局面只有一个办法，复杂问题简单化，那就是抓主要矛盾，“抓革命，促生产”。

这一点在中央“6·13”会议上已经形成共识，因为“实践再一次告诉我们，发展是党执政兴国的第一要务，只有发展才能为我们应对各种困难和风险打下坚实的物质基础”。而在温家宝总理最近的讲话中更是把保持经济在较长时间内平稳较快发展，避免出现大的起落放在第一位，把抑制通货膨胀放在宏观调控的突出位置，强调的是把物价涨幅控制在经济社会发展可承受的范围。因此，水皮相信在国务院高层领导最近紧锣密鼓的经济考察之后，切合实际的宏观政策调整不仅是必需的，也完全是可能的。

中国股市已经经历了一次不该发生的灾难，完成了一次“硬着陆”，难道中国的楼市也要经历一次暴跌，完成一次“硬着陆”吗？如果说股市的大起大落更多地表现为纸面财富的盈亏，不至于让人倾家荡产，那么，房地产市场只要下跌30%就可以让所有的按揭者沦为

“负资产”，这样的局面，我们有思想准备吗？

发展中的问题只有在发展中解决，有未来就有希望，有希望才有信心，有信心才能乐观。个人投资是如此，社会发展也是如此，国家进步更是如此。

（2008 年 7 月 12 日）

奥运会是一个什么样的拐点？

奥运会召开之日就是国际原油期货价格暴跌之时，这原来是水皮和报社的同仁在编前会上打的一个赌，被人公开引用多了，无意之中就变成了一种预期。

为什么奥运会的召开会导致国际原油期货价格暴跌呢？难道就是因为奥运会期间北京的汽车两个月搞单双号而节省的那点汽油吗？

当然不是。

虽然单双号的确会减少北京成品油的消费量，也会减少空气污染，更会减少交通拥堵，但是这一切对于原油期货炒家而言却都是微不足道的。国际炒家害怕的不是奥运会的召开，而是奥运会之后预期中的中国宏观政策的调整，这其中就包括再次提高成品油价格，甚至抓住机会取消成品油价格的管制，而一旦成品油价格管制取消，国际炒家就再也无法死掐中国的体制性缺陷，多头也就失去了攻击的目标。

众所周知的是，从2002年到2008年，世界原油的消费量不过才增长了8%左右，而同期油价却从30美金一口气涨到147美金，上涨的幅度达到了将近400%。与此同时，炒作原油期货的资金量由2003年的130亿美金暴增到2600亿美金，扩大了整整20倍，这其中，纯投机的资金比例占到71%，甚至包括像美国养老基金这样庞大的以保守投资为基调的机构资金。

投机资金如此大规模地炒作原油期货和商品期货进入牛市周期有关，也和近期美国股市低迷和次债危机导致的投资失败有关系。但是，更多的胆敢如此放肆的在近期爆拉爆炒，却和中国的崛起有着深层的关联。因为，中国事实上已经成为一个原油进口的大国，中国今年的原油进口量将达到1.8亿吨，占中国所有需求的50%，世界新增消费量的大部分需求来自中国，无论欧盟也好，美国也好，日本也好，近来对于原油的需求量和依存量都是逐年下降的。美国去年的原油日产量是520万桶，今年平均只有510万桶，正是因为他们对原油的需求是下降的，所以他们对油价的忍耐极限也远远高于中国和印度。美国对于原油的承受极限是160美元，日本是168美元，德国是172美元，英国是183美元，中国却只有99.5美元。早在2004年开始，国际市场就流行中国"饿虎论"，而在近期，中国灾后重建甚至也成为炒作的理由。

大家知道的是价格是由供需决定的。供不应求，价格上升，供过于求，价格下降。价格升过头了压抑了需求到头来就会下跌，这就是价格规律。大家不知道的是，价格还可以由预期决定，期货市场的价格反映的就是预期，反过来期货价格又决定结算的交割价格。中国人不是不明白这个道理，但是为了反通胀，为了确保CPI不高于4.8%的承诺，不得不对成品油价格进行管制。结果，在全球化的今天，行政补贴不但扭曲了市场的真实需求，而且导致了穷人补贴富人的局面，国际炒家正是利用了中国需求不降反升的预期，反复拉高油价。因为油价越高，中国越不敢放开管制，而越不放开管制，需求就越不可能下降，需求不下降，油价又如何会下降呢?

什么事情都是物极必反。其实国际投行都预期明年油价会跌到100美元左右。都知道明年会跌到100美元，为什么今年还看高150美元甚至200美元呢？他们的判断依据之一就是中国政府不敢在奥运会之前理顺能源价格体系，打的就是奥运这个时间差。

有时间差就有提前量。7月15日，离中国奥运会召开还有24天的时候，情理之中的暴跌终于开始了，短短三天之中，油价由147美元直下到129美元，跌幅超过10%。有人说这是担忧美国经济衰退的缘故，但是恰恰在这三天中，道琼斯从最低的10827点暴涨到11446点，涨幅超过6%，衰退说不攻自破。

油价下跌的意义在于可以扭转输入型通胀的预期，减轻国内通胀的压力。这个事实说明，在中美两国的经济博弈中，中国是有能力把自己的命运掌握在自己手中的，保持主动性是我们化美国金融危机为中国崛起机遇的关键。正如1998年的中国应对东南亚金融危机时人民币坚决不贬值一样，2008年的中国在应对美国次债危机时就应该坚决地停止人民币升值的进程以保护自己的民族工业和国家利益。一味等待美元转强是被动的，也是幼稚的，更是靠不住的。

奥运会之后，一切会更好。

（2008 年 7 月 19 日）

第二次“5·19”行情会不会出现？

1996—1997 年的行情是中国股市历史上第一次出现的跨年度大牛市，而 2006—2007 年的行情则是距离我们最近的令许多人或欣喜若狂或咬牙切齿或捶胸顿足的跨年度大牛市。

历史往往有惊人的相似之处，历史不会重演，但是历史却会反映规律，牛熊的转换也有规律，也会反映历史。

1996—1997 年的行情，起步于 500 点附近，终止于 1500 点附近。其间经历了 1996 年 12 月底《人民日报》评论员文章“如何认识当前的股市”，政策的打压一度让指数从 1280 点直落到 840 点附近，出现过指数连续三天跌停的情景，但最终指数完成了将近 40% 的报复性暴涨。

2006—2007 年的行情，起步于 998 点，终止于 6124 点，其间同样经历了 2007 年 5 月 30 日印花税调整的重大打击，指数亦一度从 4300 点附近直落 3500 点左右，但最终又完成了将近 40% 的报复性暴涨。

如果说 2006 年和 1996 年一样，2007 年又和 1997 年一样的话，那么 2008 年会不会和 1998 年一样，2009 年会不会和 1999 年一样呢？

这种感觉水皮在一些主题演讲时曾经提到过，但是仅仅是一种类比，一种设想，并没有认真地讨论过，但是最近全国人大常委会财经委发布经济形势分析报告中提及的一揽子政策建议提醒水皮，管理层再搞一次“5·19”行情不仅是可能的，而且某种意义上讲也许还是一种必然。

众所周知，1996—1997 年虽然经历了一次大牛市，但是管理层对于市场的态度和取向都是消极的，政策上以防范和打击为主。所以上证指数在 1997 年见顶回落之后，1998 年基本上处于震荡整理的格局，不阴不阳，不死不活，但是进入 1999 年之后，尤其是 5 月 19 日之后，管理层的取向却风云突变来了个 180 度的大转弯，在上证指数从 1000 点附近涨到 1370 点左右的时候，《人民日报》居然发表了“坚定信心，稳定增长”的评论员文章，将股市已经出现的暴涨定义为恢复性行情，火上浇油助推上证指数突破 1500 点的铁顶，创下 1700 点的新高，史称“5 · 19”行情。

“5 · 19”行情的关键在于管理层的政策，那么管理层为什么会推出刺激性的积极政策呢？一般的分析有两大原因。原因之一是希望产生财富效应以拉动内需。1993 年开始的宏观调控让中国经济完成了一次硬着陆，此后刺激内需一直成为决策层挠头的问题，而资本市场的繁荣可能带来消费的增长。原因之二是国有企业三年解贫脱困的要求使然，当年发布了国有企业改革若干重要问题的决定，而改制上市圈钱成为一条捷径。当然，什么事都是过犹不及，管理层从一个极端走向另一个极端的后果就是对指数的失控，2000 年之后指数创出 2000 点新高，2001 年之后指数创出 2245 点的新高，重新又引发新一轮打压政策，成也萧何，败也萧何。

2008 年又有多少 1998 年的影子呢？

影子之一就是经济下滑的风险。上一轮的调控是硬着陆，这一轮的调控是软着陆，不管硬还是软，反正都是着陆，着陆之后如何办？

影子之二就是信贷规模的控制。上一轮的紧缩让商业银行拼命收贷，而这一轮货币从紧让商业银行无额度可用。

影子之三就是搞活企业的要求。上一轮搞活的对象是国有大中型企业，这一轮的对象则是中小民营企业。

既要防止经济下滑，又要坚持货币从紧还要搞活企业，可以用的办法就只有一个，那就是“发展直接融资，拓宽融资渠道，缓解目前企业资金偏紧的问题”。

什么叫直接融资？说白了就是发股票，或 IPO，或增发。和间接融资比，直接融资对于企业而言降低了融资成本，对市场而言消化了流动性过剩，对于个人而言增加了投资机会。但是皆大欢喜的事情要搞定，必须有一个前提，资本市场是健康的，活跃的，积极的，能够给投资带来信心的，预期的，希望的，否则一切都是空谈。

创业板好不好？现在的市道，又有谁敢推出呢？

从紧的货币政策不愿前功尽弃，稳健的财政政策难以立竿见影，积极的股市政策为什么不会成为备选呢？

需要说明的是，水皮本人并不欣赏“5·19”行情，因为功利色彩太重，但是谁又能免俗呢？

（2008 年 7 月 26 日）

谁来稳定经济发展的预期?

病来如山倒，病去如抽丝。

上证指数自2008年6月10日再次跌破3000点之后就一直在此之下徘徊，至今依然如此，而距2008年8月8日奥运会开幕的日子却已经没有几天，让所有期盼所谓奥运行情的投资者大失所望。

于是，失望的情绪再次开始蔓延，甚至有人担心奥运之后指数会不会再次暴跌，因为上上下下如此维稳也就不过维持一个不跌的行情，奥运之后难道指数还有做多的理由吗?

其实，奥运之后行情如何发展，并不取决于是否开奥运会，正如奥运之前的行情走成这样也并不是奥运会的缘故。奥运之后的行情根本还在于大家对宏观经济的预期是好转还是恶化。

种种迹象表明，许多等待奥运之后才会明朗的政策调整极可能在奥运之前就会提前推出。

迹象之一是恢复出口退税的水平，拯救中国制造的出口，纺织业首先受益，其次则是木材加工业，之后相信还有更多的行业会惠及。

迹象之二是央行货币政策委员会的例会第一次没有采用从紧的货币政策的说法。而此前，央行突然提高存款准备金率1个百分点的举动，已经成为压倒国内资本市场的最后一根稻草，而央行负责人更是在中央6月13日工作会议之后还在美国放言可能采取更为严厉的宏观调控政策。

迹象之三则是在频繁的调研基础上，中共中央和国务院多次召集方方面面的座谈会，政策调整的预期不但越来越强化，而且越来越细化。

众所周知，早在2008年初中央经济工作会议制定的宏观调控的首要任务是防止经济由过快向过热转化，防止价格的结构性上涨向全面通胀转化，也就是俗称的“两防”；而现在的首要任务则已经调整为保证经济较快平稳地增长，控制物价过快上涨，也就是所谓的“一保一控”，调控取向出现重大调整。虽然这种调整的拐点在6月13日已经出现，但是要达成共识并不那么容易。其间还出现从紧货币绝对不能放松的专家言论，也出现过再“等一等、看一看”的说法，甚至还有人提出目前中小企业的困境正是调控的目的所在，必须坚持到底的谬论。

水皮在此前的杂谈中曾经提及1月下旬胡锦涛总书记在中央政治局会议上的讲话，那时胡锦涛已经提醒我们必须根据变化了的复杂的国际形势把握宏观调控的力度和节奏，确保经济能够较快稳定地增长，《华夏时报》当时给出的标题就是继续从紧已经没有理由。但是，事实表明，并非所有的人都能领会胡锦涛的讲话精神，直到半年后的7月21日中共中央召开党外人士座谈会，胡锦涛再一次就经济工作发表讲话，明确指出三个“必须”，即必须稳定政策，保持政策的连续性和稳定性；必须适时微调，把握好宏观调控的重点、节奏、力度；必须坚持区别对待，有保有压，灵活而准确地解决问题。

对比“6·13”中央工作会议提出经济工作的五项重点和“7·21”胡锦涛对下半年经济工作的六点要求，我们可以发现，“促进资本市场健康发展，保持房地产市场稳定”原来是放在第四条的位置上，但是在最近的讲话已经被胡锦涛提到了第一条的最后位置，与着力扩大内需、保持对外贸易增长和增加煤电油供给、解决中小企业经营困难并列，更为重要的是在胡锦涛的讲话中出现了一个前所未有的概念，那就是“稳定对经济发展的预期”。

抽象地讲，谁都明白发展才是硬道理，但是要把发展作为一种预期成功地传导给社会和大众，就必须要有相关的政策配套措施，再说白一点，在经济下滑风险加大，而通胀反弹压力减轻的形势下，我们需要的是一揽子刺激性的经济振兴计划。

而股市炒作的就是预期。

（2008年8月2日）

创世纪的奥运

水皮从来就没有把北京举办的奥运会看做是一场体育的盛会，尽管全世界208个奥林匹克的成员第一次在中国完成“全家福”，但是事实上将近90位国家元首和政府首脑都将由此聚会北京，这样的规模只有联合国60年纪念大会才能相媲美。

奥运会的举办对发展中国家和发达国家来讲，意义是完全不一样的。它意味着进步、奇迹、成就、承认、融合、共享、创造新世纪。

亚洲有史以来一共就举办过三次奥运会。

第一次是在1964年的日本东京。战后的日本人民经过长达20年的艰苦奋斗，以创纪录的日本奇迹赢得世界的尊敬，获得奥运会的主办权，至今运行的新干线就是当时的杰作。奥运会后日本经济进入新一轮高速增长，一直持续到1986年美国强迫日本签下广场协议，日元强劲升值为止；

第二次是在1988年的韩国汉城。同样在创造了亚洲“四小龙”的经济奇迹之后，韩国获得了全球的瞩目，得到了奥运会的主办权，汉城奥运会对韩国企业的崛起意义非凡。三星、LG、现代这些巨头在此之后开始晋身世界品牌，日本家电霸主地位被强烈震撼，韩国经济一路高歌猛进，直到1998年东南亚金融危机才戛然而止；

第三次就是2008年的此时此刻的中国北京。

绝非巧合的是，2008年正是中国改革开放30年。30年的奋斗，中国的财富在积聚，中国的社会在进步，中国的影响在与日俱增。改革开放的30年，也是中国创造世界经济奇迹的30年，遍布全球的中国制造已经成为全世界人民生活不可或缺的组成，而日本“失去的10年”也正是因为中国的崛起而宣告结束。中国的经济总量在全球排名坐四望三，直追美国这个全球经济的火车头。

21世纪是亚洲的世纪，也是中国的世纪。

奥运会的举办仅仅是个象征。

2007年底，《华夏时报》推出名为“伟大的博弈”的中国经济的年度报告，强烈的预感告诉我们，2008年以举办奥运会为契机，或许将成为未来中美经济此消彼长的历史性拐点。彼时彼刻，美国的次贷危机还没有全面爆发，美国的经济也没有进入全面衰退的痕迹。而今天的一切都表明，历史性的机遇又一次摆在中国的面前，正如1998年的东南亚金融危机一样。那个时候，中国人民币不贬值一举确立了中国在亚洲中流砥柱的地位，一个负责任的地区大国跃然而出。而今天，如果中国的人民币能果断停止升值进程，说不定又可能成为全球经济振兴的希望，带动世界经济走出衰退的阴影，关键在于我们是否能够正确应对。

中国和世界的关系历史上从来就没有如此的紧密，国际国内两个市场历史上从来就没有如此的畅通，资本市场的命运和脉搏就更没有如此的共振：中国成品油一天不涨价，国际原油期货的炒作就一天不降温，油价炒得越高，通胀的压力就越大，经济衰退的压力就越大，美元贬得就越低，美元贬得低，油价就炒得更高，人民币升值的压力也就越大，恶性循环也就没完没了。中国的管理层从来没有面对过如此复杂的局面，昨天还被指责向全球输出通缩，今天就面临输入通胀的压力，中国的经济政策已经在影响世界大宗商品期货价格的走势，而国际资本市场的炒作回过头来又在影响着我们国内的经济决策。宏观调控的预见性、灵活性、原则性不可避免要经历前所未有的考验，保持对市场的敬畏，保持对规律的尊重，减少价格管制，取消行政补贴，都必须要以我为主，以发展为主，变被动为主动，变消极等待为积极进取。我们拥有如此庞大的市场，如此巨大的外汇储备，如此巨大的劳动力市场，我们只要应对得当，美国的危机就是中国的机遇！

亡羊补牢，为时未晚。

我们欣喜地看到，从6月13日中央工作会议之后，宏观调控出现了大家期盼已久的转折，首要任务由防经济过热防通货膨胀转变为保经济快速增长控制物价过快增长，这是中国政府对经济规律的尊重，对计划经济的反思。无论是针对中小企业的出口退税和信贷扩张，还是对资本市场和房地产市场的稳定取向，都表明抑制经济增长的因素一旦被解决，那么，中国经济内在的固有的活力将又一次得到充分的焕发，一旦上层建筑对经济基础的反作用力被政治体制改革所替代，那么，中国经济的能量将会又一次集中爆发。

我们不能妄自尊大，但也不能妄自菲薄。

布什马上就要离任了，但是他来北京了；普京已经改任总理了，但是他来北京了；萨科齐曾经反复无常，但是也来北京了；还有日本首相福田，即便当天来回也要来北京参加开幕式，将近90位国家元首或政府首脑，他们是来看奥运会的，但是更是来为中国捧场的。一个大国在崛起，一个经济巨人在崛起，这就是新世纪的中国故事，一个伟大的故事。

资本市场就是一个讲故事的地方，只有伟大的故事，才会成就伟大的股市，才会成就伟大的博弈。从这个意义上讲，奥运会只是这个故事的开始而不是结束，下一个10年或20年正在等待着我们。

（2008年8月9日）

信心是靠什么点燃的？

俗话讲，天作孽，尤可怜，自作孽，不可活。

奥运会召开至今，中国奥运军团一路披金挂银，高昂的中华人民共和国国歌一次又一次响起在赛场的上空，北京的欢乐气氛也是一天比一天浓烈。

唯一给大家添堵的就是扶不起来的中国男足，万幸的是男足的预选赛在沈阳，即便给大家添堵也不至于败了大家的胃口，毁了北京的场面。

但是，毕竟是添堵。

更为可气的是，这种结果是必然的，甚至和球技关系不大，和实力关系也不大，完全是人为的。

开赛之前临时换帅本来就是兵家大忌，但是中国足协一意孤行。如果换人如换刀也就算了，但是偏偏在人员战术上又走了否定之否定的老路，完美地兑现了杜伊的五大魔咒，早知今日又何必当初呢？

为什么中国足球要请外教，但是又为什么每一次又把外教搞得体无完肤？难道个中缘由不值得中国足协深思和反省吗？输球不可怕，可怕的是又输球又输人，郑智的红牌又一次给中国足球贴上了丢人现眼的标签。

举国上下，能和中国足球表现一拼的恐怕也就是中国股市。

8 月 8 日是奥运会开幕的日子，中国的股市在已经暴跌 60% 的点位附近，在管理层高呼维稳的口号下，上证指数居然大跌 120 点；如果说当天的下跌有美国道琼斯大跌 200 点的影响，那么回过头的第一个交易日再次大跌 130 点就有点匪夷所思了，因为前一个交易日美国的道琼斯涨了整整 300 点，两个交易日跌去将近 10%，而此后的三天又屡创新低，“跌跌不休”，最低探底 2370 点，要知道这期间全世界的股市都在涨，只有中国的股市在跌，市盈率已经跌到了18倍的水平还在跌，估值跌到10年来的新低还在跌，成长性都低于美国标准普尔的指数标准了还在跌，这难道是中国经济的真实反映吗？这跟中国发生了金融危机又有什么区别？不是丢人现眼又是什么？在全世界人民面前，丢人现眼怎么就不觉得害臊呢？

很多人都在问为什么？是不是真的有敌对势力在跟中国人民过不去？是不是国际热钱在搅局？是不是游资在逼宫？否则又如何解释有关方面的不作为呢？是麻木不仁，还是无能为力？

舆论有时候是行情的晴雨表。端午前一天，大家的手机上流传的都是最近不要进股市的忠告，否则就是西装进去三点式出来，结果，端午之后股市暴跌跌破3000点；奥运会开幕前一天，大家的手机上流传的也是奥运点火仪式泄密的段子，再黑黑不过大小非被大家广为传唱，网络上更有当天大家砸盘的号召。

当然，大家的看法并不一定是正确的看法，反映的更多的是一种情绪，问题在于维护资本市场健康稳定的运行如何能落到实处，而不是光说不练，投资者上当受骗的感觉不是无缘无故的。奥运开幕之前突击大蓝筹南车发行，事实上给市场发出的就是砸盘的信号，这和中国足球队赛前架空主教练自毁长城的效果是一样的。

奥运的添堵行情与其说是投资者信心的崩溃，不如说是对管理层的绝望。

水皮认为至少在四个方面，管理层有待和广大投资者取得共识。

共识之一是维稳。“6·13”会议和“7·21”会议，领导人关于资本市场的说法必须落实到指数上，如果维稳不能避免指数的大起大落有意义吗？维稳不是维持计算机交易系统的稳定运行。

共识之二是大小非。一直以来管理层都认为大小非不是指数下跌的原因，但是最新数据表明小非的减持达到了40%，大小非问题已经成为压倒骆驼的最后一根稻草，回避大小非问题是鸵鸟政策。

共识之三是市场化。市场化主要表现在将市场主体的权力还给市场，但是在目前连IPO都由管理层一手操办的情况下，供求平衡必然由管理层负责。“伪市场化”不能成为不作为的借口。

共识之四是政策市。市场要救命，管理层却在大谈特谈“治市”。

治病救命孰先孰后是不需要讨论的，常识性的问题居然要讨论本身就是不正常的。美国不是政策市，但是美国人救市又狠又准而且旗帜鲜明，大张旗鼓，不遗余力。

索罗斯说任何危机的解决最终都只能由政府出面，因为危机之所以成为危机就是因为市场失灵了，要让市场从危机中走出来，靠市场自身是不行的。就好比，目前的中国股市，从估值的角度看，就是一堆干柴，但是就是成不了一堆烈火，干柴要成为烈火，只有靠管理层的政策火炬才能点燃。不要再埋怨投资者没有信心，信心其实来自管理层，此时此刻推出平准基金比说什么都强 100 倍。

（2008 年 8 月 16 日）

二次股改还是政治任务？

政治和经济从来就是密切相关的，陈云同志都说经济工作就是“七分经济三分政治”。说实在话，如果股改当初不是被提到政治任务的高度来推广执行，那么根本就得不到强力的如国资委的配合，更扯不上开弓没有回头箭的底气。

但是眼下，这项制度性的变革却面临着夭折，面临着崩溃，面临着将中国资本市场再一次推倒重来陷入万丈深渊的千古骂名。

一定程度上，这是不讲政治的代价。

在管理层看来，股改可能在所有的上市公司宣布进入股改程序之后就已经结束了，所以中国的股市就可以从政策市转向市场化了，大小非的问题已经通过股改时的对价支付完毕，政府不应再过多地干预，大有大功告成，功成身退的感觉。

但是在投资者看来，股改却远远没有结束，甚至可以讲只是开始，两年的承诺期现在看来只不过是一种全流通的缓期执行，随着大小非的解禁，持股成本的巨大差异和流动性的过剩都将成为考验市场的重大压力。注意，这里的流动性过剩说的不是资金而是股票。管理层在此时此刻不是可以卸担子转位置的时候，而是必须时刻铭记当初自己的誓言，严防死守，保证市场的平稳过渡，维持市场的稳定运行。换句话讲，不能消极被动地被市场牵着鼻子走，而是要积极主动地引导投资者走价值投资之路，在市场失灵之时坚决果断、有力地干预市场，为市场输入政府的信念和信心。

在大小非问题的认识上，管理层和投资者是有巨大差异的，正是这种差异造成市场的巨大震荡，造成管理层信用的丧失，投资者财富的亏损，股市估值体系的瓦解，全社会满盘皆输的格局。

十七大刚提出要创造条件让更多的群众拥有财产性收入，股指就从6124点直下2284点，跌幅全球第一，比发生了次贷危机的美国和金融危机的越南有过之而无不及；中国历史上第一次举办奥运会，近90位世界各国政要纷纷捧场，全球瞩目，中国股市却在维稳的口号下在开幕日暴跌再暴跌；奥运行情史无前例已经让中国人颜面扫尽，更让人忍无可忍的是在管理层就市场暴跌回应讲话之后，上证指数不但不涨反而再次暴跌，这还能用简单的市场行为解释吗?

思想认识上有偏差，必然导致政策执行上不作为。

8月6日，重庆市常务副市长黄奇帆在重庆辖区的证监系统维稳大会上提出八点要求，其中之一是国有股不得减持，之二是要求增持和回购，之三是推动重组，之四是整体上市，之五是推动发债，之六是发展私募，之七是培育机构，之八是打击非法证券活动。

黄奇帆在重庆推行的政策有的已经超过了中国证监会的职责范围，比如国有股不得减持；有的跑到了证监会的前头，比如回购和增持。和股改当初，各省市纷纷召集动员会形成鲜明对比的是，这一次只有重庆在唱独角戏。

目前重申股改是一项政治任务，有历史意义，也有现实意义。

历史意义在于股改没有完成，政治任务的使命就依然还在，现实意义在于二次股改的实施，也必须放在讲政治的高度才能推进。

第一次股改解决的是大小非全流通的问题，第二次股改要解决的是大小非如何全流通的问题。管理层提出的“二次发售”是一种思路，但这种思路同样需国资委的认可和配合，需要财政部的理解和支持，需要更高的决策层来统筹组织。

水皮一直说大小非减持其实是鬼故事，大非国资委不可能减，李荣融在最新的新闻发布会上也是如此说的，但是毕竟只是口头上的承诺，并没有制度约束不让国有股减，所以鬼故事也是故事，只要有故事在，市场就不踏实，投资者就不敢相信。二次发售是一种制度设计，如果确定在大宗交易市场做，其实就是划出批发市场和零售市场的区间，承认持股成本的差异，切断股权暴利的不公财富分配渠道。这是其一。

水皮并不反对小非的解禁和减持，但是一直认为控股股东的流通权必须受到约束，否则不堪设想，控股股东掌握公司情况，自由减持和增持的话，高抛低吸谁能与敌？贝尔斯通银行的股票从140美元掉到10个美元，控股股东为什么不出逃呢？不是不想逃，而是无路可逃，如果按我们管理层的理解，岂不无法无天。也许是歪打正着，二次发售的原则可以解决控股股东的股份交易，还市场一个公平。

一次股改的失败还在于管理层没有承担制度转轨成本的思想准备和资金的准备，二次股改必须要有平准基金相配套，这也超出证监会的职责，需要更高决策。

股改不讲政治是不会成功的。

（2008年8月23日）

历史总有惊人的相似之处

中石化半年报显示，利润同比下滑达73.4%，为此，董事长苏树林对投资者表示道歉。早些时候，中石油的董事长蒋洁敏也曾为公司业绩的下滑和股价的暴跌而向投资者道歉。

上市公司，尤其是国有控股的董事长向投资者，也就是公司的中小股东道歉并不多见，水皮刚开始感觉多少有点不适应。

中石油、中石化的老总该不该向投资者鞠躬道歉呢？

当然应该。

而且，不但对公司的中小股东，对A股市场的所有投资者都应该说声对不起。

为什么？

因为不合理的指数编制体系，人为地放大了中石油和中石化对上证指数的影响。中石油涨跌停一个板，对上证指数的影响就达120多点，中石化的比重没有中石油大，但是，涨跌1分钱都能在分时图上立竿见影，某种程度上，上证指数的走势就是中石油和中石化的反映。中石油自2007年11月5日上市以来，对上证指数就一直构成重大的负面影响和拖累，中石油的股价从48.60元一路跌到眼前的13元附近，跌幅高达73.25%，即便从计入指数之日起，也有56.66%以上的跌幅，对应的分别是13个跌停和9个跌停，影响的指数从1560点到1080点。同期，中石化的股价从29元跌到眼前的10元，跌幅同样高达65.51%，均超过大盘的跌幅。

中石油和中石化难道不应该为此而向全国人民道歉吗？

无独有偶，道歉之声同样还来自于形成巨额亏损的基金经理们。根据天相的统计，基金上半年的亏损总额达到了1万亿人民币左右，其中公允价值的亏损，也就是浮亏部分达到90%，实际的亏损达到1014亿，不少基金的市值打了对折，基金经理为此而向基民们道歉不但应该，而且必须。

可是道歉能减少投资者的亏损吗？能抚平投资者为此而饱受创伤的心灵吗？能够重新点燃起大家对财产性收入增加的信任吗？

不能。

更何况，我们看到的道歉只不过来自上市公司，来自于基金经理，而他们本身也就是市场的受害者。

真正该出来道歉的人并没有站出来，真正能承担起市场稳定责任的人也还没有站出来，真正能够挽狂澜于既倒的人还没有到位。

A 股目前的市盈率 18 倍左右，金融股的市盈率只有 10 倍左右，仅次于 1996 年 1 月和 2 月份以及 2005 年的 5 月份和 10 月份，这两个时间都是历史上跨年度大牛市的起点位置。从平均股价看，现在已经低于“5·19”行情启动之初，从 A 股和 H 股的比价看，甚至不如指数在 998 点的水平，而交易量和流通市值及总市值的比例均和 2005 年 6 月及 1999 年的“5·19”接近，一句话，估值已经是 10 年以来的最低水平。

但是，有价值不等于有行情，在底部不等于能崛起。

为什么？

因为大小非理论可减持量打破了股票的供求平衡，大非对于市场形成的不确定一天不消除，那么，这个市场就一天起不来。我们已经为此损失 18 万亿的市值，现有的流通市值不过 5 万多亿，而大小非的理论市值至少 10 万亿。

现在摆在我们面前的问题是，无所作为地等待 2010 年全流通的自然到来，所有的问题让投资者自己扛，还是积极创新化解危机，引领市场走出低迷。

从 8 月 15 日证监会新闻发言人的谈话到 8 月 27 日证监会的新闻发布会，短短的 12 天内，证监会两次召集记者发布新闻，历史上罕见，说明证监会在行动，在做事，在着急，但是和市场的期望不能说没有距离。修改大股东增持细则是利好，这是鼓励大股东增持稳定股价的信号，逻辑前提就是大股东不会减持，但是这仅仅是逻辑前提，并没有成为制度的约束，甚至连一次股改时的承诺都算不上。和黄奇帆在重庆宣布的国有股不准减持相比，力度和强度都大打折扣，除非在“二次发售”的细则中明确引入 IPO 的审批程序，否则，解决不了供求失衡的恐惧，“鬼故事”就一直有市场。

历史总有惊人的相似之处，不但市场的交易行为，市场的估值、市场的走势是这样，管理层的思维、行为和政策同样如此，目前的宏观面和“5·14”之前惊人的相似，反映到资本市场是早晚的事，这不仅是资本市场的需要，也是奥运后宏观调控的需要。

（2008 年 8 月 30 日）

尚主席以为然否？

规律这东西无处不在，关键是看你是否有心，如果有心的话，可以在很多看上去互不相关的事物之间找到联系，这种联系如果一而再、再而三被证明是必然的话，那就是规律。

经济规律也是如此。

比如世界第一高楼和世界经济的衰退周期之间就存在着一种联系，这种联系不但在历史上存在，眼下又被证实。

上海环球金融中心最近开始对外营业。这座标高494米的摩天大厦虽然在绝对高度上没有超过台北的101大厦，但是却拥有世界上最高的办公楼层和观光楼层，而在14年前动议修建的时候本来也是冲着世界第一去的，但是很快遇到东南亚金融危机，这栋由日本人牵头的大楼只好停工，一停就是10年。2004年复工不久又遇到中国的宏观调控，两年后日本人森稔又不得不忍痛向摩根斯坦利出让了10%的股权才把楼完完整整地盖起来。

结果怎么样呢？

结果是这座目前上海滩上最高的办公楼的招租率只有可怜的45%，远远低于上海滩写字楼的平均出租率。昂贵的创了新高的租金价格是一个原因，而更重要的原因则是目前正处在世界经济衰退之际，跨国公司都是泥菩萨过河自身难保之际，又有多少人还愿意打肿脸充胖子？即便是这45%的招租率也算来之不易，其中摩根斯坦利把原计划的八层压到四层，而其他入驻的日本公司大多又是36家组成的投资公司的股东。

环球金融中心生不逢时不是偶然的。早在2006年6月20日，水皮杂谈就发表过一篇《世界第一高楼碰到了什么难题?》的杂谈，告诉大家，安德鲁·劳伦斯作的研究表明，世界最高大楼的开工建设与商业周期的剧烈波动高度相关，世界最高大楼的兴建通常是经济衰退的前兆，离经济衰退只有半步之遥，这一点已经被大都会人寿、帝国大厦和吉隆坡的双塔所印证。

为什么摩天大楼指数和经济危机存在着百年的病态关系呢？因为商业繁荣时期的低利率造成长期资本品价格相对短期资本品价格上涨，从而导致更多的资源被配置到远离最终消费的生产中，一旦利率变动，则资本所有人承受重大损失并波及资本市场和银行体系，从而导致经济衰退，换句话讲，对世界第一高楼的追求往往是经济泡沫造成的幻觉，而一旦付诸行动，便是灾难降临之时。

规律就是这么残酷。

当然，更残酷的规律不是体现在第一高楼，而是体现在中国股市。水皮的一位朋友发来一条短信，总结了六条熊市的规律。定律一，再抗跌的板块最终也得补跌；定律二，再多的资金也亏得血本无归；定律三，抄底抄到南半球；定律四，每次横盘最终都是大跌；定律五，再坚定的人也会动摇；定律六，技术支撑位最终都变成技术阻力位。中国股市目前正在重复着这些规律。

大起大落好像已经成了中国股市的规律。曾经有那么一段时间，水皮以为股改之后的中国股市不会重复昨天的故事，事实证明，水皮的感觉是一种幻觉，今天的中国股市不但在重复着昨天的故事，而且变本加厉，有过之而无不及。

关键还在于对规律的认识，我们和管理层存在的分歧太大，大到什么程度呢？大到连前任证监会主席都看不下去的地步。针对目前的状况，中国证监会前主席周正庆在接受《中国证券报》记者专访时表示，中国资本市场的健康稳定发展需要政府相应的政策引导和支持，希望有关部门能进一步完善相关政策，为资本市场稳定健康发展营造良好环境。

周正庆指出，纵观国外资本市场发展的实践，没有哪一个国家的资本市场能离开政府的引导和支持，而且这种支持是多方面的，比如直接向市场注入资金救市；由政府出面出资回购上市公司股票；直接向上市公司注入资金，避免破产；运用货币政策、财政政策干预股市；通过制定发展资本市场的长期规划或者出台多项配套改革措施以推动资本市场发展；国家政府首脑直接号召公民增强信心，购买股票，稳定股市等。

而具体到中国这么一个新兴市场，政府往往具有监管者和推动者的双重角色，针对市场发展中的问题，从实际出发，出台相应政策措施是必要的，也是政府的职责所在。发达国家对股市的干预已经制度化，因此，千万不能轻信某些所谓专家宣扬的不能干预、不准干预，干预之后也不会有好结果的舆论，捆住自己手脚，从而影响资本市场的稳定健康发展。

周主席的话，不知道尚主席以为然否。

（2008 年 9 月 6 日）

解铃还需系铃人

某种意义上讲，中石油的上市扮演了此轮牛市终结者的角色，48.60元的开盘价既是泡沫的产物，同时也是刺破泡沫的利刃，没有中石油的暴跌，恐怕这轮的调整也不会这么惨烈，这么急剧。

现在的问题是，空间能否换来时间，中石油何时能扮演熊市终结者的角色。

中石油是2007年11月5日正式挂牌上市的。开盘之前，水皮杂谈刊发了“中石油是馅饼还是陷阱?”的文章，提醒投资者两点，一是中石油的开盘估计会开在50元附近；二是中石油的开盘价会成为历史天价，奉劝各位要像远离毒品一样远离中石油。

但是，实话实说，尽管水皮坚决看空中石油，彼时彼刻也没有想到中石油能跌到10.60元这个价位，更没想到随着中石油的下跌，中石油对于指数的影响不但没有减弱反而更加突出，甚至再一次成为空军的战略力量，在摧毁2245防线的时候起到了决定性的作用。早知如此，我们就不会对指数的调整有幻想，也不会对救市的效果有幻想，更不会对所谓的慢牛有幻想。

管中窥豹。

中石油的走势反映的不仅是中国股市的走势，同时也是中国宏观经济的走势。

中石油上市之初，国际原油价格是90美元，在原油价格一路上涨到147美元的过程中，中石油从48.60元一路跌到15元整。此后，国际原油价格从147美元跌到现在的100美元，中石油的价格又从15元一路“跌跌不休”到10.60元。

为什么国际原油价格涨，中石油跌，国际原油价格跌，中石油还跌呢？难道中石油就这么贱，活该跌吗？中石油难道以前不是大家追捧的亚洲最挣钱的公司吗？或者中石油已经成为垃圾股？

中石油其实是在为我们的改革付学费，为我们走计划经济的回头路付学费，为我们错判国际国内经济形势应对失措付学费。

所谓的改革的学费，在于原油价格和国际接轨而成品油价格管制的双轨制。这种错位在原油价格偏低的情况下，中石油和中石化这样的企业会拥有垄断暴利，而当原油价格暴涨超越了成本的时候，中石油和中石化这样的企业就只剩下亏损的预期。事实上，在中石油上市之后到原油价格上涨到139元的6月，中国的成品油价格一次价也没有涨，中石油和中石化成为管理层控制CPI上涨的牺牲品，某种程度上讲，也是我们现行体制下反通胀的必然代价。

价格不能反映供需，也就不能发挥作用。生产要素的改革已经成为妨碍中国经济下一步健康发展的关键。成品油管制是如此，电价管制也是如此，结果能源板块和电力板块在上市公司业绩普遍增长40%的背景下居然进入亏损的行列，指数又如何能止跌回升？这恐怕就是我们的领导所说的经济生活中的深层次的矛盾。换句话讲，中石油盈利未必会推动指数反转，但是不盈利是万万不行的，成品油价格管制放开未必会产生牛市，但是不改革也是万万不行的。股市目前的走势就是一种人们对于客观经济预期的反映。

对于中石油而言，现在有一个好消息，一个坏消息。

好消息是原油价格暴跌，跌破100美元是必须的，而原油跌到90美元以内，中石油就会有盈利的预期。油价跌得越快，成品油放开也就越近，中石油的长期盈利就有保证。

坏消息是中石油的A股价格相对H股还有30%的溢价，尽管这种溢价已经被大大压缩，但是在金融股普遍倒挂的情况下，中石油的A股要摆脱弱势就需要时间，没有外力刺激的话，甚至还有下行的空间。

解铃还需系铃人。

上证指数过去、现在、将来都要看中石油的脸色，这一点管理层不可不察。

（2008年9月13日）

救市的根本在“二次股改”

“我们能够生活在这个时代是我们的幸运。”说这话的人在荷兰银行的北京分行担任零售总监，一个地地道道的海归；说这话的时候，上证指数正在1800点附近探头探脑，“9·18”的中午，我们在万达索菲特一起吃西餐。

为什么是我们的幸运？

因为在他看来，一年之中能看到上证指数从6124点飞流直下到1800点的情景在此生此世恐怕不会再看到第二次，人生能经历如此巨大的起伏不是幸运又是什么？

类似的话一年之前水皮也曾听朋友有过感慨，从998点到6124点的行情人生百年不会超过三次，对于四十而不惑的老男人而言，这样的行情再赶不上第二次。

但是，世事难料。

一年前的感慨和一年后的感慨又有多少人能够想到呢？

虽然都是幸运，但是此幸运和彼幸运滋味不同，意味也不同。如果可能，我们宁可放弃998点到6124点的幸运来交换从6124点到1800点的幸运。毕竟，这样的幸运对国家、社会、人民的伤害太大太大。

9月17日的晚上，水皮把最近两年上市的银行股都整理了一下，结果发现除工商银行外，不但跌破开盘价，而且都跌破了发行价。

9月19日上市一周年的北京银行当天收盘价是6.68元，而当初的发行价是12.50元，开盘价是23.00元。而比北京银行上市早两个月的南京银行和宁波银行一个收盘7.65元，一个收盘6.42元，南京银行的发行价是11.00元，开盘价是19.20元，宁波银行的发行价是9.20元，开盘价则是20.38元。9月25日上市满一周年的建设银行的收盘价是3.83元，发行价则是6.45元，开盘价是8.55元。2007年5月15日上市的交通银行，发行价是7.90元，开盘价是14.20元，而同年4月27日上市的中信银行收盘价则是4.20元，发行价则是5.80元，开盘价为9.21元，兴业银行的收盘价是13.85元，发行价则是15.88元，开盘价为24.80元。上市已经两年的中国银行收盘价为2.97元，发行价为3.00元，开盘价则为3.99元。上市不到两年的工商银行收盘价则为3.42元，离发行价3.12元尚有一段距离。而距开盘价3.40元则只有两分的距离，即便这点例外也在第二天被暴跌所击破。

9月16日和17日连续两日银行股板块的集体跌停是中国股市有史以来前所未有的现象，即便在恶心的“5·30”也没有出现过。雷曼兄弟的破产不能不说有影响，但是影响再大也就是几分钱的问题，根本不至于如此夸张。在水皮看来，银行股的集体雪崩更像市场对于政府的绝望。因为在这个市场里，再没有哪个板块的国有股能够超越银行集中度，而如果当国有商业银行的国有股股东都对自己跌进发行价的状况无动于衷的时候，普通的投资者又可以相信谁，依靠谁，不放弃不抛弃又有多大的意义？谁能说中国的国有商业银行没有中国政府的信用担保？

中国市场缺钱吗？美联储联合欧洲央行、日本央行注资3000亿美元全力救市的当天，中国的央行通过市场操作收回的资金高达1800亿，这种所谓的逆势操作不但对冲了下降存款保证金释放的资金量，更让投资者产生了强烈的错觉，上证指数不暴跌还有别的选择吗？

实话实说，中国资本市场的管理层的所作所为让人心寒齿冷，而对长达近11个月的恶性暴跌，要么装聋作哑，要么指鹿为马，要么推三阻四，要么光说不练，口口声声以保护投资者利益为重中之重，却坐观人民财产灰飞烟灭。当初那个在股改中为流通股争取对价而不惜和国资委相左的可爱的管理层如今已经成为自己一手推进的股改的掘墓人和大小非的代言人。我们至今不明白，为什么大股东不能随便增持，但是大小非却可以随地大小便？

财政部印花税单边开征，国资委要求大股东增持股份，汇金公司公开回购中建工商，中国政府的救市力度和美国政府相比并不逊色，遗憾的是我们却没有看到中国证监会关于大小非的解决方案，“二次发售”的细则如此难产令人匪夷所思，而大小非问题一日无解，中国股市则无宁日。

中国股市今非昔比，投资账户已高达1亿以上，资本市场和宏观经济更是息息相关，股民的资产就是人民的财产，所以稳定股市就是稳定社会，政府救市就是强化国家认同，这不仅是经济问题，更是一个政治问题。

“一次股改”给予大小非全流通的权力，“二次股改”要解决的是大小非的有序流通，同样要靠制度安排，要有法律约束，谁也没有绝对的自由，没有义务和没有责任的权利。“二次股改”并不是开倒车，走回头路，更不是否定一次股改，而是真正的救市，拯救投资者的信心。

（2008年9月20日）

中国何时能做美元的主？

“正如第一次世界大战吹散了一个由欧洲帝国支配的世界，过去九天金融市场的疯狂可能也标志着以美国为首的发达国家经济失去对世界经济及未来的控制权。这场危机正让华尔街的力量按中国喜欢的方式转移。”

9月22日，英国的《每日邮报》发出的报道题目是“中国开始统治世界的这一周”。

“全世界都感到了金融危机的强烈震动。英国、美国、澳大利亚、新西兰、爱尔兰和其他国家已经嗜债成瘾”。这些钱通常由同样的国家借出，如卖给我们产品的中国。有人批评说，现在的盎格鲁—撒克逊经济体已经成为放荡的贵族，只有当裁缝愿意提供信贷时，他们才能穿上光鲜亮丽的衣服，但在某些时刻，裁缝们要求获得现金。最后，由于我们欠下这么多钱，权力开始从我们手中滑向我们的债权人。

几乎是同时，中国的国家主席胡锦涛应美国总统布什之约通电话，两国的元首电话交谈的内容正是如何稳定美国的金融市场，胡锦涛表示希望能够立竿见影，而此前，中国的总理已经数次对来访的美国财政部长保尔森表示中国愿意和美国联手稳定市场。

与此形成鲜明对照的是，德国财政部长施泰因布吕克与西方七国集团财政部长和中央银行行长电话磋商后表示，西方七国集团其他成员拒绝参与美国的金融救援计划，这一表示对美国政府的7000亿美元救援计划可以说是兜头一盆冷水。

西方七国和美国的渊源与中国相比要深远得多，为什么大难当头之际，却是中国挺身而出呢？

雷曼兄弟破产之后，大家发现，不少中国银行都拥有雷曼兄弟的债券，最多的近2亿美元，少的也有3000万美元，尽管不可能颗粒无收，但是损失也算惨重，而更惨的是银行的理财产品，由于和雷曼挂钩，的确有全军覆灭之忧。

据美国财政部数据，中国持有的美国债券总数达9220亿美元，仅次于日本的11970亿美元。在机构债中中国排名第一，两房发行或担保的债券占总额的40%左右，从2002年到2008年5月的6年时间，中日对美长期机构债的持有跳升7倍，达4380亿，占中日外汇储备的24.4%，占外国持有美国机构债总额的29.5%。从2007年8月次贷危机发生后到2008年5月的10个月中，中国的机构债不但没有减少，净购数反达590亿美元，比购买美国国债的240.7亿美元两倍还多。

中国持有如此多的债券，一方面成为套中人，一方面其实又是债主，所以美国宣布救助两房，中国首先表态欢迎。作为美国的机构债最大的持有人，中国现在不可能清空手中的债券，因为大幅抛售必然造成价格大跌，同时也没有人接盘，更会被美国人认为落井下石，损人不利己。中美两国其实在金融危机中的利益是一致的。某种意义上说，中国政府的支持是美国政府必须的，比西方七国更重要。

特别有意思的是，此轮由次贷引发的金融危机最早爆仓的银行其实并不在美国，而恰恰是购买了大批美国债券的欧洲银行，现在好不容易相对稳定，他们即便想帮美国老大也是有心无力，更不用说自己都惊魂未定了。

中国帮美国，说到底，也是帮自己。

9月25日，香港出版的《南华早报》报道中国的银行已经停止向美国的同行拆借，当天导致美国国债下跌8%，晚上中国银监会就发布澄清声明，表示从没向中国的银行下过此类指令，保留追究造谣者法律责任的权利。光大集团的董事长唐双宁对此的认识比较透彻，虽然这场全球危机可能比我们想象的要严重，但是并不是制度的崩溃，而是一次调整，对于中国来说可能是历次金融危机中对中国影响最大的一次，前期由于中国经济形势好，金融的国际参与度还不够，所以目前时点看影响还不大，但也不能大意。他的政策建议是冷静观察，多手预案，及时调整，化害为利。具体而言，清理损失，完善货币政策，加大财政支持稳定物价，设立平准基金稳定股市，在有把握的情况下，反向操作，入主华尔街。

美国200年太顺，客观规律就要调整，唐双宁的判断是有道理的，政策建议，尤其是择机进入华尔街的建议更是有胆识的，体现大事当前，以我为主的大局观。

美国的危机，为什么不能成为中国的良机呢？

想一想历史，美国又是如何成为帝国的？还不是两次世界大战之后，才成为世界上最大的债权国的？现在的中国和美国当初不是一样吗？

巨额的美元外汇储备，巨额的美国债券在握，如果一味看别人眼色，那就是美元的奴隶，而如果反客为主，那就可能成为美元的主人。

1998年东南亚金融风暴的时候，亚洲货币全面贬值，中国的人民币借机贬值也无可厚非，但是中国没有这么做，没有趁火打劫，中国人民币的坚挺成为东南亚的依靠，中国虽然付出了一些小的牺牲，但是却赢得了东盟各国的尊敬，中国由此确立了负责任地区大国的形象，中国政府当初的做法至今令人津津乐道。

2008年美国的金融危机何时才能结束，谁也不知道。但是中国政府在其中的作为同样显示了一个负责任的全球大国的气度，不为一时之利而取舍，尽显当年的风范。可以预计，随着美国危机摊牌、洗牌的结果，中国政府将会在未来的世界金融格局重构中取得越来越大的话语权和主导权。

三十年河东，三十年河西。

水皮曾在2007年的年度报告中提出2008年的主题可以用伟大的博弈来概括，也许再过30年，我们蓦然回首，发现中美两国的换位拐点就是2008年。

（2008年9月27日）

天将降大任于斯人也

2008年的10月，对于全球的投资者来讲都是噩梦开始的一个月，在过去的短短十天中，道琼斯指数居然连续八天，指数整整跌去2966点，最大跌幅达27%，而隔海观火的欧洲市场更是惨不忍睹，英国、法国、德国的指数动辄就是9%左右的跌幅，俄罗斯更是创纪录地泻下19%的最大单日跌幅，普京一气之下索性停市两天。

这恐怕是人类有史以来最大的金融崩溃，不是一个华尔街，也不是一个金融城，而是全球；这恐怕也是人类有史以来最大的信用崩溃，可怜的美国人即便在议会通过7000亿美元的救市方案后也是慌不择路，即便在全球七大央行联手降息的刺激下也惊魂不定；什么叫崩溃？这就是崩溃，什么都不敢相信，政府、银行、机构，甚至于自己，不敢相信过了今天还有明天，熬过现在还有未来。

幸亏有黄金周，否则，恐怕包括水皮在内的中国投资者也就不会有这样的闲情逸致，也不会如此从容镇定。帝国的金融大厦就在我们的面前轰然倒塌，这样的冲击犹如我们当年目睹“9·11”的场景，很长一段时间之后，我们才会意识到这是一场灾难，对于人类社会的影响比任何战争都有过之而无不及，因为这让我们怀疑，人类社会的金融体系还能不能存续下去，资本市场还是不是一个有效的市场。

如果美国的市场就此完蛋，中国的市场能独善其身吗？

这就是悲剧，把信心崩毁给你看，把信心撕裂给你看，把今天打碎给明天看。

磨炼你的神经，考验你的极限。

温家宝总理在美国说，信心比黄金货币更重要，但是目睹了五大投行的灰飞烟灭，目睹了房地美、房利美的破产，目睹了AIG的国有化，让美国人拥有生活在明天的信心又谈何容易。

拥有信心，才拥有未来。

环顾左右，也就是我们中国敢夸这个海口。

道理再简单不过。金融危机就是流动性不足的危机，全世界都缺钱，唯有中国不缺钱，全世界都流动性不足，只有中国流动性过剩。

但凡有点头脑的人都明白，美国政府救市的1万亿美元只有靠发国债，而想把国债卖出去也只有求助于中国。一来中国本来就是美国第二大债主，二来也只有中国才拥有近2万亿的外汇储备，只有中国才撑得动美国这艘大船。

当然，但凡有点头脑的人也都会反思，为什么世界上最不缺钱的中国，却成为今年以来跌幅最大的市场，究竟又是什么让我们对中国这个本土市场丧失了信心?！为什么全世界把救世主的希望寄托在我们身上的时候，我们的股市却要承受这般的股灾，人民的财富却要被如此的浩劫，谁该对此负点责，又有谁会为此而问点责?

假如我们在宏观调控上更多点预见性、针对性、灵活性，我们的货币政策也不至于被弗里德曼的货币供应假说所左右，迷失在通胀的困惑之中，近似偏执地在从紧的陷阱中越陷越深，葬送大好的发展机遇，更不至于在9月15日“双降”之时还一步三回头，降个息还只降贷款不降存款，降个准备金还只降小银行不降大银行，其结果导致银行板块整体跌停，救市的初衷换来的是砸盘的后果。

值得庆幸的是，美国愈演愈烈的危机和美国政府的努力正在对中国产生巨大的影响，正是这种外力的推动，我们终于看到9月18日中国政府的行动，国资委、财政部和汇金公司的联合出击，挽救了中国的股市、中国的股民。事实已经证明，救市就是救经济，中国股市稳定，经济预期才会好转，中国快速发展的预期不变，世界经济才有摆脱泥淖的未来的希望，中国政府救市何尝又不是在救世界经济，帮助美国救市首先应该做的就是振兴中国的股市，中国政府有能力做到这一点，也完全可以做到这一点。

更令人高兴的是，10月8日，中国的央行第一次彻底和自己的过去告别，在世界七大央行联合降息之前宣布了“双降”，同样是降息、降存款准备金率，这一次干净利索，终于向市场成功地传递了正确的信号，而在此之前开通的非金融企业中期票据发行更是为央企增持解决了融资的难题，实实在在地为中国股市做了一回贡献。

现在就看中国证监会的作为了。

大小非问题既然已经无法回避，为什么不能直面呢？一次股改的承诺如果有失公允影响到了市场的信心，为什么不能纠错呢？二次配售原则早在8月15日就宣布，为什么细则迟迟就出不来呢？让我们看看，我们究竟在等什么，要等多长时间。

（2008年10月11日）

中国式救市的细节魔鬼

魔鬼藏在细节中。

2008年的10月16日并不是一个值得大书特书的纪念日，但是由于一年前上证指数就在那一天创下了6124点的历史高点，更由于在一年的时间中指数居然会飞流直下4000多点，所以就成为媒体的一个话题，一个揭开中国千千万万股民心头之痛的话题。

其实，经历了股市暴跌之痛的并不仅仅是中国的股民，和我们同呼吸共命运的还有美国的股民同志们，因为一年前的10月11日，道琼斯同样是创下了历史性的高点14198点，而一年之后的指数同样是创下了这一轮调整的新低7884点，时间仅仅相隔一天。

美国人为什么没有中国人那么多愁善感呢？

一个很重要的原因是现在的美国尚在恐惧之中，更不能确认美国的金融危机能够就此结束，道琼斯的底部会迅速探明，而相比之下，至少这一个多月来，中国的市场尽管也有震荡，但是多多少少是受外围的影响，心态在某种程度而言更多的是迷惘而不是恐惧。

我们为什么不再感到恐惧？

因为9月18日，中国中央政府的举措已经表明，中国政府要勇敢地直面现实，承担起自己对于中国股市的责任，承担起恢复中国投资者对于政府的信心的责任，承担起稳定中国经济发展预期的责任。国资委出面鼓动央企增持，汇金出资稳定工、中、建三大银行的股价，印花税改单边征收，这三项措施并不见得力度有多大，但是是一种姿态，和有关部门上半年的冷漠和不作为形成鲜明的对比，正因为此，市场的反应也是热烈的，上证指数出现了两个涨停幅度的上涨。同样是从9月19日到10月16日，道琼斯指数是从11483点的平台直下至7884的低点，下跌幅度达到惊人的40%，而上证指数则基本走平。

这说明什么呢?

这说明在中国经济宏观面相对稳定而且宏观调控政策全面调整的背景下，在中国金融系统相对安全而且从紧的货币政策全面放松的背景下，在中国货币市场流动性相对过剩而且无处可去的背景下，中国股市的非理性暴跌是完全可以避免的，中国股市的灾难是三分天灾七分人祸，中国股市的问题不在投资者的不成熟而在管理层的认识不到位。当然，最直接的说明则是中央关于稳定经济，稳定金融，稳定资本市场的政策深得人心且行之有效。

在全球金融危机之中，中国首先要做的是保全自己，保证中国经济的增长，而不是什么好大喜功的国际救援或者抄底。一方面这是攘外必先安内的要求，另外一方面也符合中国发展中国家的定位，做好自己能做的工作，解决好中国资本市场的自身稳定，给国际社会的发展以希望，就是中国对全人类最大的贡献。

现在要不要救市的伪命题已经不需要再论证了，需要解决的则是操作细节。

一个非常严酷的现实是，目前的救市措施能不能保证资本市场的稳定，换句话讲能不能保证指数守住 1800 点?

悬。

从盘面已经可以发现，道指和全球暴涨之时，唯有中国指数下跌；而当道指暴跌之时，中国指数必然低开。这里面有外围市场不稳定的原因，也有中国市场近期没有暴跌的缘故。但是无论如何，信心并不充分，政府的救市措施显得相对保守，缺乏统筹，各自为战，事倍功半。

事实上，这是中石油一个人的战斗。

从 9 月 22 日宣布增持 6000 万股至今，只有中银国际北京宣外大街的营业部频频出现在榜首，投入的资金已经超过 16 亿，中石油的护盘是积极的，但却是孤独的。以 10 月 16 日为例，中石油护盘的每一次奋力拉升都会被措手不及的散户抛盘打回原形，上下的成交能相差 0.10 元，而此时此刻，同样对指数有决定意义的工商银行却在 4.00 元的价位上隔岸观火，毫无作为，坐视暴跌的形成，和当天港股尾盘的回升形成鲜明的对照，中石油和工商银行为什么不能协同一致呢?

汇金如果有季报因素的限制，中投难道不能帮一把吗？

水皮一直呼吁推平准基金，更呼吁以市场的手法操作救市，毕竟政府救市的钱也是股民的钱，好钢要用到刀刃上，好事还要有好办法才能办好。

（2008 年 10 月 18 日）

中国拉动GDP的药方

日本丰田公司的宫下彻先生有一个问题问了很多人找不到答案，他的问题是一年前的那么多钱都上哪里去了？

这个问题问得很好，好就好在很多人回答不出为什么。是的，为什么一年前股市在最高点的时候，人人都赚钱，而一年后股市崩盘之后又人人都赔钱。

水皮回答他，其实这个钱那个钱哪都没有去，也哪都没有少，而是我们大家的心情改变了，预期改变，所以同样的钱在我们的眼中就产生了巨大的哈哈镜效应，一会儿变得不可思议的巨大，一会儿又变得惊人恐怖的渺小。比如，同样是100元钱，在上证指数6124点的时候，你就敢把它当150元来盘算、消费，因为你的预期很好，预期你的投资会给你带来更多的收入，所以你不在乎透支；但是当上证指数跌到1800点的时候，你就只敢把它当做50元来盘算、消费。为什么？因为你的预期很糟糕，不是预期，而是现实的投资已经给你造成巨额的亏损，未来能不能回本谁也不敢说，所以你不但不敢透支，而且还要作出拨备以防不测。一个人这么做是相对理性的，而所有的人都这么做的话就是一种集体无意识，经济危机就是在这种信心从爆棚又到崩溃的演变中产生的。

20年前，美国的前总统里根就说过所谓经济一半是由信心构成的；20年后中国的总理温家宝说信心比黄金和货币更重要。一个美国总统，一个中国总理讲的道理都是一样的。

宫下听得似懂非懂，但是很高兴，很满意，很有收获感。

宫下和水皮的交流发生在上海F1赛场，丰田车队是参赛的车队之一。F1在中国已经举办过四届，这一届办得最热闹也最成功，现场的狂热出乎主办方的意料。但是尽管如此，F1的组委会还是在赛后宣布明年要压缩开支，厉行节约以应对全球性的金融危机。

F1 的决定无疑是正常的。但是同时也给我们出了一个难题。如果我们大家都选择收缩，都选择“过冬”的话，那么衰退就是不可避免的，通缩也是不可避免的。

2008 年 10 月 23 日，新华社出版的《参考消息》一版头条通栏标题是“中国经济减速让世界紧张”。报道引用英国《金融时报》的文章说中国经济的发展减速的消息也许会令北京感到不快，其实世界其他地区更不愿意看到这样的情况发生，而《华尔街日报》的文章则指出，中国蒸蒸日上的经济正在以高于大多数人预期的速度放缓，打击了人们关于中国需求会在发达国家陷入金融危机之际推动世界经济继续运转的希望。

一直从中国高速发展中受益的外国企业，包括德国的机床制造商、日本的建筑设备制造商和世界各地的原材料供应商都感到刺痛。加拿大的《环球邮报》则提出，如今的金融危机以准确无误的方式凸显了中国对全球所起的新作用，中国不仅受到危机的影响，而且还对结束危机肩负着重要责任。中国打喷嚏的时候，中国与加拿大一样要感冒，区别仅在于中国目前处于要开药方并且帮助建医院、接收患者的境地。中国最大的作用是保持经济引擎转动以增加国内和地区消费，以避免陷入衰退。

并非偶然的是，10 月 21 日，中国国家主席胡锦涛同美国总统布什再次通话，告诉这位美国总统，中国政府为应对这场金融危机采取了一系列重大的举措以稳定金融市场和资本市场，保持经济平稳较快增长势头，同时表示，中国政府将继续以对中国人民和各国人民负责的态度同国际社会密切合作，共同维护世界经济金融稳定。

水皮说过，1998 年的东南亚金融危机让中国确立了一个负责任的地区大国的形象，2008 年的全球金融危机会不会由此确立中国负责任的全球大国的形象呢？

答案是没有悬念的，因为这基本是历史发展的逻辑，社会发展的必然，没有选择，用东北人的话讲，必须的。

怎么让全世界从中国身上看到信心呢？

一个现象是 GDP 的增速拉起来。

一个现象是中国的股市涨起来。

GDP 的增速拉起来，需求才会跟上来。拉 GDP 靠外贸不行，靠内需太慢，立竿见影的还是投资，民间投资有心无力，政府投资首当其冲。当年罗斯福的套路，1998 年我们就用过，现在驾轻就熟，一试就灵。

但是，政府投资可以率先垂范，却不能包打天下，要启动民间投资，融资渠道就必须通畅，股市低迷就必须结束，否则连 IPO 都发不出，又谈何再融资？所以，从这个意义上讲，救市救的首先是企业，其次是经济，最后才是投资者，也是中国政府对中国人民和各国人民负责的应有之义。

（2008 年 10 月 25 日）

管理层为什么会逆势而动？

中央电视台的经济频道推出了一个直击华尔街的特别节目，原来只在晚上播，现在早上也有。晚上说的是道琼斯开盘指数，早上说的则是道琼斯的收盘指数，就像这场金融危机的现场直播版，即便作为一个中国人也是想躲都躲不过去。

但是看的节目多了，大家就发现一个怪现象，那就是如果道琼斯当天上午暴跌的话，中国股市一定也像亚太其他地区的股市一样跳空低开暴跌收场，但是如果道琼斯暴涨反弹的话却未必有中国股市什么事，甚至全世界的股市都在涨，中国的股市照样我行我素，坚持下跌不肯回头。

10 月 13 日的美国股市暴涨 936 点，涨幅达 11.08%，当天东京股指暴涨 1169 点，涨幅为 14.13%；恒生指数则在前日暴涨 1516 点的基础上又暴涨 521 点，两天涨幅达 15%，上证 A 股却跳空 66 点开盘，以跌 66 点收盘，跌幅达 3%；10 月 28 日，道琼斯指数大涨 889 点，涨幅达 10.88%，东京股市在前天暴涨 459 点的基础上又大涨 539 点，两天涨幅达 14%，恒生指数亦在前日大涨 1580 点，涨幅达 14.34% 的基础上又冲高 711 点，最后上涨 106 点，而上证指数却只跳空 14 个点，最后却暴跌 52 个点，跌幅达到 2.94%；10 月 31 日，道琼斯指数前夜再涨 189 点，涨幅 2.11%，这一次却是亚太股市一起不跟涨，日经指数跌 5%，恒指跌 4%，上证指数跌去 35.57 点，跌幅达到 2.02%。

这种现象说明什么问题？

说明 A 股的问题和国际市场有关又没关，美国的金融危机是一个因素却不是决定因素，A 股疲弱到今天的状态，病根还在 A 股本身，任何一个有正常思维和理性的人都不好意思把美国华尔街当成中国股市崩盘的罪魁祸首，正如中国经济的基本面是健康的一样，任何一个有责任心和羞耻感的人都不好意思把中国的股市当做中国经济的晴雨表。

人有病，天知否？

讳疾忌医究竟要到什么时候，难道真的要像传说中的和大小非成本自然接轨？管理层作茧自缚又要到什么时候？以股改承诺自欺欺人而坐视市场的崩溃不是本末倒置又是什么？

大小非的问题一天不化解，中国股市的探底之路就一天走不完，即便美国的金融危机都化解了，全世界的股市都回升了，中国股市的好日子也遥遥无期。

当然中国股市的怪现象并不仅此一例。

10 月 19 日，中国证监会发表澄清声明，表明并没有停止包括城商行在内的三类企业的 IPO；10 月 22 日，华夏银行公告定向增发 7.9 亿股股份，发行价为每股 14.62 元，而华夏银行的市场价连 7 元都不到；10 月 24 日，济南钢铁宣布公开增发 3.8 亿股，发行价 5.24 元，而济钢的收盘价只有 5.07 元。

股市跌成今天的地步，融资和再融资功能就基本丧失了，IPO 发不成也是很正常的事情，但是为什么会出现这种怪现象呢？又是谁在不惜血本营造这种虚假繁荣呢？

其实换位思考的话，很多矛盾才能找到答案。

对于政府，尤其是中国政府来说，股市的首要功能是什么？是投资吗？不是，那是投资者的认识，股市的功能在政府的眼中过去是，现在是，今后也必将是融资与再融资。所以，在投资者看来不得了的暴跌，在管理层眼中不过是几根曲线的上下而已，既没有切身感受，又没有利益的纠纷，更没有利害的关系。

但是，如果股市的暴跌影响到了企业的融资和再融资，影响了国内消费市场的预期，情况就发生了变化，这个时候，政府救市就是救企业，救消费，救经济，才会有人真正把救市当回事，也才有真金白银的投入甚至问责。

显而易见，此时此刻的再融资并不那么简单，皮裤套棉裤，其中必然有缘故。

问题在于，大小非的减持不但摧毁了整个市场的估值体系，破坏了稳定的发展预期，而且吞噬的资金量也是巨大的，现有的市场存量根本消化不了，新股和增发就更不值一提。事实上，不是别的，正是大小非不计成本的抛售可能堵死了融资和再融资的渠道与通路。大小非的问题绝不仅仅是大小股东的利益公平与否的问题，更不是什么政府承诺的问题，而是实实在在的分流资本市场的资金的问题，是分配社会资源严重不公的问题，坑害的不仅是投资者，更是政府。

华夏银行可以牺牲一次，济南钢铁也可以牺牲一次，但是能让所有的投资者都闭上眼睛吗？又能让多少领导解除烦恼呢？

（2008 年 11 月 1 日）

第四章　牛市上半场

（2008 年 11 月～　）

底在我们每一个人的心里

底在哪里？

“华山论剑”的主持人问到场的嘉宾，结果可想而知，没有一个人敢于言底，水皮的回答则是什么时候政府想要解决股市的问题了，那么底也就出现了。

这个时候，是什么时候呢？

这个时候，现在看来也就是个随时随刻的时候。

有人说不见得，政府若想救市就能救的话，那么怎么看熊市中的三个政策底都像纸糊的一样呢？2990 点是不是政策底，结果怎么样，不是破了吗？2500 点是不是政策底，结果又怎么样，不也破了吗？1802 点是不是政策底，结果还不是照破不误？现在的市场已经到了政策发挥不了作用的地步，没有真金白银，想救也救不起来。

这的确是事实，但是不能说明问题。

大家都知道，资本市场交易的本质实际上是预期，有信心才有预期，没信心就没有预期，换句话讲，我们交易的实际上是对信心的判断。此前的政府救市或是调整印花税，或是鼓励大股东增持，出发点也是希望能够为市场注入信心，但是都回避了市场下跌的要害，那就是大小非问题。

水皮一再强调，大小非其实是“鬼故事”。我们这个世界上本来没有鬼，人吓人吓死人。大小非也是如此，大非减持的可能性是相当小的，否则国资委就不会号召大股东增持，但是可能性小不等于不可能，从心理上讲反而形成了一个“鬼”情结，这才是市场的不确定性，也是我们这个市场没有信心的根本，因为大非减持这个可能性不大的小概率事件毕竟是有可能发生的，更可怕的是，一般的投资者并不确定这种小概率事件何时才会发生，会不会发生在自己的头上，最近海通证券股票的连续跌停就是一个最好的证明。

政府救市首先要打“鬼”。

否则，或者事倍功半，或者前功尽弃。

中石油护盘又怎么样，套牢中石油的大股东；汇金出工不出力又怎么样，事实证明如果盲目托盘赔的只会更多；即便平准基金真的进场，无非也是替大小非接盘而已，区区3000亿又能托几天？

所以，大小非问题是中国特色的股市问题，是中国股市转轨的制度性缺陷，大小非的本质是社会分配不公的体现，这是中国政府必须正视的现实。事实上，大小非这个问题得不到规范解决，不仅败坏政府信用，洗劫投资者财富，大小非本身的合法利益也遭受伤害，想减持根本减不出合理的价位，在破净现象面前，在产业资本大举收购同行股权面前，在估值体系崩溃面前，包括大小非在内的所有利益攸关方，满盘皆输。在法律上有一个名词叫情势变更，管理层应该好好消化一下这个概念，股改的承诺要遵守，但更要从实际出发加以完善和调整，否则活人岂不被尿憋死?!

平准基金要不要？要，但平准基金是维护市场稳定的资金，不是专门用于向大小非利益输送的基金。

解决大小非的问题并不会要谁的命。证监会早在8月15日就已经提出了一个二次配售的方案。应该讲已经找到了路径，尽快出台细则就是当务之急，这是其一；此前，证监会也好，国资委也好，鼓励的都是大股东延长减持的时间或者现阶段的增持，其实完全可以倡导另一种范式，大股东自愿承诺减持的价格，以价格锁定替代时间锁定才能给大家良好预期，至少减持价格不能低于发行价。

底在哪里？

底在每一个人的心里。指数跌破3500点之后，水皮就不敢轻易言底。11月4日，水皮把他账户上的最后一点资金全部换成了股票，而此前9月18日买入的股票又回到了买入的价位，或许这不是市场最后的底，但是却是水皮心中的底。

需要提醒大家的是，道琼斯指数11月5日和11月6日连续两天暴跌超过10%，而一向跟跌不跟涨的A股却一反常态，两天均出现低开高走的态势，周五更是上涨了1.75%，带动港股上涨了3.29%，强势特征开始显露。

特别值得一提的是，中国移动就在这个月开始推出手机炒股的模拟大赛，如果你不敢真买，难道还不敢假买吗？如果你真赔都不怕，难道还怕虚亏吗？拿起手机参与一下吧。就当为中国股市输入一点人气，为自己挣回一份勇气，让我们看看中国移动的手机大赛能够给中国股市带来多少喜气，说不定底就在其中呢！

（2008 年 11 月 8 日）

关键要激活民间投资

中国总理温家宝和美国财政部长保尔森在过去一周的表现直接导致了中美两国资本市场的不同反映，而结果只能是一个，那就是在20国领导人举行世界金融峰会之际，中国显示出了真正救“世”主的本色。

11月10日，中国国务院召集省区市和国务院部门主要负责同志会议，温家宝讲话提出，贯彻落实中央扩大内需促进经济增长的十条措施总的要求是“出手要快，出拳要重，措施要准，工作要实”。所谓“快”就是要迅速出手，争分夺秒，不可贻误时机；所谓“重”就是要实施坚决有力的措施，从根本上扭转经济增速过快下滑的趋势；所谓“准”就要抓住关键，突出重点，能起到立竿见影；所谓“实”，就是要抓好落实。

在水皮的印象中，温家宝总理的做事风格和他的形象是一致的，温文尔雅，有条不紊，从他的嘴里听到“准”、“实”这样的字眼是正常的，而“快”和“重”这样的字眼多少有点异乎寻常。

这说明什么？

说明我们的总理是真的着急上火了。

其实温总理不仅是这么说的，也是这么做的。在过去的一个月中，仅国务院研究经济问题的常务会就召开了四次。

10月7日，温总理召集国务院常务会提出“一保一控”，以“保”为先；10月21日，国务院常务会核准一大批基建项目，明确扩大投资防止经济滑坡；11月5日，国务院常务会第一次将“保”增长改为“促”增长，宣布10年来最具震撼力的4万亿经济刺激计划；11月12日，就是温总理讲话的第二天，国务院再次召开常务会推出首批5000亿的投资计划。

中国政府的经济刺激计划在全球范围内引起广泛的反响，中国股市不用讲了，11 月 10 日当天就作出了涨幅超过 7% 的强劲反弹，而全球股市也因此全线飘红，道琼斯和标准普尔 500 的指数都超过 2%；英国金融时报的涨幅达 0.89%；德国法兰克福 DAX 指数上涨了 1.76%；日经指数上涨 498 点，涨幅 5.81%；恒生指数更是大涨 4.13%。

与温总理的讲话形成鲜明对照的是美国财政部长保尔森的讲话，11 月 12 日，保尔森突然宣布，美国不再动用 7000 亿美元救市基金收购银行的“有毒”资产，美国政府救市政策出现了 180 度的大转弯，后果是严重的，道琼斯狂泻 4.73%，东京股市也紧跟下跌 5.25%，悉尼股市下跌 5.9%，创出 4 年新低，恒生指数亦不能幸免跟跌 5.15%。

美国的救市计划在英文中一直被叫做 bailout，意思就是“救援”，而中国的经济刺激计划被美国人翻作 stimulus，直接就是“刺激”。救援和刺激的不同含义已经说明了中美两国的经济状态，美国人是救命，中国人则是强体，全世界的投资者于是就发现了一个久违的现象，中国股市居然摆脱了美国的影响，走出了独立的上升行情，在全球股市动荡的这一周，中国股市居然出现了超过 10% 的涨幅。

这是必然，也是偶然。

说必然，股市毕竟是经济的晴雨表。中国经济的问题不是欧美式的衰退而是增速的减缓，与美欧最大的不同是，欧美的金融危机源于流动性不足，而中国经济的减速却是发生在流动性过剩。

在从紧货币政策执行不当的背景下，一旦中国政府的货币政策调整到宽松，那么内在的增长活力就会被充分释放，中国巨大的内需市场就是中国经济继续高速增长的本钱。

说偶然，中国股市的下跌至今没有引起管理层足够的重视，没有意识到中国经济预期的下滑亦是中国资本市场陷入恶性暴跌的必然反映。从指数的角度讲，中美股市几乎同时见顶，时间相隔不过五天，但是我们能接受美国股市暴跌冲击实体经济，造成欧美衰退的逻辑，反过来却认为中国实体经济不行了才导致中国股市的下跌，甚至有的所谓海归经济学家振振有词地说，中国经济没问题我们为什么要救市？

在影响中国经济的三大因素中，内需并没有恶化，全社会商品零售总额的增长一直保持在20%左右，消费没有整体下滑；外贸出口1—10月份名义增长在20%，8、9、10三个月的外贸顺差一直在创新高，下滑更多的是一种预期，真正发生恶化的只有投资。

由于从紧的货币政策和资本市场丧失融资功能，企业的投资能力下降，股市暴跌造成居民大宗消费预期下降，房地产市场萎缩，结果上游产业原材料需求紧缩，企业想融资融不了，想投资不敢投，经济下滑就不能幸免。

4万亿相对于中国经济一年14万亿固定资产的投资规模而言是有数的，真正的大头是来自企业的民间投资，这才是根本。从这个角度讲，不振兴中国股市，经济刺激的效果就会大打折扣。

（2008年11月15日）

讲政治比什么都重要

水皮第一次提出“5·19行情”会重演的时间是2008年的7月25日，当时上证指数已经跌破了管理层第一次救市的底线3000点，正在2850点附近徘徊，根据2008年和1998年的对比，水皮认为最早在2008年底最迟在2009年的上半年，中国股市会再一次重演“5·19”行情。

什么叫“5·19”行情？

简单地说就是人为导演的政策行情。1998年的中国股市和2008年有惊人的相似之处，同样在前一年创出历史新高，同样在当年陷入调整，同样是天灾人祸，同样是急需刺激内需，当然更同样的是外忧内困，都有金融危机的冲击，都有企业解贫脱困的要求。有如此多的同样，宏观政策早晚会拷贝1998年的新政，而作为宏观调控的反映，股市也同样会作出“不可理喻”的行情。

但是，说实话，但是还是来得有点突然。

突然之一是时间。11月7日温总理主持国务院常务会，11月10日晚间新闻联播发布4万亿经济刺激计划。11月11日国务院召开全国省区市中央部委主要负责同志会议落实指标，这个时间显然要比我们预计的要早，原来我们认为怎么样也会等到中央经济工作会议之后，而现在的提前，多少有点打破常规，时不我待的意味，而赶在G20全球金融峰会之前，更说明我们现在已经由对美国的观察、由谋定而后动变为了以我为主的先发制人，换句话说，策略也变了。

突然之二是力度。伴随4万亿计划公布的措施有十条，而货币政策则从从紧跨越了稳健一步到达适度宽松的阶段。更重要的4万亿则是中央投资的一个导火索，地方政府的配套资金远在四倍之上，条件成熟的要上，条件不成熟的创造条件也要上。中央政府和地方政府这么多年难得取得如此高度的共识，产生如此大的合力。从各省省长的表态可以看出，中央的决议是讲到了这些省长的心坎里。

突然之三是强度。如果说地方政府的表态多少有点欣喜若狂的话，那么中央部委的表态更多的就是讲政治。主管货币政策的央行一个月前还在念念不忘通胀但是马上推出六条措施，而保监会则提出四条措施，其中更有投资股市发挥长期资金作用的表述，银监会也有鼓励并购的相应政策，工信部则有十条措施，甚至连人力资源和社会保障部都提出暂缓企业最低工资标准的提高，更不用说财政部的增值税转型，商务部的出口退税等等，估计证监会也会有相应的措施出台。

这些突然都说明，2008 年的经济刺激计划远比 1998 年的规模要大，力度要强，正如温总理所提的“快、重、准、实”，同时要传递市场的信号要比当时不知强烈多少倍。

这种做法只有中国政府才会使用，也只有中国政府才能用出成效。

对股市而言，影响的政策层次是不同的。具体的股市政策能影响股市的短期涨跌，而相对抽象的宏观政策则能影响股市的长期趋势，而当进入讲政治的层面时，不管是宏观政策还是股市政策都要服从政治的需要。也就是说，大家可以不相信证监会，但是不能不相信国务院，否则就是自己和自己过不去。

美国股市暴跌两天，从 8424 点直下到 7552 点，中国股市难免会受到影响，但是不会改变趋势，行情总是在犹豫中发展的，外围的调整从某种程度上讲或许是好事，因为可以让市场的分歧充分暴露、交锋，从而达到平衡。更何况美国现在有美国特殊的情况，总统要轮岗，诸事没人管，所以跌归跌，无论是东京还是香港的股市也都没有跟着创新低。关键在于中国政府的决策对头，中国股市就会率先走出低迷的市况。

反复是必须的。

不过，当你判断不清形势的时候，还是谨记一句话，不要自以为是，自作聪明，听党的话跟党走，在中国，讲政治比什么都重要。

（2008 年 11 月 22 日）

流动性就像一条河

光大集团的董事长唐双宁不但是个银行家，还是个书法家，文章也写得相当的不错。两年前他写过一篇散文，题目叫“金融如水”，文章并不长，但是写得既行云流水，又荡气回肠，给水皮留下深刻的印象，现在回过头看那篇东西，感觉又有一番滋味在心头。

的确，流动性就像一条河，而水能载舟，亦能覆舟。流动性过剩就如洪水泛滥，而流动性不足足以让经济这艘大船搁浅甚至沉入河淤而不能自拔。谁又能想到，2007 年我们还在为流动性过剩犯愁，而 2008 年的现在，我们又要为流动性的不足而为难。抽水容易，输水就没那么容易了。

央行大幅度降息之后，很多人说幅度之大历史罕见，没想到。而在水皮看来，这样的降息说大不大，说小不小。说大，是和从紧货币政策下的操作手法比的，因为我们已经习惯了渐进式的微调。九月份以来的三次降息，每次幅度都不超过 0.27%，三次一共也才 0.81%，而这一次就是 1.08%，相当以往的四次。根据历史的资料，存款利息下降的幅度是 7 年以来的第一次，而贷款利息下调的幅度则为 11 年来的第一次；而论小，则是根据我们对中央适度宽松的货币政策的对照而言的，和宏观调控的起点利息相比，其实还有 1.08% 的空间，换句话说还可以降四次 0.27%。存款准备金率下调的空间就更大。2004 年 4 月 25 日时只有 7%，而 2007 年初亦只有 9%，现在即便下调之后也依然有 14%，下调的空间不是不大，而是很大。

坦率地讲，在中国政府公布 4 万亿经济刺激计划之后，并不是所有的人都对此抱有信心的，这并不奇怪，因为毕竟熊市思维一旦形成是很难在短期中逆转的，要求央行从从紧的阴影中走到宽松的阳光地带也需要时间适应。温总理在 11 月 11 日的国务院办公会上就指出“出手要快，出拳要重，措施要准，工作要实”，但是利息和准备金率的双降在半个月之后的11月26日才宣布，出拳的重是体现了，但是出手的快显然尚有提速的空间，所以也难怪许多机构投资者对此热情不高，宁可踏空也不肯进场，而即便在11月26日之后的反应也首先是逢高减磅。

股市究竟是靠什么涨起来的？

是靠政策吗？

是，又不是。因为政策可以导演一时的行情但是并不能改变趋势，真正决定股市涨跌的其实是与政策相伴而来的流动性。流动性就像一条股市的大河，上市公司就是这条大河上的船，注入流动性，水涨船高，抽掉流动性，水落石出。在一条干涸的大河里面注入流水，首先飘上来的不会是船，而是船边的垃圾。太行水泥为什么能涨十个涨停板？价格低是一方面，但是市盈率并不低，以目前的价格计算，市盈率已经60倍，在遍地十倍市盈率的市场为什么60倍的市盈率有如此的追捧，说白了现在的水量还有限，不足以撑起大船，伴随着流动性的不断注入，千舟竞帆只不过是一个时间问题。

没想到是不应该的，是怀疑红旗能打多久的观念在作怪，是抱住熊腰不肯撒手的观念在作怪，发展的逻辑告诉我们，伴随着中央经济工作会议的召开，会有更多的出乎意料又在情理之中的重拳出击，没想到的惊喜只是开始，而不是结束。

2007年中，水皮曾经发表过一篇杂谈，题目叫做“加息的过程就是牛市的过程”，从2006年4月28日开始，央行先后八次提高存贷款的利息，每一次股市都是上涨的。相对应的，央行今年以来三次降息，股市又都是下跌的，但是第四次降息的幅度相当于平常的四次，因此，某种程度上压缩了降息的过程就是压缩熊市的过程，于是我们看到第四次的股市表现尽管高开低走不尽如人意，但是毕竟上海最终还是涨了1%，深圳涨了2%还多，个股更是大面积上涨，这或许就是一个微妙的积极的信号。此时此刻，做空的风险在越来越大，而做多的机会却在悄然生长。

僵持的阶段到了。

（2008年11月29日）

为什么执迷不悟地乐观？

在北京飞哈尔滨的飞机上有一位水皮杂谈的读者，读杂谈至少两年以上，他有一个问题不解，水皮为什么执迷不悟地乐观？

乐观本来是水皮的人生理念，但是被人加上了执迷不悟这个定语，听上去总觉得别有滋味。很长一段时间，水皮在反思，为什么会给别人这样的印象。

反思的结果之一是水皮在牛市中发言比较多，给大家留下了“死多头”的深刻印象；

反思的结果之二是水皮在牛熊转换的初期一直抱着牛市的思维，以至于坚信 2008 年牛市不会结束；

反思的结果之三是水皮在熊市的暴跌过程中很少预言股市的调整幅度，更少在媒体上流露悲观的情绪，而是不厌其烦地鼓吹政府救市，并说出了“早救市，找主动，晚救市，找被动”这样的话。

但是，这并不代表水皮就没有悲观的时候。即便在相信牛市并没有结束的 2007 年底和 2008 年初，水皮亦在杂谈中反复讨论中石油对大盘的负面影响，指出“中石油的泡沫是典型的蓝筹泡沫，这个最大的泡沫的破灭对 A 股长期发展是利好，而对指数的短期走势却是拖累”。“中石油股价何时归位，上证指数何时重拾升途。”（2007 年 11 月 22 日），而在中石油上市的当日，水皮更是警告中石油的开盘价在 50 元附近，为历史天价，大家要像远离毒品一样远离中石油和中石化。

水皮的牛市思维真正开始动摇是在 2008 年的 1 月 21 日，这一天的杂谈题目叫“第二次‘5·30’的概率有多大？”其时尽管上证指数尚在 5200 点附近，但是 60% 的个股股价却在反弹中接近了 6000 点的高位，深成指更是和前期高点只有 500 点的差距，中小板指数更是创出新高。而“只要以中石油为代表的能源板块，以工商银行为代表的银行板块，以万科为代表的房地产板块，三个板块中任何一个下跌，都会对指数构成重大的杀伤，如果三个板块同时发力，就会形成指数意义上的暴跌”，“想避免八月的暴跌，就必须在此之前让市场降温，市场自己不降，管理层就人为地降”。2008 年 2 月 18 日，水皮杂谈发表“猴市特征为什么越来越明显”的文章，指出宏观经济不支持熊市，但融资取向不支持牛市，中国股市只有选择上蹿下跳的猴市。

当然，水皮再悲观也想象不到指数能从 6124 点暴跌到 1664 点，其间唯一预测过的点位是 3500 点，时间是 3 月 15 日，指数尚在 4000 点，在“6000 亿救市资金从何而来”的杂谈中指出指数会在 3500 点有强劲反弹。5 月 31 日，水皮杂谈再一次提及“3500 点是灾后重建的价值中枢”，提倡“战略上看多，战术上做空”，大涨大卖，小涨小卖，不涨不卖；大跌大买，小跌小买，不跌不买。

3500 点如果按照 2008 年的市盈率衡量的话，大致在 25 倍左右，这个点位也正是水皮在 2006 年底预测的 2007 年合理的估值点位，而当时文章的题目就是“水皮为什么会成为太空司令”，大意就是 3500 点以上才值得看空。

特别值得一提的是 8 月 11 日，水皮一句“股市跌到 2600 点的时候，我实在没法再写什么”在网上居然引来上万读者的留言，不少人表示，水皮无法再写了就让我们替他写下去。其实，这是一个误会，水皮的意思是指数破了 2600 点就已经没底了，因为信心已经完全崩溃了。此后，9 月 18 日指数打到 1802 点，10 月 28 日指数又被打到 1664 点。在这场由误会引起的网络炒作中，有一个跟帖给水皮留下了终身难忘的印象，跟帖的意思是，正是水皮不断呼吁救市给广大的投资者造成政府会有所作为的误导，从而在该割肉的时候没有割肉，该离场的时候没有离场，而机构投资者又利用这种市场善良的愿望作掩护大举出逃。坦率地讲，读了这样的留言，水皮无言以对。

2008 年的中国股市，如此大起大伏，恶性暴跌，三分天灾七分人祸，个中缘由又岂是一个牛熊可以解释的？说到底，股市反映的还是经济。作为一个老同志，水皮早就应该知道，货币政策决定股市的生命，从紧货币政策出台之日就是熊市开始之时，从紧货币政策一日不松口，股市一天不见底。

但是，乐观毕竟是天性。

7月26日，水皮杂谈发表“第二次‘5·19’行情会不会出现?”对比2008年和1998年的政治、经济、社会诸方面，提出历史会有惊人的相似之处。当时在许多演讲中，水皮一再提到的时间表是在2008年底和2009年初，现在依然如此，因为这一轮的调整，从空间上看足够，但是时间上不足，乐观的话会在年底，不乐观的话在明年初。

1664点是不是底其实并不重要，重要的是6月13日全国省区市和中央部门主要负责同志会议召开，宏观调控出现转向之后的半年，和6月13日之前的半年已经不可同日而语，尤其是在11月10日之后更是如此。伴随着4万亿经济刺激计划出台的是适度宽松的货币政策，这意味着被抽干的流动性又开始流回来了，资金不是流出而是流入了。货币政策的调整力度要超过水皮提出“第二次‘5·19’行情”猜想时的分析，毕竟从紧到宽松，中间隔着一个稳健的阶段。还需要提醒大家的是，千万不要低估中国政府振兴经济的魄力和能力，千万不要怀疑中国政府刺激经济的决心和信心，千万不要怀疑中国政府拉动经济的手段和措施，国务院最新推出的金融国九条就是一个最好的例证；其中“稳定股票市场运行”还是第一次出现在正式的官方表述之中，大家不可不察。

乐观，就是一种生活的态度。

（2008年12月4日）

油价就像冬天里的童话

如果不是一个投资者，恐怕没有人会相信世界真的就是平的，平到什么地步呢？平到美国的三大汽车厂商的命运能决定中国A股走势的地步。

2008年12月12日的中午，刚刚为上午探底回升的上证指数松了口气的投资者惊奇地发现，下午开盘之后的上证指数就如断了线的风筝一样直直地就栽了下来，一顿饭的工夫，发生了什么大不了的事情呢？

大不了的事情没有发生在中国，而是发生在美国，中午12点半不到，路透社的快讯就已经传遍了全球，美国参议院居然否决了众议院刚刚通过的拯救美国三大汽车厂商140亿美元的法案，7000亿金融拯救法案在议会反反复复的一幕再一次出现，比A股晚一小时结束上午交易的港股闻讯暴跌，日经指数更是一气暴挫了5%还多，A股午后的走势就是受这两个亚洲主要股市的影响。

为什么说这是大不了的事呢？因为不管是福特也好，克莱斯勒也好，通用也好，以目前社会已经形成的舆论来看，尤其是当选总统奥巴马的表态来看，是不太可能破产的，换句话讲，美国政府不可能坐视不管，否则奥巴马的经济振兴计划就成了一句空话，创造250万个新增工作岗位就成了玩笑。因此，三大汽车的救援计划无非又拷贝一回7000亿美元的遭遇，再一次让美式民主充分一回，这是讨价还价的需要，并不存在否决交易的可能。

汽车工业在美国的地位要远比在中国的地位重要，中国政府尚且有救助汽车行业的要求，更何况美国？

说起来，在2008年最痛苦的行业莫过于汽车工业。上半年，原油期货价格一路暴涨，从2007年中的50美元飙升到147美元，汽车工业一片哀鸣，油价的好消息成了汽车的坏消息，油价上涨已经重创了汽车一回；下半年，油价暴跌，但是次贷危机又演变成了金融危机，通缩又一次重创汽车销售。无论油价涨还是跌，汽车都是受害者，这在历史上也是第一次。

为什么会发生这种情况？

现在很多人的注意力都集中在金融危机对金融机构的冲击，抨击华尔街的贪污和缺德，其实在次贷危机发生之后的原油炒作导致的后遗症才是对实体经济真正的冲击点。

从油价的炒作路线可以看到，这一轮油价的起步始于2004年10月，当时油价第一次突破40美元，此后一路上涨，至2005年8月创出70美元新高，但是好景不长，在以后的两年中，油价反复下跌，最低跌至50美元。不早不晚，正是在次贷危机发生之后，原油期货开始了最后的疯狂，从50美元起步，9月突破80美元，10月突破90美元，2008年1月突破100美元，从此一发不可收拾，冲至147美元。油价的炒作其实是类似高盛这样的投行最后的盛宴，在这个过程中，高盛预测的油价神奇般地变现。在50美元预测100美元，在100美元预测150美元，当然，在150美元预测的200美元就是留给大家最后的幻觉，而参与炒作的投机资金则由130亿美元猛增20倍，达到2600亿美元，甚至在美国连养老基金这样的机构投资者也乐此不疲，进进出出。

原油炒作对全球经济的危害要比所谓的次贷危机大得多。次贷危机发生在美国，影响再大也是在金融机构，但是原油价格的影响却涉及方方面面，正是油价的过度炒作，带动了粮食价格的暴涨，不但导致了全球性的通胀，甚至在年初形成了人人自危的粮食危机，影响到发展中国家的人民的生存。很难想象，如果没有美国政府的强力干预，油价真被炒到200美元之后，世界将会怎样。根据水皮的资料，如果把世界当做一国，那么人类能够容忍的油价极限只有126美元，具体到主要的国家，美国的极限是160美元，日本是168美元，德国是172美元，英国是183美元，而我们中国的极限是99.5美元，印度只有62.6美元。

事实证明，泡沫就是泡沫。油价可以从四年前的40美元炒到147

美元，也可以从147美元在一年中重新打到40美元，而有意思的是，就在美国三大汽车救援遇挫的当天，原油价格一天暴涨10%重回48美元，油价会不会像世行预测的在2009年均价达到75美元，大家可以走着瞧。

（2008年12月13日）

改革才是救市的出路

这个世界果然是平的，油价也果然是冬天里的童话。

水皮在杂谈里说，美国参议院否决三大汽车厂商的救援法案并不是什么了不起的事。亚太股市的暴跌纯粹是自作多情。果不其然，道琼斯指数在当天开盘后不但没有下跌，反而还上涨了近70点，和中国的股市开了个不大不小的玩笑。

但是，中美股市不联动，中美的油价在相隔一周之后却紧密联动了一把。中国时间12月18日，美国纽约原油期货的交易价格暴跌8%，一度跌破40美元，中国政府在当天就宣布降低汽油零售价每升0.91元，柴油价每升1.08元，并且差不多在同时宣布自2009年1月1日起实施成品油税费改革，将价内征收的汽油消费税单位税额每升由0.2元提升到每升1元。两者相抵，汽油零售价等于每升降低了0.10元不到，但是一降一升之间完成了中国居民苦盼了整整14年的燃油税改革，表面上看，这只是一个取消养路费的问题，但是本质上，这却标志着成品油这个生产要素的改革取得了突破，太不容易了。

实话实说，正是因为在成品油价格市场化上的障碍，中国经济为此付出的代价堪称昂贵。

众所周知，2004年10月油价突破40美元之际，国际炒家炒作的就是中国"饿虎论"，中国的原油一半需进口，国际新增的原油消费一半由中国解决，中国的原油价格已经随行就市，但是中国的成品油管制却一直没有放开，不仅没有放开，伴随着管制的还有所谓的价格补贴。因此，价值规律在成品油这个市场交易品种上头根本没法体现。换句话讲，再高的价格因为有行政补贴，所以对需要根本不会产生抑制作用。正因如此，当原油价格由90美元上升到135美元时，我们国内的成品油居然八个月没有涨过价；也正因如此，当国际原油价格由

147美元暴跌至40美元时，我们国内的成品油价格也居然四个月没有降过价。

油价炒作的危害对于中国而言远远大于美国的金融危机。正是因为油价的上涨，导致原材料的价格暴涨，中国出现了输入性成本推动的结构性通胀，而这种伪通胀反过来又导致央行采取从紧的货币政策来解决所谓的“货币现象”，结果就导致了中国改革开放30年历史上从来没有出现过的宏观政策一年之中三次调整，由年初的“双防”到年中的“一保一控”再到年终的“双保”。生产要素的改革长期滞后会给宏观经济的发展造成如此大的麻烦，这恐怕是所有人都想不到的。

无独有偶的是，12月18日，正是中共中央纪念30年前的十一届三中全会的日子，胡锦涛总书记在报告中的一句话在资本市场上引起了强烈的共鸣，甚至有人把当天股市神奇的先抑后扬也归功于胡锦涛的这句话。

这句话为什么会如此受到大家的关注呢？因为这句话充满了活力和激情，充满了想象和理想，充满了期待和收获。

这就是“放手让一切劳动、知识、技术、管理、资本的活力竞相迸发，让一切创造社会财富的源泉充分涌流”。

纪念改革开放的最好方式就是推动改革开放，包括水皮在内的投资者恐怕都想知道怎样才能让资本的活力迸发出炫目的光芒。当然更想知道国务院办公厅发布的金融30条中，如何采取有效的措施稳定股票市场的运行，继续完善和推进股权分置改革，积极寻找解决大小非和大小限对资本市场冲击的路径是不是有效措施题中应有之义。

中国的改革一开始就是摸着石头过河，如果没有“搞不好可以关”，也就没有中国的股市，如果没有“一股独大”恐怕也就突破不了“独一股”，如果股权当初不分置，恐怕也就没有今天的全流通。有问题解决问题，讳疾忌医只会作茧自缚，宏观经济尚且如此，又何况一个股市，一个大小非呢？新兴+转轨的市场需要的就是管理层有所作为。难道一个二次发售的细则就真的那么难搞吗，居然折腾四个月也没有胎动？

很多人都认为，中国经济最困难的时候还没有到，因为最难看的数据可能会出现在今年的四季度或者明年的第一季度，更多的人认为明年还是大小非解禁量最大的一年，中国股市最坏的时刻还没有到来，其实如果大家都这么想的话，相反理论也许就要粉墨登场了。

毕竟股市是经济的晴雨表，毕竟温总理现在正在考虑有没有更直接有效的经济刺激措施，毕竟宽松的货币政策注入的是流动性，一切的预期都在发生改变，何必苦等最后的或许是永远都等不到的机会呢？

（2008年12月20日）

凤凰涅槃　浴火重生

伟大的博弈，需要一场凤凰涅槃。

2007 年末，当《华夏时报》推出“年终经济报告”——《伟大的博弈》时，水皮预言了中国作为一个资本强国崛起的路径。当然，水皮想不到的是，2008 年的这场博弈会来得如此的惨烈。

但无论如何，大国崛起的路径并没有改变，而中美之间的力量转化在 2008 年也是如此的富有戏剧性，不是比较谁更优秀、更出色，而是比较谁更具备抗打击的能力，谁能在百年一遇的经济灾难之中率先复原，谁能在烈火中重生。

这正是所谓“凤凰涅槃”。

在中国的传说中，凤凰是世间幸福的使者，每 500 年，它就要背负着积累在人间的所有不快和恩怨，投身于熊熊烈火中自焚，以生命和美丽的终结换取人世的祥和和幸福，在肉体经受了巨大的痛苦和轮回后，它才能得以更美好的躯体重生。

2008 年对于中国经济来说，对于全球经济来说，不就是这样一个涅槃之年？而凤凰涅槃，还将是 2009 年中国经济的主题。

这一年，我们都遭遇了什么样的痛苦？

天相异，妖孽生，“1·25”的一场雪灾，一开始就预示着不平凡的一年。冰雪挡住了人们归家的路，也冻结了运输的大动脉，让居高不下的 CPI 再创新高，打乱了宏观调控的节奏，后来证明，雪灾还只是一个小挫折。

当时，《华夏时报》发出了“从紧货币政策已无必要”的声音，后来证明，这是一个富有预见性的诤言，最终货币政策一年三变。

“3·14”，西藏拉萨的骚乱又给奥运火炬在全球的传递罩上了一层阴影。

“5·12”，国殇之日，中国四川汶川8.0级大地震震惊世界，近7万同胞罹难，近1.8万同胞失踪，近5000万人受灾，13亿国人感同身受。

“9·15”，阴魂不散一年多的华尔街金融风暴升级，雷曼之死，美林之伤，让美国作为全球经济霸主的“核武器”——华尔街进入了“后天时代”。就象好莱坞的大片一样，信心冰封、信用冰封，金融市场奄奄一息，实体经济伤筋动骨。然而世界是平的，这场风暴也吹到了大洋彼岸的中国，出口增速戛然而止，中国火箭面临失速危机。

当然，让我们心疼的还有股灾，上证指数从6124点直泻到1664点，一场由最初的理性调整，到后来应对失策，再到后来为华尔街所累的股灾，一半天灾，一半人祸，在保增长、促消费的旗帜下给我们添堵。

这一年，我们又经历了什么样的轮回？

雪灾之中，我们共抗冰雪，漫长的道路上，和停滞的车辆相伴的是人们互帮互助的暖流；一个小伙子在零下的严寒中，冒着风雪走在高速公路上，为的是寻觅自己的爱人。这是人性的重新张扬，是中国人大胆追求幸福的表征，中国人大胆追求的，不仅有爱情，还有合理地创造财富。

在大地震之中，我们损失的是万亿财富，赢得的却是万众一心，难得的是中国人重新拾起的身份认同。温总理一句“是人民养着你们，你们自己看着办”，让我们感受了人道的力量，大国之大，不仅是财富之大，而是百姓之大。以人为本，是大国崛起的根基，是软实力。

大灾之后，北京奥运会胜利召开、完美闭幕。成功举办一个人类历史上最大的盛会，不仅是综合国力的展现，更重要的是，中国人如此近距离地让世界关注、认识了自己，重新定义了一个即将崛起的大国的感性认识。

在金融风暴之中，中国经济难免颓唐，但最终还是斗志昂扬。在变化中认识问题，在发展中调整政策，宏观调控一年三变：从年初的“双防”，到“一保一控”，再到当前的“积极的财政政策和宽松的货币政策”，“4万亿”经济刺激的大手笔、出口退税的上调，人民币也能贬值、油价“中国式接轨”，动用一切可以动用的手段和力量，保增长，保就业，保住博弈的本钱。

1998 年，东南亚金融危机，中国力挽狂澜，坚持人民币不贬值，挺住了亚洲，也树立了中国负责任的地区大国的形象。十年轮回，2008 年全球金融危机之时，中国不断增持美国国债，超过日本成为美国的第一大债权人。中国力挺美国，也就是在确立中国负责任的全球大国的形象。

这就是一场涅槃，一场为伟大的博弈升华而必须经历的涅槃。涅槃是一种重生，这一年，我们又改变了些什么？

首先是宏观调控艺术的调整，决策者对市场经济的运动规律有了更深刻的把握，精英们发现，西方主流经济学的教科书需要被重写，无论凯恩斯主义，还是货币主义，运用之妙，还在中国改革开放 30 年赖以成功的那句名言中：无论白猫黑猫，抓住老鼠的才是好猫。

还有被彻底“熊样”了一把的资本市场，改变了国人的投资观念。就在全中国人民满怀热情要拥抱“更多的财产性收入”时，市场让我们接受了一次最深刻的风险教育课：树立投资理念，放弃投机思维，防止衰退的最佳时机，往往在繁荣的时候。

重新认识自己的，还有中国的企业家，大考之中才知“谁是英雄、谁是狗熊”。这些新生的财富偶像们在人们心目中的座次被重新排定，他们自己对产业和资本市场的态度，也有了 180 度的大转弯。牛市中的盲目扩张、得意满满时的不慎抄底，还有一系列食品安全事件引发的中国制造的信任危机，这些都在重新定义着新一代的企业家。

有灾难，有轮回，有重新认识和重新定位，在 2008 年迈着沉重的脚步走向 2009 年的时候，凤凰涅槃的过程还远没有结束，而这场伟大的博弈，也是一个刚刚开始。

细节是魔鬼，在涅槃之时，我们还是可以发现不少细节魔鬼，暗示着一种转化，一种变动，一种昭示明天的东西。

就在年尾，美国奥巴马新政府酝酿中的史上最大经济刺激计划接近定案，克隆中国“4 万亿救市”，美国人没有中国人的干脆，大胆的“4 万亿”是全球经济的榜样，赢得一片喝彩。

欧美指望中国能拉动全球经济，4 万亿投资，只有一个财政盈余国家才能轻松搞定，而这也靠的是前些年的积累，这种积累是2007年底水皮提出“大国博弈”概念的基础，也是今天中国应对危机的本钱。

还有一个细节来自于人民币，要做一个资本强国，本币的强势地位是关键中的关键，而人民币的待遇正在微妙转变。在12月的中日韩三国领导人峰会上，三国倡议扩大三国间双边货币互换规模，中国央行已与韩国央行签署了规模为1800亿元人民币/38万亿韩元的中韩本币互换协议；12月24日，温总理主持召开的国务院常务会议，决定对广东和长三角地区与港澳地区、广西和云南与东盟的货物贸易进行人民币结算试点。而在东南亚很多国家，人民币正成为这些国家的外汇储备。

人民币主动出击，自2005年开始升值以来，2008年底第一次连续跌停，而暴跌就发生在美国财长保尔森访华参加他的最后一届中美战略经济对话之前，保尔森对此却噤若寒蝉，一改往届会议言必称“人民币要升值”的论调。

这就是中美间的实力对比和转化，中国已经开始以我为主，主动出击。在一场由美元泛滥引发的金融危机中，欧盟希望联合中日逼迫美国接受一个新的布雷顿森林体系，结果是不了了之，而人民币却在悄然布局，等待一朝胜出的时机。

除了货币的暗战，还有一个昭示中国人信心和实力的细节。为了打击海盗，保卫中国企业的利益，中国人民解放军的海军舰艇已经“扬眉剑出鞘”，走出家门、出海护航。这在以前是我们不敢想象的事情，今天来得是那么顺理成章。

当然，涅槃最终还是一场巨大的痛苦和轮回。中国目前的问题还有很多，还要为保增长、保就业、保出口、促内需而继续奋斗。但是，中国的问题，更多的还是自身的问题，2008年宏观政策一波三折的调整，正说明了这一点，存在改进的空间，也存在改进的意愿，只要调整得当、调整到位，中国还将继续迸发活力。中国人不是救世主，但有能力、有决心把自家的事情搞好。

汶川地震时，水皮引用过“天将降大任于斯人也，必先苦其心志，劳其筋骨，饿其体肤，空乏其身，行拂乱其所为，所以动心忍性，曾益其所不能”。水皮说，2008 年，注定是中华民族历史上不可忘记的一年，这一年是中国改革开放 30 年，这一年是中国举办奥运之年，这一年更有可能是中国作为一个资本强国崛起的转折之年。

现在，水皮还是要这样说，而且要补充一句，“凤凰要涅槃”。

雪灾、震灾、股灾、经济危机，众多的天灾人祸一起袭来，锻炼了筋骨，也丰富了阅历。在大国崛起的道路上，还有更多、更大的风险和不确定性，只有有了防范最大风险的实力储备和战略准备，才能赢得博弈的先机。

中国经济继续增长 30 年的新动力来自哪里？来自中国 13 亿人对财富、对幸福生活的追求，在制度性约束越来越少的条件下，这种追求财富的动力就是最大的力量，中国巨大的生产能力将为自己所用，中国巨大的消费市场将活力四射。

胡锦涛总书记在中共中央改革开放 30 年纪念大会上说，要放手让资本的活力竞相迸发，要让一切创造社会财富的源泉充分涌流。这是为中国下一个 30 年在背书，在抒情，在畅想，在欢歌。不见风雨哪里见彩虹，2008 年，正是我们中国的凤凰涅槃之年。

（2008 年 12 月 27 日）

一年之计在于春

鼠年没过完，牛年还没到，但是2009年元旦前后中国股市却走上了出人意料却又在情理之中的行情。

出人意料指的是元旦前的八连阴，尤其是12月23日的那根大阴线跌幅居然高达4.5%左右。世界各国的股市都会对降息作出积极的反应，好像只有中国是个例外，降一次息跌一次，即便是一口气降1.08%，上证指数也是高开低走，尾盘也只是勉强收红而已，从K线图上看也是一根大阴线，如此看来，更不用说只降0.27%这样低于预期的降息了。

降息之所以会变成一个熊市的过程，道理可能跟加息都是一个牛市的过程是一样的。那种不痛不痒，磨磨蹭蹭的，不大不小，犹犹豫豫，实际上反映的还是货币政策制定者的矛盾心态，既想宏观调控，又担心市场的力量，所以对于利息的微调，股市的走势就会出现和经典教科书描绘的完全相反的情况：降息是好消息，但是也是坏消息，一方面说明货币政策越来越宽松，但是一方面也说明通缩的形势不容乐观，市场的信心并不会由于降息而得到提振。

情理之中指的是元旦后连续上涨，尽管在二根阳线后碰到了港股重挫的拖累，但是毕竟已经反映了相当的强势。很多人纳闷，为什么过了元旦，上证指数就判若两人，怎么就不再连阴了呢？其实答案在元旦前已经在盘面上有反映，那就是连续六个阴十字星，尽管是天天跌，但是强弩之末的特征非常明显，毕竟只有1800点的位置，往下的空间撑死了20%，但是往上的空间却有200%，哪个概率大，哪个概率小，其实不用多说，不能确定的无非是时间而已。现在上到政府高层，下到黎民百姓都知道一季度的数据最难看，二季度的数据不好看，谁都在等拐点，相反理论恐怕就会发生作用，提前量也就会发生作用。

类似的观点，水皮在2008年12月21日广州的论坛上已经讲得很清楚，那一天恰恰又是八连阴的前一天，水皮给大家的建议就是不必追高，但是也不必再等，大跌大买，小跌小买，不跌不买，同时又建议大家，大涨大卖，小涨小卖，不涨不卖。

为什么既建议大家买，又建议大家卖呢?

因为总的说来，2009年是大家信心慢慢恢复的一年，跌不去的时候可以买，但是涨不动的时候就可以卖。行情即便乐观也不会一路向上，更可能是震荡向上，底部在震荡中提高，高点在震荡中拓展，套牢的可以耐心等，踏空的也可以耐心等，元旦前后的行情已经对此做了最好的注释。

当然，元旦前后的行情并不是对每一个人来说都是出人意料又在情理之中的，至少对丁元恒来讲是如此。

同样是在我们的广州论坛上，来自台湾地区的资深私募丁元恒对技术分析推崇备至。和水皮不同的是，丁元恒的建议是不跌不买，不涨不卖，大跌大买，大涨大卖，暴跌再买，小跌他不建议买，小涨他也不建议卖，根据基本面和技术面的共振现象，丁元恒更是判断冬至前后的股市必跌，元旦之后的股市必涨，而且就涨两天，之后回调，再后大涨。事实已经证明了丁元恒对元旦前后的判断完全正确，事实能不能证明之后还会正确，我们可以走着瞧。

俗话说一年之计在于春，新年行情往往就是全年行情的写照。特别有意思的是正是由于外资集中抛售中资银行的大小非H股造成新年港股和A股的反复，而对A股而言，2009年又恰恰是大小非解禁的最后峰期，中国股市能否走出低迷很大程度上就在于大小非能不能完成由利空向利好的演变。水皮相信，港股大小非的冲击必然引起高层的关注，水皮更相信，李稻葵关于大小非的建议不会是空穴来风，水皮当然还相信，伴随着越来越多的政府智囊呼吁振兴股市、房市、车市来拉动经济，传说中的第二次“5·19”行情的可能性越来越大了。

(2009年1月10日)

决策层的大智慧从何而来？

我们的人类喜欢把自己看不明白解释不清的自然现象称为神秘现象，我们的市场同样喜欢把自己说不清道不明的做多资金称作神秘力量。

元旦之后的市场表现告诉我们，有一种神秘的力量正在暗流涌动，正是这种力量的出现，让上证指数元旦前后判若两人，一反常态，走出了将近一年以来难得的独立行情。

从指数上看，上证指数元旦前收盘点位不多不少正好1820点，而现在已经摸高1984点，上涨整整164点，涨幅达到9%，从K线图上看，10个交易日中有7天拉出的是阳线，只有三根阴线，而同期道琼斯指数却从2008年12月31日收盘的8776.39点，一口气跌破8000点整数关，反弹报收8212.49点，下跌最多时达780点，下跌的幅度达8.88%，10个交易日中，除了2009年元月2日开门红收出一个大阳线外，有7天都是下跌的阴线，甚至出现了六连阴的走势，香港恒生指数则和道指如出一辙，11个交易日中有7天是连续下跌的。

为什么会这样？

水皮认为元旦前市场主力有意无意地打压指数，包括对2009年第一季度极度悲观的预期已经充分计提了指数的调整空间，再盲目打压也打压不出带血的筹码。同时另一方面，宽松的货币政策的滞后效应却开始慢慢在体现，12月份的数据表明，银行的贷款增加额已经达到17%，并没有出现许多人想象中的惜贷现象，流动性又开始向市场回流。道理也很简单，此时此刻从银行中出来的资金能够投资的领域并不多，产能过剩让人对任何产业的投资都心有余悸，而房价的调整又让人失去了追高的冲动，相比较而言，安全边际比较大的也就是股市。

问题在于，行情能有多大，指数能涨多高。

水皮一直认为3500点是股改之后中国股市的一个价值中枢，汶川地震之后水皮的观点也是如此，尽管指数一度从2990点反弹到过3786点，也尽管指数受金融危机的影响可以一路下跌1664点，但是3500点对应中国上市公司平均25倍左右的市盈率是合理的，也是经得起时间考验的。在经历了百年不遇的金融海啸的洗礼之后，在价值体系被完全摧毁之后，只要我们相信温家宝总理关于中国经济能够率先复兴的判断，中国经济依然能够保持较快平稳的增长，那么，我们就没有理由对于重返3500点感到悲观。

那么，绝大多数券商关于上证指数波动在1300—2600点区间的判断有没有道理呢？水皮认为也是有道理的，因为这是机构投资者根据正常人的正常思维得出的正常的结论。其实，不仅是券商对于2009年的市场不敢乐观，就是管理层对于2009年的预期恐怕也是悲观的，否则也不会重提曾经成为笑话的所谓维稳话题，更不会大张旗鼓地布置维稳措施。至少在目前的管理层看来，扭转经济下滑的预期不是他们能控制的事情，而面对大小非解禁的压力又不敢直面，更何况还要上创业板，供求失衡的问题不但没有解决的可能，反而雪上加霜，换句话讲，指望现在的管理层解决中国股市的出路恢复投资者的信心实在有点勉为其难。

我们需要决策层的大智慧。

我们不但要提升整个资本市场在国民经济发展中的重要地位的认识，更要从科学发展观的角度、从和谐社会建设的角度统筹考虑国有股的配置，一方面解决社保基金的缺口问题，一方面又化解资本市场大小非的破坏性冲击。

在水皮的印象中，我们从1997年就开始为内需不振而发愁，但是总也找不到好办法，中国人为什么有钱不敢花？储蓄的习惯只是表面现象，深层的原因是我们的社会保障不能解决大家的后顾之忧，社保基金的缺口就达2万亿，老百姓那点钱不是准备用来养老就是应付高昂的医药费，哪里敢像美国人那样寅吃卯粮，即便存款利息像美国那样降到零区间，银行的存款也是不敢轻举妄动的，何况2008年存款才搬了一次家，投资的损失就如此惨重呢?！所以说启动内需，与其在支出上花力气，不如在化解隐忧上想办法。国有股划拨社保基金的办法，既可理解成决策层解决大小非，也可以理解成国有资产还利于民，还可以理解成优化国有股多元执股完善公司治理，更可以理解为刺激内需拉动经济增长。一石四鸟的事何乐而不为呢？

解决好大小非问题，指数就可以恢复到3500点，否则2009年，虽为牛年未必会有牛市。

（2009年1月17日）

中国为什么不一样?

2009年1月20日是美国人民的大日子，这一天美国历史上第一个非洲裔的黑人总统正式入主了白宫，不光是美国人民，全世界的人民都在期盼着奥巴马先生的作为能够为美国带来新的变化，尽快带领这个美国走出金融危机的阴影，尽快为世界经济的复苏作出贡献。

但是，资本市场并不捧场。

于是，就发生了1982年以来历任总统上任时美国股市的单日最大跌幅。当天的道琼斯指数暴跌332点，跌幅不大不小正好是4%，收盘点位只有7949点，成为这轮金融危机爆发以来仅次于2008年11月20日最低收盘点位7552点的点位。

道琼斯指数为什么会给奥巴马如此下马威?

说法之一是奥巴马当天的就职演讲中并没有明确的经济刺激方案，而是强调了今天的美国人需要坚韧的精神，也就是说危机的影响不会在短期结束，所以投资者失望;

说法之二是美国银行业的亏损导致金融危机有进入第二波的可能，也正是金融股的大跌影响了道指，而标准普尔和纳斯达克指数比道琼斯的表现更差，前者下跌了5.28%，后者更达5.78%。

道琼斯指数的走势反映的是美国投资者的尴尬。从元旦以来，道指一直就是阴多阳少，奥巴马上台当天的表现虽然有点过，但是第二天同样是暴涨了279点，涨幅也达到3.51%，领涨的还就是前一天领跌的金融股，总体而言，美国人在观望，在等待，在反复，在震荡，在探底。

中国不一样。

中国的A股尤其不一样。元旦之后中国的A股已经完全摆脱了道琼斯的影响，开始走出相对独立的行情，道琼斯涨，A股涨，道琼斯跌，A股低开之后还是涨。即便在1月20日道琼斯暴跌4%的影响下，

A 股也才低开 30 点，尾盘仅跌 9 个点，跌幅也就 0.5%。

中国不一样，是因为中国经济依然在增长，2008 年全年的 GDP 增速是 9%，第四季度虽然下跌到 6.8%，但是更加持续的刺激政策正在不断推出，强化 2009 年第一季度开局的预期是不容置疑的。从五大先行指标看，宏观政策的调整已经在 2008 年最后一个月开始发挥作用，只要不出现反复，只要没有折腾，新一轮经济增长就有保证。

中国 A 股为什么能不一样呢？

原因之一是因为中国经济的不一样。

原因之二是因为中国的流动性不一样，金融危机之下，全球紧缩，首先紧的是信贷，缺乏的也就是流动性，而中国恰恰相反，缺的不是流动性，而是流动性的管理。现在宽松的货币政策等于将人为抽干的流动性又注入了市场，水涨船高，有钱的和没钱的自然就不一样。

原因之三是因为中国股市被人为低估。外资银行沽售中资银行股权的结果就是严重地打压了中国银行的估值，中行 H 股的市净率只有 0.93%，以至于做风险投资的方风雷们都在承接外资释放的股权。金融危机对包括美国人在内的欧美投资者而言是百年不遇的噩梦，对于成长中等待机会的中国投资者而言就是百年不遇的机会。即便站在 2000 点的位置，往上看，距上一轮牛市的高点有 4000 点，往下看，距这一轮的熊市低点不过 400 点，4000 点的空间大，还是 400 点的机会多，不怕不识货，只怕货比货。

水皮 2008 年 11 月初满仓，战略上看多，战术上也做多，12 月底又公开提示不必等待最困难的时候，逢跌就可建仓。媒体炒作说水皮号召散户现在入场，水皮在此特别说明的是，不是现在号召的问题，而是两个月前就已经号召的问题。不过，即便指数这两个月已经有了 300 点的涨幅，但是距离 A 股的价值中枢依然有很大的距离。将军赶路不追小兔，风物长宜放眼量，这点涨幅不值一提。

重要的是，你扪心自问一下，你是价值投资者吗？你还信奉价值投资吗？你还相信明天太阳照样升起吗？

（2009 年 1 月 24 日）

总理操心操到了点子上

三阳开泰，一个大吉大利的现象。

牛年开市的第一周，上证指数的走势之强超出绝大多数所谓专业人士的判断，不知不觉之中，上证指数走出了三个红小兵，不知不觉之中，上证指数居然就跨越了半年线。在技术派的字典中，三个红小兵意味着行情的趋势，而半年线则不啻是股市的生命线。

所以，有的人就很激动，来自台湾的私募高手老丁接连打了好几个电话找水皮，因为他的预言应验了，更因为水皮元旦前号召散户入场的“大胆”被事实证明是正确的。

牛年能够变牛市，这是水皮年前在华夏理财总评榜的电视颁奖盛典上的总结发言，既是心愿也是期盼，现在的问题，是牛年的行情究竟会是一个什么样的行情，是一个大牛行情还是一个小牛行情，是一个长牛行情还是一个短牛行情，是一个慢牛行情还是一个疯牛行情，不同的判断将决定行情的高度和长度。

保守一点看，牛年起码有一个“红牛”行情，有一个信心恢复的行情，有一个估值重新确立的行情，不要期盼有大牛，也不要担心有疯牛，上上下下，犹犹豫豫恐怕会成为贯通牛年的主基调。早在2006年初，上证指数在1500点徘徊之时，水皮曾作过年底过2500点的预言，结果当时就有人在网上留言声称水皮会害人跳楼，无独有偶的是，2008年底水皮奉劝大家不必再苦等抄底之后，又有人在网上留言抨击水皮此时号召散户进场是让大家当炮灰，历史有惊人的相似，这一回也不会例外。

道理不用多说。

宏观经济的复苏时间会比大家预期的要早，这一点在许多先行指标的回暖上已有反应，不管是电力，还是钢材，不管是有色金属，还是粮食价格都已经有了不小的涨幅，这些生产资料价格的上涨，透露出来的信号是十分清楚的，4 万亿经济刺激计划的效应在释放，宽松的货币政策产生的流动性在增加，更不用提国务院正在不断推出的支柱产业振兴计划，所以股市上出现的板块轮动就具备了基本面、政策面和资金面的三重支持。

这是内因。

而作为外因的全球金融危机在奥巴马上台推出将近 9000 亿美元的刺激计划之后也已经进入了一个新的阶段，尽管还有人在担心第二波海啸，但是奥巴马推出计划的本身说明美国已经过了救命阶段，而开始进入强身健体的康复阶段，针对性强，恢复的快一点，针对性弱，恢复的慢一点，这也是为什么在美国参议院否决奥巴马刺激计划之后，道琼斯不跌反涨的原因，这种反常和当初布什的 7000 亿救援计划第一次在参议院被否决时，道琼斯指数狂泻近千点形成强烈的反差。美股如果能围绕 8000 点震荡筑底成功，那么 A 股独立走强就是一种必然。

这是外因。

当然，还需要诱因。

温家宝总理春节期间出访欧洲，A 股开盘前一天起床就问警卫股市怎么样，虽然是记错了时间，但是总理以此表明他的操心。在水皮的印象中，温总理曾经在 2005 年的两会期间回答过记者的提问，口径也不过是关注而已。温总理操心股市什么呢？还不是能不能开门红，还不是能不能给大家涨出点信心来？一直以来，总有一些专家学者不遗余力地拼命误导中国股市的管理层和决策层，总把中国股市的走势和中国经济的走势人为地割裂开来，总把中国的投资者和他们心目中的赌徒相提并立，搞得中国股市的舆论环境乌烟瘴气，圈钱合理合法，赔钱没人搭理；挤泡沫争先恐后，救市躲躲闪闪；大小非减持自由主义，国有资产流失却无动于衷。总理操心股市，是一种正本清源，是一种拨乱反正，没有救股市就是救经济的认识，就不可能有信心比黄金货币更重要的结论。

股市低迷，能上创业板吗？大小非拼命减持，能够 IPO 吗？

创业板开不了，IPO 发不了，股市没有了融资功能，投资者的利益还上哪去保护，财产性收入又从哪里实现呢？

股市是经济的晴雨表。

温总理操心中国股市是操到了中国经济的点子上了。

（2009 年 2 月 7 日）

CCTV为什么如此火爆？

CCTV这一回在瑞士达沃斯相当的火爆，三天的时间里居然有51位各国政要和世界500强的CEO跑到了中央电视台的小屋里接受采访，据说不管官大官小一律要排队等候，而且很多是主动联系毛遂自荐的，不给机会还不行，于是就产生了目前正在播出的一个新闻节目《全球商界领袖展望2009》，同样，据说，播到月底恐怕都播不完。

这一点是CCTV的编辑们在出发之前做梦都想不到的，当然想不到的还有CCTV搞的中国之夜的火爆，到场的嘉宾前前后后有100多位，搞到半夜都收不了场，累坏了负责接待的工作人员。

CCTV之所以在达沃斯如此受欢迎并非偶然，某种意义上而言，因为美国人的缺席，实际上在达沃斯唱主角的已经变成了中国人。同样都是政府总理，中国的总理温家宝被主办方安排为特别致辞的贵宾，主席台上只有论坛的主席施瓦布作陪，而俄罗斯普京总理，日本首相麻生太郎，英国首相戈登·布朗，德国总理默克尔也都得到了上台发言的机会，但是却都是属于论坛嘉宾，一字排开的那种形式，分量孰轻孰重一目了然。

发生在2008年美国的全球金融危机被格林斯潘比作百年不遇的金融海啸，而对中国而言却可能是和平崛起过程中一次难得的机遇，国际社会之间话语权的转移在一定程度上是通过媒体实现的，能在CCTV露面，能给中国观众印象，能给中国政府好感，正是这些政要和商界领袖追求的，中国代言人的角色已经让CCTV不由自主地就站到了国际大台的位置。从当初直击华尔街的直播报道，到现在的商界领袖系列，今后CCTV只会发挥越来越大的国际影响。

更为重要的是，中国唱主角这样的判断并不是一种期待，而是一种既成事实。元旦之后的中国股市已经从2008年12月31日的1820

点上涨到了现在的2320点，涨幅已经接近30%，涨幅遥遥领先于全球股市，尤其是摆脱美国道琼斯的反复震荡，先行指标的风范卓然而出，连吴敬琏先生都说这体现了中国经济晴雨表的作用，可见中国经济能够率先复苏实在是众望所归。或许正是在这样的心情下，1月份人民币信贷规模居然达到了1.6万亿，一个月的水准超过了2001年的全年增长规模，流动性再次回归市场，而水皮相信，其中相当部分按惯例首先进入的恐怕也是股市。

一面是中国股市高歌猛进，一面则是道琼斯指数上下折腾，奥巴马的经济刺激方案尚未落听，盖特纳又推出了多达2万亿的金融机构拯救方案，而正是这个方案的巨大不确定性对美国投资者造成了巨大的心理影响，对美国金融机构的定价产生了巨大的不确定性，如何看待盖特纳的方案对市场的影响呢?

水皮认为盖特纳的方案是一个典型的“修正主义”的方案，修正的内容既包括美国人对银行国有化的恐惧，同时也有避免政府资金为有毒资产买单的担忧。

众所周知，美国是一个信奉自由的资本主义国家，对于市场、自由、资本的信仰是根深蒂固的，指望社会主义道路来拯救美国和那个社会的基本理念是相背离的。所以危机尽管宣布新自由主义的死亡，但是小布什时代借鉴英国的国有化方案实在是不得已而为之，是没有办法的办法，否则，政府仅仅是注资的话，那些有毒资产无疑是无底洞，吸血鬼，而国有化又非美国人所愿，所以盖特纳的公私合营基金是一个折中的方案，明确国有只是一个托管过程，一个必然退出的过程，这样既不违反美国立国根本，同时又化解金融机构的不良资产，恢复系统的运营。盖特纳的方案出的只是一个大框架，具体的内容还没明细，但是方向无疑是可取的。美国资本市场消化了盖特纳的方案之后，道琼斯就有可能在8000点附近企稳，毕竟华尔街现在的市值太低了，一个花旗抵不过我们的中信，一个工商银行抵得上半条华尔街，这样的格局不会持续太久。

大家好才是真的好。

（2009年2月14日）

行情还有没有新高点?

为什么美国在实体经济严重衰退的情况下，要把 9000 亿美元全部砸向金融领域?

为什么中国在股市跌幅超过 70% 的情况下，却要向实体经济增加 4 万亿人民币的投资?

为什么凭借几种金融衍生品，财富就能瞬间转移？为什么凭借某个政策，国与国之间的财富就能此消彼长?

为什么昨日还争相竞价的东西，今天就变得一文不值？是财富变得虚幻，还是我们的观念已经跟不上时代?

提出这些为什么的人不是水皮，因为水皮不知道答案，所以不会给自己难堪，自问自答这些为什么的人叫滕泰，现在中国银河证券股份有限公司担任研究所所长、董事总经理。滕泰为回答这些为什么在太平洋两岸的中美之间来回折腾，苦思冥想了八年整，然后把自认为正确的答案写成了一本书，书名叫做《财富的觉醒》，一个既时髦，又叫人甜酸苦辣五味翻腾的书名。

滕泰同志把人类有史以来的财富分成三个时代，或称三次革命，最早的叫生态财富革命，中间的叫硬财富革命，现在的叫软财富革命，这样的分类是否科学且不说，但是滕泰的思考还是引起了水皮的共鸣，因为他在序言中有这么段话：

在不同的财富时代，创造财富的方式截然不同，因而，在一个财富时代富强的国家却有可能在另一个财富时代衰落。然而决定财富兴衰的到底是人口、制度、技术，还是贸易、金融和战争？在软财富时代，国家还要不要像生态财富时代那样鼓励垦荒、种地？还要不要像硬财富时代那样鼓励工业生产？应如何从贸易、金融、技术、制度、人力资本等方面，制定全方位的国家软财富战略呢?

水皮之所以有感慨，是因为这些思考好像都是针对眼前的金融危机而来的，尤其是针对始作俑者的美国而来的，而对比中美两国的救市方案的不同命运，更让人产生了疑问，莫非传说的乾坤大转移就要发生在这个时代，或者确切说金融危机后的2009年？

早在2007年中期，敏感的美国学者就意识到一个“中美国”的时代正在来临，太平洋两岸的两个巨人，如果看做一个国家，那么有太多的互补性，一个好储蓄，一个好透支；一个从事制造业，一个从事服务业；一个净出口，一个净进口。当时并没有人想到，一个将成为金融危机的制造者，而另一个将被看做金融危机的拯救者。

事实上，同样是拯救计划，在中国政府推出4万亿刺激计划至今，中国的股市最多时上涨已经超过了30%，就在刚刚过去的一周，中国A股的成交股数创出了有史以来的最高数字；而汇集了美国人梦想的奥巴马上台之后推出了类似中国的8000亿美元方案，虽经国会通过，美国的道琼斯指数却出现了剧烈的震荡，一举跌破了12年的低点，给经济复苏蒙上了巨大的阴影。

是中国人民盲目信任政府，还是美国政府的方案太不靠谱？答案其实非常明确，中国政府的方案一个接一个，至今还没有完，而美国政府的方案只有概念却没有执行。

无独有偶，滕泰同志是国内最早提出中国股市黄金十年的人之一，难道中国的黄金十年对应的会是美国和日本当年一样的失落十年？水皮不是不相信黄金十年，但是更愿意就事论事，2007年初和滕泰的争论也在此，因为在股市上，炒的是概念，是透支，如果真的有十年黄金，那么一定是一年挖完的，上一轮的大牛年已经做了一个最好的证明。

那么，道琼斯创新低，上证指数还有可能继续走高吗？

回答是，A股的这一轮行情并不是因为道琼斯走高而引起的，当然也不会因为道琼斯走低而走低，影响会有，但不会是决定性的。A股目前的强势表面上看是流动性造成的，但是为什么大多数人在去年底我们谈论流动性时却视而不见呢？因为A股的强势本质上是因为投资者对中国的经济刺激计划投赞成票且预期向好而产生的，流动性是因，预期好转是果，因果关系不可倒置。

至于点位，这一轮的高点已经看到2404点，而2400点是绝大多数机构年前看到的箱顶，根据相反理论，这个点位已经不成其为高点，这是其一；指标股基本上还停留在当初政府救市的价位，中石油是这样，中石化也是这样，工商银行甚至还低于当时的护盘价位，这是其二。

有其一，其二，有没有新高，不言自明。

（2009年2月21日）

多杀多调整的过程会有多长?

上证指数在摸高2402点之后，展开的调整力度还是比较大的，幅度也不小，很多人自然会有疑惑，行情是不是就此结束了?

行情会不会就此结束呢?

短线而言，前期的逼空行情肯定是已经宣告结束，短期头部的特征也是明显的，但是如果放在一个比较大的波段中来看，未来展开震荡的可能性更大。震荡的目的之一是调整上攻的节奏，消化前期的获利筹码，抬高市场的持股成本，完成基本的换手；震荡的目的之二是等待宏观经济复苏更为明确的信号，确切地讲等待房地产市场的见底信号，也就是说有时间换空间的要求。

其实，如果我们不是急功近利的话就能对目前的调整多一份耐心。谁都知道，上证指数从998点开始的上一轮牛市，最高打到6124点，但是不是谁都知道，上证指数从998点到1500点花了差不多一年的时间，这个过程中的每一次震荡都让市场虚惊一场，绝大多数人对于牛市的确认甚至是在一年半以后上证指数重新突破2245点之后，而此时在时间上牛市已经走过了一半的历程。

现在回过头来看眼前的这一波行情，距离前期低点的1664点，上证指数上攻到2402点时差不多已经有近50%的涨幅，而这个涨幅已经远远高于一般25%的熊市反弹的高度，更超过绝大多数机构2009年20%—30%利润空间的预期，当然遑论2400点的高点预测。如果说2402点是此轮行情的高点的话，那么等于说绝大多数的机构成功地预测了今年行情的高点，这种假设成立的可能性太小了，因为2008年底的时候80%的机构将2009年指数的空间划定在1600—2400点之间，而绝大多数机构的预测在市场实践中往往是相反指标，也就是说，2400点要么根本看不到，要么就远远不止。

当然，尽管指数的涨幅达到50%，但是个股的疯狂也是客观的事实，涨得多已经透支了这一轮行情的全部，而指数之所以在个股普遍有70%—80%的涨幅，最高甚至有300%—400%的情况下，只有50%的涨幅，很大程度上是由于三大指标股的涨幅有限，比如工商银行，现在的价格距最低点涨幅不过20%，中石油不过10%，中石化不过20%。无论是汇金的资金还是国资委的资金均处在套牢状态，根本就无利可图，护盘的资金还在套牢状态，大盘再跌还能跌多少呢？现在看来从1600—2400点的行情无疑是“八二”行情，那么调整行情中会不会出现“二八”行情呢？会不会在以后的行情中出现指标股上涨而个股歇菜呢？大家可以边走边看。

问题是，大家都想知道，这种震荡调整的时间会有多长呢？

水皮认为三个因素必须考虑。

因素之一是经济刺激措施能不能立竿见影，如果不能，滞后的时间又有多长，会不会出现偏差，会不会出现失误，如果不能见效怎么办？这个问题只能有一个答案，那就是必须见效，如果不能见效，只会引来更有力的刺激方案，最终还是要见效。

因素之二是欧美市场能不能筑底回升。全球化的今天，外围市场和中国市场的联动越来越大。A股强势时，外盘影响力小，A股弱势时，外盘影响力大。道琼斯虽然创出了新低，但是标准普尔和纳斯达克并没有创出新低，日经指数和恒生指数也没有跟随创新低，美股的金融股在奥巴马方案明确后明显回升，华尔街已经度过手术前最恐慌的不确定性，总体而言，道琼斯等三大指数还在箱底震荡，走稳还要时间。

而年初以来，金砖四国的股市均已走强，俄罗斯曾经有过19%的涨幅，巴西也有8%的涨幅，印度虽然下跌1%—2%，但在15个主要市场中表现也排在前四位。金砖四国的表现说明，A股走强并非一厢情愿，更不是自作多情，因为金融危机发生在美国，受冲击最大的理应是欧美，洗牌的结果当然是新陈代谢，这一点是正常的，也是合理的。

因素之三是房地产市场何时回暖。任志强说中国经济复苏的唯一标准是房地产复苏，话虽绝对，但有道理。房地产复苏，经济未必复苏，但是经济要复苏，房地产这个支柱产业的复苏的确是前提。

目前房地产这个行业已经被政治化，已经不是个单纯的市场问题，导致利益各方上下两难。其实，宏观调控之初钢材、水泥、电解铝都是房地产上游，调控是绕着房地产走的，最后也没有绕过去，现在十大产业振兴规划又绕着房地产走，但是最后同样绕不过去。不管绕还是不绕，房地产的价格都是一个坎，没有价就没有量，而价取决于大家的预期，房价何时见底，房地产市场何时回暖。事实上，上一轮牛市的两大持续上涨的板块，一个是金融，一个就是房地产。如果没有政策措施，任由房地产市场自由寻底，那么时间至少会拖到今年的三季度，这一点必须要有思想准备。

对于“两会”行情的提问，水皮的回答是，从来就没有。

（2009 年 2 月 28 日）

两会行情是个例外吗?

"两会"在北京召开，两会前水皮在新浪的直播中直截了当地回答，从来就没有所谓的两会行情，除非这一次例外。

这一次真的例外吗?

2009年3月3日下午全国政协十一届二次会议在人民大会堂开幕，3月5日上午十一届全国人大二次会议在同一个地方举行，而就在3日和5日之间的4日，沪深两市居然出现了难得的暴涨行情，上证指数涨了126.68点，涨幅达6.12%，深成指则涨了523.07点，涨幅达到6.91%，两市达到涨停板的股票多达100家，下跌的仅有两家，而当天上午收盘的道琼斯则下跌了37点，收盘点数才6726.02点，刚刚创出这一轮调整的新低。

沪深两市当天的暴涨首先要归功于金融股，无论是银行股，还是保险股或者是券商股，齐刷刷占据了涨幅榜的第一屏，所以号称金融股暴动一点都不过分。当然，也正因为如此，所以行情没有可持续性。

金融股为什么选择在当天揭竿而起呢?

政协委员苏宁关于2月份贷款继续保持高速增长的表态是一个很重要的原因。因为1月份的数字1.62万亿出来之后，引起了方方面面的解读，其中有一个说法就是相当部分票据贴现的资金流入了股市。股市春节之后的逼空行情就和流动性有关，因此清查违规资金的传言就开始发挥作用，货币政策收缩的传言就有了市场。苏宁的发言等于在为宽松的货币政策背书，为流动性担保，而苏宁的官方身份不是别的，正是央行的副行长。

招商银行3月2日正式开始全流通时代，当天有47.99亿有限解禁股解禁，招商银行也正式取代中信证券成为流通市值最大的公司，而招商银行的股价却不跌反涨，此前的两个交易日，招商银行更是在大盘危难之时，旱地拔葱，扮演了单骑救主的角色，以一度打到涨停的气势，有效地激活了当天银行股的走势，完成了大逆转。在很多投资者看来，招商银行的走势是有标志性意义的，从招行的走势上可以反映出市场对于大小非的态度。事实上，在全流通的第一周，招行的股价从14.27元涨到了15.78元，涨幅已经超过了10%。从对大小非谈虎色变到对大小非的虎口拔牙，大小非这个鬼故事会不会在解禁股最多的3月画上句号，大家必须引起高度警惕，毕竟在一个流动性过剩的市场中，大小非的资金压力，其实主要来自于小非减持的压力，是有限的，也是可以对冲的。更何况，和苏宁同在一组的政协委员马蔚华当天表示，大股东不但不会减持，反而还有可能增持，马蔚华不是别人，正是招商银行的行长。

当然，当天最有号召力的题材既不是苏宁的讲话，也不是马蔚华的讲话，而是另一个政协委员汪建熙的讲话。作为中国投资有限责任公司副总经理兼首席风险官的汪建熙在接受《中国时报》的记者采访时表示，中投今年将继续增持包括H股在内的国有三大银行的股份。

谁都知道，中投是汇金的母公司，而汇金又是中行、建行、工商银行的大股东，汇金此前为维护三大行的股价而进行的增持均处在套牢状态，这就是为什么中国银行能够在3月5日的关键时刻再一次有巨额资金进场拉升的原因。什么叫天塌下来有高个顶？汪建熙的讲话就是如此。散户什么时候有持股成本低于大股东的机会？现在护盘资金套牢的银行股就有这样的机会。同样中石油、中石化也有这样的机会，不怕不识货，就怕货比货，即便涨不到哪里，又能跌到哪里呢？

这种带有强烈冲动性的行情虽然没有持久性，但是对封堵调整空间已经足够，对于测试流动性的浮力也是有效的。换句话讲，“二八”现象带动指数上台阶已是不争的事实，而大多数股票在这个过程中欲振乏力也是事实，降低期望值，或许反而有意外的惊喜。

要有信心，更要有耐心。

（2009年3月7日）

总理讲话的含金量有多少?

两会每年都开，感受却大不相同，尤其是最后一天的总理答记者问。

2008年3月18日温总理一句“今年是中国经济最困难的一年”给大家留下的印象除了悲壮就是沉重，而2009年3月13日面对同样的提问，温总理的回答是我们已经做好了长期的准备，新的经济刺激方案随时出台，我们拥有充足的弹药，那种神情除了坚定就是坚信。

中国经济的影响力已经今非昔比，有没有新的经济刺激方案的报道足以引起全球股市的波动。3月4日，上证指数暴涨127点，涨幅达到6.3%，恒生指数暴涨297点，涨幅2.47%，日经指数上涨61点，涨幅0.84%，道琼斯指数暴涨149.82点，涨幅2.23%，全球股市一片涨声，很大的一个原因是以为温家宝在第二天召开的全国人大上要宣布新的经济刺激方案。

现在温总理以自己的方式回答了全球的疑问。

那么，我们的股市为什么却不给脸呢?

从指数上看，3月13日的上证指数的确走得有点虎头蛇尾，当天虽然高开14点，早盘也一度冲高到2166点，但随后就是一路下行，尾盘居然还跌了5个点，而前晚道琼斯是暴涨239点，涨幅达到3.46%，当天恒生指数暴涨583点，涨幅4.88%，日经指数暴涨351.7点，涨幅4.89%。

这样的特立独行其实已经不是第一次。

道琼斯美国时间3月10日暴涨379.44点，涨幅5.8%，形成年内下跌以来的第一次强劲反弹，11日开盘的全球股市同“涨”起舞，恒指涨237点，涨2.03%，日经指数涨321点，涨幅4.55%，欧洲三大指数涨幅均超4%，只有A股下跌19.54点，幅度0.91%。

不管怎么说，实际情况就是这样，道琼斯连涨三天超10%，上证指数连跌三天，从高点到低点接近6%。

其实，这也没什么可奇怪的，因为前期，尤其是2009年以来，A股和道琼斯的走势就已经分道扬镳，道琼斯从年初的9000点跌到6470点的过程中，上证指数却从1800点一路上涨到2402点。显而易见，A股正在按照自己的节奏走独立的行情，甚至连两会都不能左右，更何况水皮早在此前就已经说过，历史的经验证明，从来就没有什么两会行情。而2009年两会期间指数的震荡幅度和2008年相比，可以说一个在天上，一个在地下。2009年两会前，上证指数是2093点，两会后收盘价是2128点，好歹涨了35点，而2008年两会前，上证指数是4348点，两会后却只有3668点，下跌超过680点。

如果宏观政策的持续不用怀疑，如果道琼斯指数探底成功，如果房地产市场的交易量开始不断放大，那么还有什么因素会影响中国股市的恢复性行情呢？

供求关系。

供：无非是指大小非。

众所周知，三月份是大小非解禁的高峰，这个高峰如果能够平稳过渡，那么，大小非今后就是一个规范的问题，而不再是一个资金的问题。从二月份的数字看，减持的份额达到10.19亿股，较一月份激增79%，但是减持的比重却在下降，因为二月份解禁的份额达137.83亿股，10.19亿股的减持只是占到了当月交易量的0.21%，这个比例是去年11月份以来最低的，也就是说，市场越活跃，接纳大小非减持的能力也越强，消化的能力也就越强。大小非这道坎总要过，过的是心理关，心理上过不去，市场就上不去。

求：无非是指流动性。

一月份信贷增长1.6万亿，其中6000亿是票据，而票据之所以盛行是因为存贷利率已经出现倒挂，票据贴现已经可以从银行套利。在CPI和PPI双双出现负增长的情况下，央行差别降息不仅有可能，也有必要。一方面可以降低储蓄率，一方面也可以减少银行的成本压力，何乐而不为？虽然一月份和二月份的信贷已经超过了全年计划的一半，但是，存款准备金率还在13%的高位，还有很大的调整空间，流动性是充足的，就看央行的龙头如何调控。有一点必须明白，通缩的压力是现实的，而通胀的忧虑是未来的，在一个产能严重过剩的中国，通胀未必就是货币现象，更不一定就是供不应求的真相。

供求关系，相辅相成，相生相克。流动性充足，大小非的减持压力反而不大，而流动性缺失，大小非的减持动力就会陡增，虚拟经济和实体经济就是如此巧妙，让人回味无穷。

充足的弹药充满了流动性，也充满了含金量，24K。

（2009 年 3 月 14 日）

华尔街见底的代价

“华尔街见底了吗?”

这是3月14日出版的《华夏时报》的头版头条，终审的时候，水皮和编辑商量，能不能把问号拿掉，旗帜鲜明地作出判断，华尔街见底了，但是编辑很为难，因为文章本身并没有那么肯定，再说有个问号也留有余地，话不说死，万一判断有误可以自圆其说。

编辑的话有没有错？没有。

所以，华尔街见底了吗？就是一个悬念。

现在看来，小心虽然无大错，毕竟底气不足，而市场的表现却比我们原来预料的还要强劲，从我们布置选题时的3月12日起，道指直线上扬，从6932点一口气涨到7483点，5个交易日涨了550点，平均每天涨100点，难怪华尔街的天空都变得阳光明媚起来。

为什么会判断华尔街见底呢?

一个因素是花旗的股价。

3月5日，花旗的股价在盘中一度被打到0.97美元，收盘勉强在1美元以上，如果不是交易所法外开恩，花旗已经有被停止交易的危险。曾经全球市值最大的银行在两年不到的时间中，股价可以从55美元跌到1美元，市值可以锐减到60亿美金，如果不是拜托金融危机，根本就是不可思议的事情。而花旗一、二月份的业绩是盈利83亿美元！花旗的股价某种意义上已经归零了，但是花旗会从地球上消失吗？会从美国人民的生活中消失吗？高盛、贝尔斯登、雷曼、美林、摩根斯坦利等投行可以作为一个行业而消失，但是花旗和美国银行这样的零售银行如果也从华尔街消失了，美国人还怎么生存？美国政府连AIG都不敢让它破产，又怎么会让花旗破产？答案只有一个，花旗即便在技术上已经破产，也必然重组。如果花旗、美国银行、AIG都到跌无可跌的地步，道琼斯又能跌到哪儿去呢？事实上，短短两周时间，花旗的股价已经从0.97美元涨到3.89美元，涨幅达300%，美国银行的股价也从2.53美元涨到8.57美元，涨幅达240%，AIG从0.33美元涨到最高2.00美元，涨幅近600%。

一个因素是巴菲特之“死”。

巴菲特被投资者视为股神，更被奉为价值投资之父，但是这一回巴菲特也承认自己至少犯了一个大错误，在油价炒至天价的时候增持康菲石油而大幅亏损，巴菲特作为偶像被完全颠覆，更为重要的是，巴菲特在2008年的段市崩溃中曾经发挥过精神支柱的作用，他一句“买入美国”堪比民族英雄，连巴菲特这样小心的投资者都抄底抄在半山腰，美国股市还有希望吗？事实上，股市行情就是这样，多头不死，跌势不止。巴菲特无疑是坚定的多头，甚至接近最后一个多头，这样的多头都近消失，股市的做空力量也就接近衰竭了，没有多头也就没有空头。其实，很多人在看巴菲特抄底被套的笑话的时候，并没有意识到在巴菲特的身上还有一条定律，那就是股市往往在巴菲特抄底之后的半年左右才会见底，也就说巴菲特作为一个股神在投资者心目中死去的时候，股指的游戏也就到了结束的时候。

华尔街见底，这是我们期望的事情，期望的事情不见得会实现，但是担心的事情却往往会变成现实。

大家一定还记得温总理记者招待会上的答记者问，温总理担心中国资产在美国的安全，因为中国的外汇储备中大量的份额已经变成了美国的国债和机构债，我们把钱借给了美国人，但是却不掌握这些钱的定价权，所以借给美国人的这些外汇储备就成了烫手的山芋。我们不能抛美债，那等于自己和自己过不去，因为我们是美国最大的债主；我们也不能再增持，因为美元一定会贬值，还是自己和自己过不去。

怕什么来什么！

美联储18日经过两天的例会宣布，在维持基准利率0%—0.25%区间不变的情况下，计划推出一系列重大的措施刺激经济和改善信贷，包括在未来六个月内收购3000亿美元长期国债，同时将现有的收购“两房”发行或担保抵押贷款相关证券的规模扩大至1.25万亿美元。

美联储的钱从何而来?

印钞机印出来的。

什么东西都是多了不值钱，钱也是这样，通俗地讲，美元贬值了，温总理最担心的事情就是这样不可避免的、无可挽回地发生了。18 日当天，美元出现了 20 年来最大的单日跌幅，美元指数从 87 直下 83，美元会不会就此崩溃。现在谈论为时尚早，但是如果出现了，我们怎么办？难道真的只有去买美国的股票和商品？

不这样，又能怎么样？或许，这就是华尔街见底的代价，而这个代价又被转移到了中国这个最大的债权人头上，谁让我们做不了美元的主呢!

（2009 年 3 月 21 日）

中国银行的今天就是美国银行的明天

股市涨的时候就会有人问为什么涨，跌的时候就会有人问为什么跌，但是却很少有人反过来问，为什么不涨？为什么不跌？

这不是绕口令，这实际上反映的是一种思维方式。什么思维方式呢？逆反思维的方式。

工商银行大涨5.84%，带动银行股全线反弹，也带动指数重新挑战2400点的前期高点，尽管水皮此前在杂谈中一再提醒大家2400点不是头的重要原因就是工商银行还在低位，中投汇金还在套牢状态，但是不以为然的人并不少。

工商银行为什么不能涨呢？

从工商银行的年报来看，工商银行2008年的净利润是1100多亿，排名仅在中石油和中国移动之后，已经成为全球最挣钱的银行，每股利润是0.33元，对应现在大涨之后的股价市盈率才10倍多一点，而每股0.16元的现金分红更让工商银行的现金收益率达到4%以上。

4%的现金收益率是一个什么概念？

4%的现金收益率指的是你现在4元不到买入的股票，一年下来股票即便不涨你也有4%的红利收入，一年期的银行存款才多少，2.25%！

当然，工商银行的股价有可能涨，也有可能跌，工商银行的业绩增长有可能是正的，也有可能是负的。不过，从宽松的货币政策环境来看，从工商银行的存贷差来看，工商银行的业绩未来即便没有今天的36%的高增长，但是增长却是没有疑问的。

读水皮杂谈的朋友都知道，历史上水皮曾经两次旗帜鲜明地力挺工商银行。第一次在2007年初的大牛市，工商银行股价在4元价位，水皮就认为会有翻倍的行情，年末工商银行创出9.00元的新高；第二次是在2008年3月下旬的大熊市，工商银行股价在5元左右，水皮在民生银行的系列报告会上多次直言三个月内必有暴利，一个月后工商银行股价创出6.94元的反弹高位。

为什么敢作这种判断?

其实只是根据常识。

2006年初，水皮参加东方卫视的头脑风暴举牌明示，年底指数突破2500点，其时上证指数不过1500点附近，在回答上海投资者提问的时候就以宝钢举例说明无风险投资路径。和工商银行现在的股价相近，宝钢其时只有4元，而宝钢股改时明确承诺，连续两年的现金分红不少于0.60元，这意味着什么？这意味着每年的现金收益率将至少到达7.5%以上，银行的存款利息才有多少？宝钢当时是不涨，股性是不活，但是大象也有跳舞之时，宝钢不是不会涨，而是时间不到，时间一到就会涨得连追都追不上。事实上，水皮说完此话5个月内宝钢就是不涨，但是一旦开涨，两个月内翻倍，一年之内股价直上22元的历史高位，即便经历了一个大熊市，宝钢股价现在依然还有6元左右，而宝钢的净资产是5.60元，2008年前三季度的每股收益达到0.71元。

大家都知道，水皮对宝钢这个公司的道德评价不高，但是不影响我们的价值判断；大家也都知道，水皮喜欢以工商银行举例，但是本人却不做投资组合。

同样，根据常识，我们可以对美国政府处理银行的有毒资产作出基本的判断。

银行的有毒资产既是次贷危机的结果，同时又是金融危机的原因。从某种意义上讲，次贷危机之所以会演变成百年不遇的金融危机就是因为无法处理或者说找不到各方面都能接受的处理办法而拖延形成的。按照美国资本主义的逻辑，美国的银行不能国有化，而美国的银行如果不能被政府接管，那么国会批准的注资又会面临巨大的黑洞，直到引出AIG的分红丑闻。美国银行的毒资产就是金融机构身上的毒瘤，毒瘤不去，输入再多的资金也无济于事，创口会不断地腐烂、发炎，所以对有毒资产的清理就如同人体伤口的清创手术，不但是必要的，而且是必须的。美国新任财长盖特纳的贡献，就是为清理这些毒资产找到了一个修正主义式的路径，成立由政府牵头的公私合营基金，由政府投入先期资金，吸引私募组合一起接手银行有毒资产，一旦为有毒资产完成定损，政府投资即刻退出，这样既解银行流动性之急，又免除美国人银行国有化之忧。

美国银行毒资产的处理方式其实是和当初中国银行业剥离不良资产一样的，正因为四大行成立了资产管理公司，完成了不良资产的剥离，才完成了股份制改造，完成了工商银行在内的国有股份制商业银行的上市，工商银行、建设银行和中国银行才会在金融危机之后成为全球市值排名最高的银行。

中国银行的今天就是美国银行的明天。

这也是常识。

（2009 年 3 月 28 日）

行情总是在犹犹豫豫中发展

行情总是在绝望中产生，在犹豫中发展，在震荡中生成，在欢乐中死亡，这是股市的规律，不以人的意志为转移。

2月20日，上证指数在摸高2402点之后跳水探低至2206点，悲观情绪在市场中开始弥漫，这难道就是八成机构去年底今年初预测的顶部吗?

当然不可能，为此水皮杂谈发表“行情还有没有新高点?”的文章，明确指出2402点不会是此轮反弹的高点，网络转载时编辑眼毒，一下子就把这挑出来做了标题，更叫人想不到的是，这样一篇评论居然在新浪财经新闻的点击排行中名列第一，可见网民对于行情是多么的关心。

2402点是头部吗?

现在谁都知道不可能了，因为上证指数已经在4月1日以愚人节的方式完成了2402点的突破，当天收在2408点，第二天又收在2425点，第三天收在2419.78点，一般而言，如果连续三天都在2402点之上，就可以视作对2402点有效突破。

2009年的4月2日，对于人类来讲是值得纪念的一天，因为这一天G20，也就是全世界影响力最大的20个国家的元首汇集英国伦敦，开了四个小时的会，讨论了六个议题，决定了世界经济今后的发展方向，这既是全球金融危机的结果，又是新一轮经济利益全球范围格局调整的开始。大家形成的共识中既有1.1万亿美元的国际货币基金组织的注资计划，又满足了中国等金砖四国对于特别提款权的要求，还在对冲基金跨国的监管上达成了一致，可以讲成果超出预期，有点皆大欢喜的味道。

这一点，全球资本市场的欢呼就可以证明，2日当天亚太股市已经开始暴涨，日经指数涨了360点，涨幅是4.41%，而恒生指数则涨了1002点，涨幅达到惊人的7%，欧洲三大指数中，英国金融时报指数涨幅最小4.28%，德国法兰克福指数涨得最多，涨了6%，法国CAC指数居中不多不少正好5%，而美国的道琼斯指数则上涨了2.8%，标普则上涨2.9%，纳指则上涨了3.3%，虽然道指涨幅是最小的，但是盘中突破了8000点，从底部的6470点算起，已经涨了20%还要多，而当天的油价则合情合理地暴涨了9%。

与全球股市的欢欣鼓舞不同，4月3日的中国股市却走得垂头丧气，无精打采，上证指数跳空21点在2446点开盘，摸高2456点就一路回调，为什么会如此半死不活呢？

从节气上来看，清明将近，这个时候和冬至差不多，都属于鬼节，一般人的心态都相对低迷，情绪不振，这种心理状态反映到大盘的盘面就会出现欲振乏力，欲下不忍的走势，这也是水皮此前赞成丁元恒判断清明前后有短期高点的重要理由。

但这不是主要的原因。

关键在于如何判断现在行情的阶段，是在发展初期还是后期，是一致认同还是分歧严重？

其实，4月3日的状态在4月2日已经有所反映，当天工商银行和中石油、中石化等权重指标股走强，敏感的投资者已经产生恐惧，盘中已经是涨少跌多，而4月3日不过是4月2日的翻版罢了。

这是一种典型的熊市心态，指标股稍有风吹草动，投资者就害怕拉高出货，而此时此刻的心态又多少与创业板的高调IPO有紧密的联系，证监会宣布这个消息的当天，上证指数和深圳指数均大幅跳空低开，利空已经是一种本能的反映。

其实，号称十年磨一剑的创业板，无论从概念、模式、监管、发行、准入和交易各个方面看，都和美股和港股的创业板不是一回事，我们现在推出的创业板无非是中小企业板的迷你版，上市门槛比主板只高不低，监管力度比主板只强不弱，交易风险比主板不升反降，这样的创业板和主板没什么区别，唯一的区别就在于盘子大小而已，一个山寨版的创业板对于投资者而言并不是坏事，因为在全球范围内除了一个纳斯达克外，其他的创业板都是死亡板，没有一个成功的，而纳斯达克现在的上市公司只有高峰时的一半，指数则只有1/4，如果没有微软和英特尔，纳斯达克也乏善可陈。此创业板非彼创业板，此创业板8月份的开通，无非是为风投的退出开了一条通道，为中小企业融资开了一条通道，为重启IPO开了一条通道，仅此而已。

难道权重股就该受歧视吗？难道大象就没有跳舞的资格吗？难道银行股的投资价值就不该重估吗？难道IPO就该断子绝孙吗？

当然不应该，所以我们现在的犹豫正是行情没有穷尽的反证，太多的人拥有太清醒的理性，这是不幸还是万幸，每一个人都有自己的答案。

悲观是悲观者的墓志铭，乐观是乐观者的通行证。

（2009年4月4日）

“小阳春”会不会迎来“倒春寒”？

中国社会科学院的专家说房价还会下跌50%，北京社会科学院的专家则号召大家扛到房价跌不动的时候再买房。

专家们的话非常受关注，中国社科院专家的言论《华夏时报》报道后在网上的点击率稳居第一，而北京社科院专家的话则遭到华远地产总裁任志强的强烈抨击，不管是中国社科院的专家，还是北京社科院的专家都是引导舆论的专家，都会牵舆论的牛鼻子，都会挠舆论的痒痒肉。

但是，事实上，专家的言论是一回事，而市场的表现又是一回事，根据我们的记者调查，北京的房地产交易量的确已经回升到一个比较热销的水平，工商银行的统计表明，三月份的个人房贷量的增长已经补平了一月和二月的下滑空档，这个量是真真切切的，很难作假。

现在，很多人关心的是，2009年春突如其来的“小阳春”究竟是市场转势的开始呢，还是反弹的回光返照？

不同的判断将决定市场下一步的走势，如果是转势，那么买入就是抄底，如果是反弹，那么卖出就是套利。

买，还是不买，就是一个问题。

听专家的话就不能买，而市场的反映却说明，听专家的话的并不多。

怎么看专家的观点和市场的反差呢？

其实，所谓专家是指这么一群人，大家不知道的事情，他知道一点，而大家都知道的事情，他却往往不知道，这样在一些专业领域，专家的价值就比较突出，而如果一旦进入公众领域，专家的价值马上就要大打折扣，如果进入投资领域，那么专家观点往往就会成为反向指标，这并不是专家的责任，这是因为秀才碰到兵有理说不清。专家的语境针对的是理想状态，假设对话的对象是理性的客体，而投资者则偏偏是一群感性的人。社科院的专家为什么不敢预测股指走势却敢预测房价走势呢?

房价高还是不高，因人而异的，已经买房的人希望房价越高越好，因为资产升水了，没有买房的人希望房价越低越好，因为房价越低，买房的成本就越低；房价合理不合理，更是因人而异，买得起房的人再高也是合理的，买不起房的人再低也是不合理的。关键在于如何找到均衡区间，也就是我们在投资上常讲的价值中枢。

股市上确定价值中枢可以用市盈率作标准，但是地产价格上仅仅用租售比是不够的，能够说明问题的还是成交量。什么区间能够形成密集成交，什么区间就是一个供求平衡的区间。根据量在价之先的原则，地量之后有地价，天量之后有天价，只要成交不再萎缩，那么指望房价再次出现50%的跌幅就是很困难的事情。

和中国股市救市救的是价不一样，在中国政府看来，房地产市场要救的不是价而是量。事实也证明，政府的选择是明智的，措施是有效的，房地产振兴没有进入十大产业规划，不仅仅是网上舆论影响的结果，也是中国政府对于成交量回升判断的结果，毕竟救市是雪中送炭，不是火上浇油。

和中国股市2007年想不挣钱都不行一样，中国房地产市场在经历了高速发展之后，想不暴利都不行的岁月已经一去不复返了，开发商不努力就卖不出房，消费者不努力就买不起房的时代正在来临，所以，从这个意义上讲，“小阳春”之后出现倒春寒不是没有可能的，北京的房地产市场不会像北京的天气一样，春色未浓，直接入夏。

当然，中国的楼市和股市相比，无论是调整的空间和时间都不够，也正因如此，此前水皮一直认为楼市的复苏恐怕在没有任何新的政策刺激的情况下要在九月份才会出现，因为彼时去库存化已经持续一年，而其间新开工项目冻结将导致市场出现供需自然平衡。现在看来，必须加入一个变量，那就是宽松的货币政策对开发商和消费者双方的影响。从流动性的角度看，楼市的调整空间和时间也有可能被压缩。

“小阳春”之后的楼市会不会出现倒春寒并不重要，重要的是中国的房地产市场现在进入了一个新的发展阶段。在价值中枢相对确定之后，不同项目的分化就在所难免，楼市将进入一个价值发掘的过程，强者恒强，弱者恒弱，该涨的涨，该跌的跌，这一点和股市是一样一样的。

（2009 年 4 月 11 日）

第二次“5·19”行情的新特征

一年下跌25%，怎么办?

提出这个问题的人叫周正庆，中国证监会的前任主席。1999年上半年，中国的股票市场经历了长达两年的盘整行情，整体上一直处在下滑状态，到1999年5月18日，上证指数已经跌到1059点，比1998年6月3日高点下跌超过25.4%，不少股票和基金跌破发行价。

为了解决怎么办的问题，周正庆主持的证监会给国务院打了个报告，叫《关于进一步规范和推进证券市场发展的若干政策的请示》，这个报告经财政部、央行反复磋商后被国务院于5月12日正式批准，由此，拉开“5·19”行情的大幕，受此消息的刺激，上证指数在一个月不到的时间中上涨的幅度将近30%，达到1387点左右。

但是，伴随着指数的上涨，质疑之声也纷纷出现，有人认为宏观经济没有改善，井喷行情只会哪来回哪去，更有人认为，政府如此救市，制造人为牛市，后果不堪设想。针对这些疑问，周正庆再次组织向国务院提交了《关于近期股票市场情况的报告》，于是便有了《人民日报》6月15日头版头条评论员的文章《坚定信心，规范发展》，明确指出:“5·19”以来调整两年之久的中国证券市场开始出现较大上升行情，近期股市反映了宏观经济发展的实际情况和市场运行的内在要求，是正常的恢复性上升。证券市场具备了长期稳定发展的基础，对推动国企改革和现代化建设至关重要，世纪之交，中国证券市场正面临难得的发展机遇。

《人民日报》评论员的文章不啻为井喷行情空中加油，借此力道，上证指数一举冲破1500点，创出1756点的历史新高，此后更是演变成为历时两年的牛市，在2001年又创下2245点的记录。

这就是历史上著名的“5·19”行情，《人民日报》的评论员文章堪称此轮行情的点睛之笔，如果没有恢复性行情的判断，很难说会不会半途夭折。

历史总有惊人的相似之处。

1998年的中国和2008年的中国面临的内外部环境几乎是一样的，外围是东南亚金融危机，国内则是50年不遇的洪水灾害，国有企业亟待解贫脱困，国内市场亟待启动消费。"5·19"行情的理论基础是财富效应，从某种程度上讲，也是政府刺激经济的一种手段。而2008年，我们外受全球金融危机的冲击，内遭特大地震和雪灾的袭扰，中小企业不堪重负濒临破产，国内消费市场同样也是欲振乏力，中国政府最终以4万亿政府投资作为强行起飞的路径，套路和1998年如出一辙。宏观经济的调控思路既然是一样的，反映到股市上会有两样吗?

正是基于这种判断，水皮早在2008年7月底就提出2008年底和2009年初，极有可能出现"第二次'5·19'行情"。

现在的行情是"5·19"的翻版吗?

当然是。

上市公司业绩在下滑，经济回暖，尚无定论，但是上证指数却从2008年10月28日的1664点走到目前2550点的位置，不是第二次"5·19"行情，又是什么?

现在要讨论的是，第二次"5·19"行情会如何演变，会不会再有《人民日报》的评论员文章出现?

2009年4月11日，温家宝总理在泰国召集随行记者举行发布会，表达自己对宏观经济形势正在好转的判断，而总理的判断依据则来自四个方面，一是投资正在快速增长，二是规模以上工业增速正在逐月上升，三是制造业经理人采购指数和企业家信心指数正在上涨，四是市场信心正在提振，经济活跃度正在提高，股市、房地产交易量正在扩大。

值得指出的是股市和房地产交易量已经成为总理对经济形势研判的一个指标。这一方面说明，股市正在成为经济的晴雨表，另一方面也说明，股市的运行方向和管理层的愿望高度一致。

其实早在春节之后，水皮已经注意到这个细节，总理同样是在伦敦，同样似乎是不经意间问到了股市的情况，虽然闹了误会，但却向外界传递了操心股市的强烈信号，其时上证指数在2000点徘徊，而当总理第二次以股市举例时，上证指数已经上冲2500点以上。

总理的讲话和《人民日报》评论员文章的分量孰轻孰重，每一个人可以有自己的判断，但是方向应该是一致的。这恐怕就是第二次“5·19”行情运行的新特征。

（2009年4月18日）

此 2500 点和彼 3500 点

指数一涨，看多的言论满天飞；指数一跌，看空的言论就铺天盖地，有人说反弹见顶了，有人说行情结束了，甚至宏观经济向好都成了利好出尽是利空。

莫衷一是。

其实，指数这个东西有时候就是一个情绪化的产物，涨不动了就会跌，跌不动了就会涨，跌完了再涨，涨完了再跌，反反复复，不断轮回。如果要说看空的话，水皮早在 3 月 28 日的常州论坛上就已经指出，清明节前后，也就是 4 月 3 日或 4 月 7 日，上证指数会出现反弹的高点，注意，是高点而不是顶点，之后指数会进入一个调整周期，时间或许会持续到 4 月 27 日左右，这就是媒体广为流传的水皮在 2500 点看空的由来。

清明前后为什么会出现反弹的高点呢？

因为清明就是一般意义上的“鬼节”，大家在追思先祖亡灵的时候，情绪会怎么样，大多数人的情绪难道不是低落和压抑的吗？天人是合一的，大自然的节气的变化对人的情绪和心理的影响是最大的，而股市又是一种大众心理游戏，这不是迷信，这是自然规律和社会规律的统一，你可以不信，但是指数的走势已经说明了一切。

3 月 28 日之前，上证指数收在 2374 点，一周之后也就是 4 月 3 日，上证指数创出 2450 点的新高，当天指数就冲高回落，4 月 7 日反弹没有超过 4 月 3 日的高点，4 月 8 日不客气地收出了本轮反弹以来一根最大的阴线，暴跌超过 92 点，虽然振幅没有 4 月 22 日的大，但是绝对跌幅只多不少，尽管指数在指标股的维护下一直努力上攻，并且创出过 2579 点的高点，但是结果就是眼前的震荡。

这样的调整早在我们的意料之中，没有什么可奇怪的，我们纳闷的是，现在事后诸葛亮般看空的股评家们，一个月前又在干什么呢？

凡事预则立，不预则废。

更早的是在春节之后的第二期《华夏时报》，封面的专题就是“2009年红牛行情锁定井喷目标：第一2500，第二3500”，其时上证指数在2100点附近，而绝大多数机构不过把2009年的高点锁定在2400点而已。

2500点既然是第一目标位，那么，在这个点位有震荡有消化就是难免的，短期可以做空，但是也正因为2500点是第一目标位，所以长期来讲完全没有必要看空，这是一个战略和战术的问题，也是水皮经常说的战略上看多，战术上做空。

至于2500点有没有泡沫，需要不需要管理层再搞第二次“5·30”,这样的说法多少有点黑色幽默。

泡沫是股市与生俱来的东西，就像啤酒一样。什么样的啤酒没有泡沫呢？答案只有一个，那就是当啤酒放坏的时候，泡沫就没有了。上证指数跌到1664点的时候，泡沫是没有了，因为满地都是投资者的血水，这样的股市连管理层都不能忍受，又何况投资者呢？

那么，深交所为什么要警示风险呢？一方面中国的股市这轮反弹以来，涨幅最大的就是概念股，多则3—4倍，少则80%，风险是显而易见的；另一方面，深交所要推出创业板，如果概念股如此爆炒，那么创业板就是凶多吉少，大好前途有可能毁于一旦。深交所的警示与其说是保护投资者，不如说是保护自己好不容易争取来的创业板。

事实上，暴跌之后管理层的反应就是最好的说明。证监会有关负责人马上否认5月重启IPO的说法，银监会辟谣信贷政策没有收紧，而央行则重申坚持宽松的货币政策，而在上周的杂谈中，水皮就已经提醒大家，股市和房地产的活跃已经成为总理判断宏观经济趋势的四大指标之一，管理层的反应无非是和总理保持一致而已。

某种意义上讲，2009年的2500点和2007年的3500点是一样的：2007年3500点的时候，70%的股票已经完成了牛市的历程，指数向6000点的进军主力是大盘蓝筹指标股；2009年2500点的时候，70%的股票也已经完成了自己的反弹目标位，在指数今后的推高中，不但不会涨，反而还会跌，因为推动指数上升的力量一样会来自大盘蓝筹指标股。

为什么说今后推动指数的力量是大盘蓝筹指标股呢？

第一个因素是工商银行为代表的银行股整体没有多大涨幅，相对于大盘24—35倍的市盈率，这个板块的市盈率只有10倍多，处于价值洼地和价格低位，汇金公司的护盘资金还在套牢状态。

第二个因素是中石油和中石化同样没有多大的涨幅，市盈率在20—30倍之间，集团的护盘资金也在套牢状态，国际油价的波动和中国汽车产量的热销将对石化双雄的崛起产生助推作用。

第三个因素是以中国平安和中国人寿为代表的金融股A股和H股处于倒挂状态。中国平安的A股在40元，H股在50元，中国人寿A股23元，H股27元，工商银行A股4.02元，H股在4.40元。涨有追赶的目标，跌又能跌到哪里去？

北京的天气乍暖还寒，A股也一样。

（2009年4月25日）

恢复性行情刚刚有点感觉

为什么在宏观从紧的货币政策的2008年，CPI却从4%涨到了8%，为什么在宏观宽松货币政策的2009年，CPI却从正的变成了负的?

谁能解释清楚，通货膨胀究竟是怎么回事，货币政策和通货膨胀又是一种什么关系。如果说流动性过剩必然导致通货膨胀，那么如何解释2008年和2009年的CPI走势，如果说不是，又如何解释我们的货币调整的依据?

当然，根据货币供应学派的说法，从长期来看，任何通胀都是一种货币现象，而我们国内的学者，尤其是在管理层拥有话语权的一批学者，都是弗里德曼的信徒。这些信徒出于对祖师爷的顶礼膜拜，根本就没有在意祖师爷讲话的前提，那就是，从长期来看。

什么叫从长期来看，言外之意就是短期波动未必就是这样，从短期看，货币的流动性过剩只是通胀的一个必要条件，而不是充分条件。

2008年的中国CPI所表现出来的通胀，与其说和货币相关，不如说由猪肉价格决定。因为统计的缘故，粮食和食用油以及肉价的走势构成了CPI将近70%的权重，也就是说从2007年底开始的肉价的上涨是拉动CPI不断上升的动因。

也正因为此，2008年中国的总理曾经在相当一段时间中把精力都投入到了生猪生产的组织和落实上，中国政府在母猪身上的行政补贴和保险投入也达到了历史上从没有过的程度，受此影响，相当一部分的房地产商、网络精英，甚至国际投行都加入到了跑猪圈地的所谓投资热潮之中，一方面想方设法套现国家的补贴资金，另一方面以猪的名义行投机地产之实，更重要的是为现在操纵生猪期货价格打下一个巨大的伏笔。

但是，正如猪肉价格的暴涨导致的通胀只是一种假性通胀一样，猪肉价格本身的上涨事实证明也并非供不应求的反映，否则如何解释一年不到就如期而至的杀猪潮，又如何解释猪肉价格的暴跌呢？

影响猪肉价格和粮价暴涨暴跌的真正原因，不在供求关系，也不在渠道作奸，而在于国际原油价格的炒作。

大家知道，现在原油的期货价格在50美元附近徘徊，而历史上第一次突破50美元则是在2004年10月底，2006年8月在冲击80美元之后一路下跌，短短四个月又跌回到了50美元附近。从2007年1月的50美元起步，一年之内油价涨到90美元，2008年初，又从90美元一口气狂涨到年中的147美元，最终又从147美元的高点直落到50美元。

如果看中国的CPI走势图，我们就会有惊人的发现，在2007年初油价起步之时，CPI只有2.20%，一年内CPI和原油同步暴涨到8.7%，尽管有中国政府在国内管制成品油价格的种种努力，2008年6月的CPI依旧保持在7.7%的高位，之后，油价跳水，CPI亦一路下滑到-1.6%。

国际油价之所以能从50美元一口气拉到150美元附近，投机力量占主导因素，而投机的概念之一就是“中国饿虎论”，中国高速增长的经济对原油的需求，油价的上涨拉动替代能源的预期，替代能源又以乙醇汽油为主，乙醇汽油又从玉米中提取，所以一方面油价上涨，一方面美国的50%玉米又有转成工业原料的预期，必然拉动玉米等粮食价格的上涨，玉米价格的上涨又导致猪饲料成本上升，猪肉价格的上涨链条由此形成。

中国政府为切断CPI和PPI的传导而对成品油价格的管制，虽然对稳定国内价格短期有效，但是因为没有压缩需求的预期，反而又给了国际炒家以不断拉高原油价格的理由，这是违反价格规律的必然后果，中国政府管得了成品油，但管不了国际原油价格，能让中石油、中石化尽社会责任而亏损，但不能让唯利是图的炒家金盆洗手，中国已经成了世界经济的重要组成部分，不国际化不市场化是不行的。

这一轮国际油价的顶点出现在2008年7月不是偶然的，6月13日中国政府的宏观调控政策出现了180度的大转弯，月底大幅度调高成品油价格和电价，纽约原油期货价格盘中应声暴跌，虽然又有拉升，但已成强弩之末，高盛200美元的梦想终于成为噩梦。事实上，根据美国的研究也证明，在经济波动的相应因素中，消费只有0.15%，GDP为0.2%，投资1.2%，道指1.6%，标普1.8%，纳指2.0%，而原油期货则达到5.3%。

现在看来，猪真倒霉，2008年被原油炒作忽悠了一把，2009年又要被流感忽悠一把，左右为难，里外里都不是人。

那么猪流感会影响股市吗？

插曲而已。

中国的股市还会按自己的节奏发展，上期杂谈“此2500点和彼3500点”预言4月27日结束调整的话被证实，而这个预言其实在一个月以前已经告诉大家，在我们的概念中，4月3日已经开始调整。市场就是这样，当大家都意识到调整开始时，或许调整已经结束了，5月份应该有新的高点出现，能不能达到第二目标位3500点，大家可以边走边看，其实，即便是3000多点，也就是腰斩的位置，对于高位截瘫的中国股市而言也就是刚刚恢复感觉，泡沫的感觉，投机的感觉。

没看一季度汇金还在护盘吗？

（2009年5月2日）

“诺贝尔的烦恼”价值几何？

当1998年东南亚金融危机爆发的时候，恐怕很多人对克鲁格曼1994年的预言多多少少都会有点“吃不到葡萄说葡萄酸”的狐狸心态，很多人会想是不是“瞎猫碰到了死耗子”，否则，为什么不给他诺贝尔奖呢？

但是，当2008年的全球金融危机又不幸而被这位美国大胡子说中之后，恐怕很多人再也无法对于这个大预言家的存在视而不见了。

不错，克鲁格曼就像一只高高地站在枝头的乌鸦，不断地发出“No More”的叫声，风调雨顺的光景，这种叫声既聒噪又烦人，而当暴风骤雨袭来之时，大家才认识到这样的声音是多么的难能可贵。

克鲁格曼作为一只叫对了两次的美国乌鸦，诺贝尔奖对他来讲实在是名至实归，而对于《华夏时报》和中国民生银行而言，2008年的诺奖并不构成如此隆重的邀请，我们看中克鲁格曼的不是他现在身上已有的光环，而是特立独行的气质，正是这种独特的气质，让这位经济学家拥有了客观的视角，冷静的思维，并最终成为我们广大投资者的镜子。

中国的经济学家最为大家诟病的，恰恰就是人云亦云或者上云亦云或者书云亦云。克鲁格曼可以拒绝克林顿的邀请，也可以因为观点的不同而成为奥巴马新政的“诺贝尔烦恼”，有哪位中国经济学家能抵得住“经世致用”的诱惑？

坦率地讲，水皮并不完全认同克鲁格曼的观点，作为一个凯恩斯的修正主义学者，克鲁格曼其实是非常实在的实用主义者，在“看得见的手”和“看不见的手”的博弈中，克鲁格曼其实是个调和派，市场均衡固然是理想，但是政府调控未必就大逆不道，也正因为此，克鲁格曼反而和中国政府有更多的共同语言，所以他一边抨击奥巴马，一边高度评价中国的努力。

他为什么总能猜对？

这是我们《华夏时报》为克鲁格曼访华打出的广告词，在中国经济和全球经济越来越一体化的今天，我们不光想知道克鲁格曼是如何成功预测昨天的危机的，更想知道他是如何预测明天的机遇的，毕竟，我们是为明天而生活的，我们的投资也是靠明天来保障的。

美国经济最坏的时机是不是过去了？华尔街为什么能出现如此巨大的反弹？美国的金融系统还值得信赖吗？为什么全球的资本又流入了美国？汽车业的崩溃对美国致命吗？中国经济的复苏有持续性吗？中国的外汇储备究竟该如何管理？中美两国在今后的发展过程中能够成为战略合作伙伴吗？“中美国”的概念成立不成立？通货膨胀的危机什么时候才会出现？

就在克鲁格曼访华前夕，美国银行的压力测试结果也出来了，19家参加测试的银行有10家需要750亿美元的支持，这个结果导致当天美国银行的股价暴涨6.46%，达到13.51美元，AIG的股价也暴涨5.98%，达到1.95美元，而在两个月前，美国银行的股价还在2.68美元，AIG则只有0.33美元。

上次我们在3月14日判断华尔街见底的理由之一是开始清理毒资产，现在压力测试的结果告诉我们，大恐慌的时代该结束了，道琼斯虽然会有反复，但是震荡向上的基调不会改变，和两个月前的6640点比，道琼斯两个月的反弹将近2000点，这是过去多年才有的涨幅，谁能说这不是机遇呢？

更巧的是，在压力测试报告出来前夕，巴菲特又在家乡召开了有3.5万人参加的一年一度的股东大会，又一次声称对伯克希尔信心不改，这个时间距离巴菲特上次号召大家买股票不多不少正好半年，又一次印证了巴菲特抄底比股市见底早半年的潜规律。

在这样的背景下，中国股市能跌得下去吗？金岩石曾经相对保守，认为1600—2400点是聚宝盆，我们最近在《财富非常道》一起做节目，他把上限又抬高了200点，我们上次做节目的时候指数在2000点，这次做节目时指数在2600点，下次做节目时一定会比现在更高。

（2009年5月9日）

中国经济增长是虚假繁荣吗？

一般来说，中国人对美国人的了解比美国人对中国人的了解要多得多，这一点在经济学家身上也是如此。

克鲁格曼先生能预言1997—1998年的东南亚金融危机和2008年的全球金融危机，但是他不敢预测自己何时能得诺贝尔奖，尽管他在1991年就已经获得了克拉克奖这个被广泛看做诺贝尔奖前奏的青年经济学奖，所以他获奖之初第一个反应是有人恶作剧，感觉非常funny，不过远在中国的清华大学教授李稻葵却早在2007年就预测他能获得当年的诺奖，结果克鲁格曼没得，李的导师却得了，2008年李稻葵再次预测克鲁格曼，这一次如愿以偿，终于预测成功，李稻葵和克鲁格曼在北大光华管理学院的论坛上讲起这些，克鲁格曼的反应明显迟钝，多少有点木然。

的确，克鲁格曼对于中国的了解非常有限，尽管他对中国政府的经济刺激方案赞赏有加，并且敦促奥巴马政府向中国政府学习加大经济的刺激力度，但是对于中国经济形势的判断是充满疑虑的，虽然他并不认为中国有内在性的危机，主要只是受到美国的影响的出口危机。他认为中国的分量并不足以充当复兴全球经济的责任，同时他表现出对中国官方统计数据的强烈悬疑，他搞不清楚，为什么中国一季度的GDP增长有6.1%，但是发电量却下滑了4%，在他看来，发电量是一个真实的数字作不了假的，而在水皮看来，这又是克鲁格曼一个天真的悖论，何以他不相信中国的其他统计数据，只相信发电量是真的？

当然，克鲁格曼先生是水皮邀请来的朋友，《华夏时报》这次和中国民生银行一起承办他的中国周活动，短短三天中安排了五场活动，水皮全陪。因此，对于克的了解比起大多数在书本上知道他的人要感性的多。所以当中央电视台的主持人芮成钢问水皮对克印象最深的是哪一点时，水皮脱口而出的就是克是个典型的美国人，典型的实用主义者，他号称自己是个自由主义者，但是他的很多观点在他人看来又是个超级的凯恩斯主义者，他相信市场又要求强化政府监管，他善于预言危机但又不悲观厌世，相信明天太阳照旧升起，和传统的中国经济学家比，克简直就是个滑头，克不会受意识形态的制约，不会受所谓学派的束缚，更不会因为预言危机而陷入其中不可自拔，这些都是中国学者的软肋。

一般的美国人不了解中国不可怕，但像克这样的诺奖得主不了解甚至对中国有误解是可怕的。因为这哥们来中国前刚和奥巴马进行过私人会晤，又每周两篇在《纽约时报》上写专栏文章，他是那种典型的舆论领袖，如果不是他来中国进行交流，我们都不知道他始终认为美国财政部关于中国政府没有操纵汇率的判断根本就是撒谎，正因为他来，我们可以请龙永图先生从国际贸易的角度，请夏斌先生从跨境资本的角度，批评他，帮助他，修理他。

水皮则在会上告诉他，中国经济的增长比预计的要好和快是有原因的，毕竟受美国影响是一个外因，内因是中国政府的宏观调控，货币政策及其他宏观政策从压抑到放开，从收紧到宽松，本身就是最大的生产力，全球金融危机更使中国对自己的比较优势有一个清醒认识，这是其一。其二，中国有着巨大的农村市场，这是内需提升的重要支撑，而家电下乡历经十年全面展开，对于消费的拉动作用明显。其三，无论是汽车销量，还是房地产市场的交易都在迅速升温，汽车的产量已经连续四个月创历史新高，股市也开始活跃，发电量下降更多的是同重化工的增速下降有关，而这又是中国一直在努力的产业结构的调整。

克对于泡沫的解释水皮最欣赏，在一个没有泡沫的环境里，经济增长的源泉在哪里？可惜的是，克想不出什么是下一个泡沫，而他正是因为找不出下一个经济增长的产业，对美国经济的复苏就相对悲观，或许九月份官方的数字会表明美国已经结束衰退，但失业率会继续扩大。而金融危机为什么十年一次，克也找不到出路，在水皮看来，正是美国华尔街的上市公司的治理结构出了问题，尤其是金融公司。由于过于公众化，上市公司没有大股东，只有 CEO，而所谓的绝大多数的独董又都是 CEO 的傀儡或党羽，上市公司成为内部人控制的公司，所有权是与管理权分离了，但是道德风险却无从约束，股东利益事实上在董事会无人代表，表现在薪酬体系中，盈利时有人分红，亏损时无人担责，寅吃卯粮，只管眼下，不管未来，而期权设计的结果更是放大这种风险，管理层为自己利益不惜造假，制造泡沫业绩助推股价泡沫，贪婪是人的本性，如果公司治理不能约束人的本性，那么危机就是必然的，克鲁格曼对此深表认同。

其实，水皮之所以提出公司治理的问题是源于华尔街走势，克鲁格曼的研究表明，道指的行情并不与经济形势正相关，六次行情中或只有一次才是正确的反映，换句话说，美国股市起不到经济晴雨表的作用。那么道琼斯反映的是什么呢？反映的是投资者的心理变化。《华夏时报》3 月 14 日作出“华尔街见底”的头版头条，其时指数在 6600 点，现在已经是 8500 多点，根据是什么？根据之一是花旗该破产不能破产，AIG 该退市不能退市，剩下的只有价值重构。事实证明，这种判断是对的，不管收购毒资产，还是压力测试，或者最近花旗发股收回政府的援助资金都说明，花旗的出路只有一条，那就是重新发挥作用，而花旗的“不死鸟”和中国市场当初的“郑百文”是多么的惊人相似！当一个公司大到不能死的地步时，就等于绑架了社会、政府、国家，这是经济，还是政治？

4 月 27 日以来的中国股市和水皮此前的预测是一样的，指数上涨了 10%，工商银行上涨的幅度是 12%，中石油是 16.6%，宝钢是 17.85%，也就是说指数的上涨是由指标股推动的，指数在不断创新高，投资者手中的股票 70% 在调整，但是担心是多余的，现在需要的是耐心。

（2009 年 5 月 16 日）

中石油会成为泡沫的制造者吗?

中石油的权重占上证指数的24%，中石油一个涨停影响上证指数126点，因此，中石油的走势并不仅仅代表的是一个能源公司的走势，几乎可以肯定地讲，中石油的走势也代表着上证指数的走势，中石油能稳定，上证指数就稳定，中石油不稳定，上证指数就震荡。

2007年11月5日是中石油登陆A股的日子，水皮杂谈此前发表“中石油是馅饼还是陷阱?”，明确指出两个结论，一是中石油的开盘价在50元附近，这是一个历史天价，二是请投资者像远离毒品一样远离中石油和中石化，最后说，牛市要继续，必须翻过中石油回归这一页。

当年的预言已经不幸被上百万的投资者以血肉所证明，而今天重提中石油的话题，一个原因是上证指数正处在上下两难的微妙时刻和点位，另一个原因是中石油在今后的行情中可能会扮演一个领舞的角色，指数的上上下下，可能的暴涨或暴跌都有可能由中石油导演。

为什么?

因为中石油的背后因素是原油期货这根魔杖，种种迹象表明，原油期货的炒家最近大有卷土重来之势，油价正在面临新一轮的动荡。

2008年7月11日，原油价格被炒到147.25美元的高位，半年以后的2009年1月15日暴跌到33.20美元的低位，而同期道琼斯指数不过从11100点跌到8212点，不用算也知道油价的暴跌幅度远大于股价，反过来同样，道琼斯指数尽管挖了个坑，从最低的6470点算，到现在的8300点，也就涨2000多点，幅度在35%左右，如果和1月15日相比，道指的涨幅更是微乎其微，但是油价却已经翻了一倍，最高到了62.26美元。

上证指数是在5月8日第一次收盘站上2600点的，而当天中石油从12.08元涨到12.45元，涨幅超过3%，大盘涨幅不过1%，而此前两天，国际原油期货价格从54.11美元被炒到58.56美元，涨幅达到8%还多。5月19日，上证指数创出此轮新高2688点，中石油当天由12.97元跳空高开13.21元，冲高13.45元，最后收13.15元，盘中一度涨幅达到3.7%，而纽约原油期货价格前一天从56.34美元被爆炒至59.52美元，涨幅达到惊人的5.77%。5月20日，纽约油价再次疯狂，当天上冲62.04美元，涨幅达到3.23%，中石油21日也由开盘时的13.05元上冲至13.46元，盘中涨幅也达到3%，上证指数尾盘跳水和中石油盘中一路下跌路径一模一样。5月21日，纽约原油出现本轮上涨的第一次调整，下跌0.99美元，跌幅1.60%，中石油在22日的开盘时刻以跳空低开1.3%开盘，收盘跌2.35%，直接带动上证指数低开16个点，而当天不过跌13个点。

国际油价向何处去，这不仅是我们判断国际经济形势走势的需要，也是我们把握A股走势的一个参考。问题是，国际油价现在既不由当年的石油巨头“七姐妹”控制，也不由欧佩克说了算，而是由投资基金操纵的。从2003年到现在，投入能源商品期货交易的对冲基金由不超过20家发展到了550家，投入交易的金额由200亿美元扩张了2400亿美元。在纽约商品期货交易所之外还有一个巨大的交易量已经超过纽交所的洲际交易所，这个交易所由BP壳牌、道达尔、高盛和摩根斯坦利等公司组建，也基本上为他们拥有，更为可怕的是，他们的交易按照《商品交易法案》和商品期货贸易委员会的规定不受政府监管，这正是所谓的“安然漏洞”的遗产，而以立法形式规定政府不能监管能源交易商在纽交所之外的交易行为，现在看来就是一种有组织有预谋的犯罪，操纵这部立法的格拉姆夫妇本身就是受益人安然的同伙，现在安然虽然破产，但洲际交易所作为唯一的另一个受益者依然存在，大量的原在安然公司充当马仔的交易员目前正在各大投行和基金扮演原来的坑蒙拐骗的角色。纽约商品交易所的原油期货价格不过是洲际交易所的影子而已。

显而易见，原油期货的价格和供求是没有关系的，一方面美国的衰退还在继续中，一方面具有进口需求的中国还在去库存化，国家发改委在油价暴涨20%以后始终不敢成品油提价就是一种证明。但是，我们必须提醒中国政府的是，如果一直不提价，需求就不会降低，那么会不会又重蹈2008年的覆辙，被炒家顺势而为作为炒高的理由，回过头来又倒逼成品油价格上涨？当然，如果成品油价格完全市场化，中石油就成为最大的受益者，股价就有可能一路走高，成为新一轮泡沫的制造者，引发下一轮股市的剧烈震荡，又一次陷入恶性循环。

（2009年5月23日）

三大强势特征如期而至

5月的最后一周虽然只有三天的交易，但是对于未来中国A股的走势却可能有着历史性的意义。

首先是完成了IPO重启的心理过渡。

5月22日收盘之后，中国证监会出人意料地在网站上挂出了IPO的修改征求意见稿，而且截止日期就在6月5日，正式文本公布之后即启动IPO，消息一出，舆论哗然，利好利空，莫衷一是。

水皮对待IPO重启的态度是一贯的，那就是只有市场低迷导致IPO失败的，还没有听说因为IPO重启而压垮市场的。因为，如果一个市场根本不能融资的话，那么这个市场本身就是一个无效的市场。历史数据也同时表明，中国股市七次暂停IPO，六次重启，无论是一周之内或者是一月之内，股指上涨的概率都在83%以上，唯一的例外是在2001年的11月29日，而那时股市正处在长达五年之久的大熊市的前期，大势不妙，更谈不上个股表现了。退一步讲，即便IPO重启是个利空，那么也是利空出尽，更何况IPO的预期是确定的，无非是早两月还是晚两月，是上证指数上了3000点还是2700点，如果3000点以上IPO就可以的话，难道2700点IPO后指数就不能上3000点了吗？

显然不会！

所以水皮说指数会低开高走，事实上也是如此，所不同的是，指数比水皮想象得走得还要硬，居然走出了100点的行情！

其次，确定了中石油泡沫制造者的地位。

股市的规律就是如此，担心什么，什么就一定会发生，期望什么，什么就落空。

5月23日的水皮杂谈只字未提IPO，是因为水皮认为在未来一段时间中，中石油将主导 A 股的走势，而国际油价的爆炒又会拉动中石油的油价，进而拉升中石油的股价，上证指数想不涨都难！中石油会成为 A 股下一轮指数泡沫的制造者。

上证指数从 4 月 27 日结束上一轮调整到 5 月 27 日最后一个交易日，正好历时一个月。指数从 2405 点涨到 2688 点，收盘收在 2632. 93 点，涨了 227 点，涨幅是 9. 4%，而此间，中石油由 11. 72 元起步，一路走高，收盘接近最高价 13. 66 元，上涨的幅度是 16. 55%，涨幅要大于大盘整整 7 个百分点，这意味着这个过程是以大多数股票下跌为代价的，大多数的投资者挣了指数赔了钱，即使同为能源股的中石化，同期涨幅也只有 7. 3%。更可怕的是，这种情况恐怕不是马上就会结束的，相反，可能还只是开始。

油价的爆炒是不可避免的。事实上，一周之内，国际原油期货价格已经从 61. 50 美元冲上了 65. 44 美元的台阶，并且没有丝毫要调整的意味。尽管中国政府的发改委已经表态，成品油价格在端午节假日期间不会上涨，但是谁能肯定节后不会涨呢？根据公开的成品油定价原则，国际市场原油价格 22 日内平均价值波动超过 4%，成品油价格就可以调整，现在距上次油价调整已经两个周期，而原油价格更是从 40 美元涨到 65 美元，涨幅达到 62. 5%，超过 4% 的 15 倍还多。

中国政府延缓成品油价格的调整自然有其道理。一方面，中国经济尚在恢复状态，对成品油的需求并没有那么大；另一方面，成品油价格在中国是涨起来容易降下来难，本身也没有充分下调，一个合理的价格更容易帮助企业控制成本，维护经济复苏的信心，但是，国际炒家会听中国政府指挥吗？

再者，金融危机的策源地美国市场的情况出现了微妙的变化，5 月份消费信心指数远好于预期。克鲁格曼最新的观点认为，世界已经躲过了一次巨大的灾难，全球经济正在稳定，工业化国家两个月后 GDP 可能出现回升。众所周知，作为成功预言了金融危机的诺奖大师，克鲁格曼一向以乌鸦嘴著称，嘴里没好话，月初来中国演讲时还预言美国要结束衰退至少两年，但是在中国和东南亚走一圈之后，说法和观点都有所不同。更有意思的是，美国银行业在经历了毒资产的收购、压力测试和新股发行融资归还政府救援资金三个阶段之后，在毒资产的谈判上出现了并购双方都不愿意的情景。如果美国经济的前景比我们预期的要好，那么外围市场就会继续走强，A 股的走强同样具有比价基础，毕竟恒生指数也好，日本东京指数也好，都在这一周创出了新高点。

（2009 年 5 月 30 日）

中国政府否决悍马并购的三大理由

美国通用破产并不是新闻，但是旗下的悍马最后还是出售给中国企业却是个新闻，而收购悍马的是一个名不见经传的中国民营企业就成为新闻中的新闻，所以四川的腾中重工一夜之间就成为投资者万众瞩目的目标。

悍马能不能落户中国现在没有定论。在水皮看来，如果没有军事意义的话，那么中国政府应该旗帜鲜明地否决中国企业并购悍马的议案。

为什么？

一为中国的国际形象。

其实早在2008年的时候，通用就在寻求出售悍马，而目标地区只有两个，一个是中东，一个是中国。选择中东，是因为中东地区产油，有钱的人多，不拿钱当钱；选择中国，是因为中国的山西产煤，有钱的人也多，也不拿钱当钱。不管是中东也好，还是中国也好，都是因为暴发户的市场。在城市里开悍马的，不是炫富，就是耀武，和流氓脖子上套的粗粗的金项圈没有什么区别。现在看来，产油的中东富翁赶不上挖煤的中国老板。在美国都没有多少人敢买的奢侈品却能在中国重生，中国人会给世界留下什么样的形象？

二为中国的能源政策。

悍马之所以能成为悍马，最大的特点就是大排量高耗能，号称“油老虎”。悍马在美国的主要用户就是军队，作为美国主要配备的越野车车种，悍马体型巨大，身宽体胖，在野外没什么，在城市就成为问题。正因为此，美国的民用市场已经完蛋，这种老百姓买得起养不起的越野车既不符合国际的环保趋势又和中国政府的能源政策背道而驰。

事实上，中国社会正在进入汽车时代，各种车辆的饱和量都在追赶美国市场，而耗能标准如果向美国看齐的话，我们是无法承受这么大的能源需求的。正是因为中国政府鼓励小排量的汽车政策，催生了中国汽车产业的供不应求，汽车成为复苏的领头羊，从产业政策的角度看，也不宜在中国发展SUV这种品种，更不用说悍马这种车。

三为资本市场的预期。

国际原油期货的炒作正在催生下一轮的油价泡沫，炒家之一的高盛已经把目标价位提高到85美元。而在上轮的炒作中，高盛正是通过所谓的预测一步一步推高投资者预期的，从100美元到150美元，最后喊到200美元。高盛之类的炒家推高油价的重要理由就是中国对原油的需求，也就是所谓的"中国饿虎论"。

众所周知，需求推动价格，价格抑制需求，但是由于中国的成品油价格形成机制还没有完全市场化，更因为中国政府担心成品油价格随行就市推升中国CPI和通胀的预期，所以一直在进行行政干预和价格管制。这样形成的另一个负面影响就是无法抑制需求，全球的SUV都卖不动，只有中国热销，道理就在这里。反过来，SUV的这种热销又推动对原油进口的需求，中国政府从某种意义上讲已经被国际炒家绑架，此时批准中国企业并购悍马岂不是自己和自己过不去？而从媒体披露的信息看，悍马并购也是由摩根之类的投行牵线的买卖，买家正在寻求港股IPO，本身就是一种概念炒作。

并非偶然的是，国际油价在通用宣布进入破产保护之后并没有出现大幅回落，相反在短暂的调整之后创出了69.59美元的新高。而在中国股市，受益于油价高涨的中石油开始了大象跳舞的历程，六个交易日内，股价从12.55元涨到14.55元，涨幅达到惊人的15.93%，等于直接拉动上证指数200点。H股也从8.2港元涨到9.5港元，涨幅超过15.8%，恒指从17400点直摸19000点。虽然说中石油的绝对价格距发行价尚有2元的空间，距第一次护盘的区间也有一定的价差，股价的上升有合理的成分，但是从相对涨幅而言已经开始进入泡沫制造过程，短期上涨过多，必然带来大盘调整的压力，油价是如此，股价也是如此。

（2009年6月6日）

外来的和尚好念经

真是无巧不成书。

这边东方航空和上海航空刚停牌，那边平安保险和深发展也宣布停牌。

停牌干什么?

当然是重组。

不同的是滋味不一样。东方航空和上海航空是同病相怜，弱弱联合，而平安保险和深发展则是优势互补，强强联合。这种差异从股价的表现上就一览无余：东航和上航都戴着 ST 的帽子，一个股价只有 5.33 元，另一个股价只有 5.92 元，而平安保险收盘的股价 45.10 元，深发展的股价则是 20 元整。

而更让人难受的是，五年前，新桥入股深发展的成本只有每股 3.6 元，换句话说，新桥持股五年理论上获利是 7.3 倍。客观地讲，五年前的深发展和五年后的深发展的确不可同日而语，五年前的深发展是个问题银行，不良贷款率高，资本充足率低，充其量是个区域银行，五年后的深发展已经成为一个资本充足率高，不良贷款率低的跨区域银行，此深发展非彼深发展。股价就是内在价值的一种反映，舆论一般喜欢议论深发展董事长纽曼的千万年薪，和深发展脱胎换骨的表现看，纽曼是个物超所值的老外，这一点不服不行。

毫无疑问，深发展的五年再次书写了一个乌鸡变凤凰的神话，也再次印证了一个普遍真理，那就是外来的和尚好念经。

如果水皮没有记错的话，纽曼进驻深发展之后念的第一堂经就是管理，风险管理，不仅机构是这样调整的，执行也是不折不扣的。北京东直门项目卷入深发展 15 亿贷款，纽曼选择的办法就是报案，深发展的前任行长进去了，复杂的深发展就变成了一个简单的深发展。

现在的东航就是五年前的深发展，问题是五年后的东航会不会变成现在的深发展，刘绍勇能不能扮演纽曼的角色。

水皮一直认为上海无论是政府官员还是公司经理，最大的优势就是管理能力，可是，这种认识在东航是错误的。历史上东航管理的混乱连东航人自己都不好意思，东航云南公司会出现集体返航，东航的江苏公司会出现集体辞职，东航引入新加坡航空的努力竟然导致国航的杯葛，难怪同处一地，东航连上航都无法搞定。

问题公司各有各的问题，成功的企业路径却是一样的。正如纽曼到深发展首先抓管理一样，刘绍勇到东航烧的第一把火也是人事管理制度的改革，而东航和上航的重组则是清理市场划分势力范围的必由之路，更是重新开始“东新恋”的必要前奏，否则难免又要背上“贱卖”东航的骂名。

金融危机对于中国民航的影响是巨大的，亏损只是外在的形态，关键在于让广大的投资者对航空业态特殊性有了重新的认识。泡沫破灭前，东航的股价一度高达 23.99 元，超过现在深发展的价格，同样引入新航，彼时投资者不能接受，而此时则无话可说，从这个角度看，金融危机给刘绍勇改造东航创造了一个绝好的机会。

不过，外来的和尚好念经也不是绝对的，尤其是要念好经。

索罗斯也跑到中国来念经了，念的还是好经，说的都是好话，比如全球都是熊市只有中国是牛市之类的，弄得中国的投资者不知道这位古稀高龄的对冲基金大佬是在忽悠我们呢还是在糊弄自己，不知道是真话还是假话。而他的行踪更是诡秘，多少有点衣锦夜行的味道，新浪的专题也只见上海复旦的演讲不见北京大学的报道，和 2008 年的诺贝尔奖得主克鲁格曼的中国行形成鲜明的对照。

作为危机的预言大师，克鲁格曼这个洋和尚到中国来念的经并不是什么好经，由于对中国不了解，他甚至对中国政府的政策有不少的误解，某种程度上，这位《纽约时报》的专栏作家就是一个专门念经的和尚，正是由于克鲁格曼念的不是什么好经，让我们对他有一个清醒的认识，事实上我们和他的交锋，让他对中国也有了一个全新的认识，回到美国之后他对世界经济的复苏明显乐观，开始念好经。

外来的和尚好念经不难，念好经不易。

（2009 年 6 月 13 日）

流动性陷阱困扰了谁？

矛盾恐怕是这个世界的常态。

当我们中间的不少人还在为房地产市场的“小阳春”能不能持续而争个面红耳赤的时候，沪深两地的房价已经在不知不觉之中回到了2008年初的高位；而当我们中的不少人在为中国经济的复苏会呈现“U”型还是“W”型而自说自话的时候，西方七国却宣布他们居然已经达成了政府毋需加大金融干预力度的共识。

从逻辑上讲，如果你怀疑中国经济的反弹只是“假相”，那么如何能得到世界金融市场都不再需要拯救的结论呢？毕竟金融危机发生在美国，受影响最大的是欧美，而中国则是外贸出口的波及而已。更有意思的是中国政府的态度，几乎是同时，中国总理温家宝宣布，尽管经济运行出现积极变化，有利条件和积极因素增多，总体形势企稳向好，但是我们依然要坚定不移地继续实施积极的财政政策和适度宽松的货币政策，全面贯彻落实好应对国际金融危机的一揽子计划，并根据形势变化不断丰富和完善。

显而易见，西方七国的所谓共识就是对未来通胀的担忧，因为金融危机说到底是一种信用危机，资金断流的危机，或者说是一种金融机构借贷的危机，所以一旦信用危机有所缓和，一旦资本市场重新活跃，一旦资金重新流转，那么前期政府干预投入金融体系的资金就会产生溢出效应，流动性就会重新泛滥。因此，我们会看到油价半年不到可以从33美元涨到73美元，道琼斯三个月不到可以从6640点涨到8840点，刚刚经历了压力测试的欧美银行现在纷纷开始重新募集资金返还政府的救助资金，摆脱政府的国有化控制。

中国担心通胀吗？

在一个产能90%过剩的社会里，有什么产品真的是供不应求的？

如果没有，那么价格上涨的动力又在哪里？某种意义上讲，中国现在宽松的货币政策其实是在为前期从紧的货币政策埋单。由于盲目地信奉一切通胀长远地讲都是货币现象的教条，由于教条地看待 CPI 的走势，更由于 CPI 的权重不合理而导致的误导，中国的宏观经济政策在 2008 年经历了三次重大调整，教训是深刻的。矫枉不怕过正，恐怕是现在管理层的决策心态，也是现实经济真实情况的反映。

谁都知道三大马车拉动中国经济，投资、消费和出口。出口现在指望不上，消费有个过程，立竿见影的就是投资，这也是 4 万亿的由来。但是 4 万亿的政府投资对于庞大的中国经济而言实际上的拉动作用是有限的，4 万亿的真正意义在于带动民间投资，而当年从紧的货币政策伤害最大的恰恰就是民营企业在内的中小企业，元气大伤之后必须下猛药刺激才能体现政府的诚意，否则这些企业主宁可把资金投入楼市和股市也不愿投入生产运行。

如何体现政府的诚意呢？一味地扩张信贷规模不可能，上半年已经接近 6 万亿，而更多的财政投入也要量入为出，积极的股市政策几乎是唯一的选择，不管是创业板也好，主板 IPO 也好，启动股市融资就是一种必然。从市场层面看，A 股已经从底部有了近 70% 的涨幅，成交量在稳步放大，交投在持续活跃，已经具备了 IPO 的可能。而从资金层面看，4、5 月份银行存款增速明显下降，银行存款的第二次搬家迹象越来越明显，资金回流股市的可能性越来越大，有需求、有供给，此时此刻 IPO 就是水到渠成的事。三金药业不过是一块市场的试金石，既不算大盘蓝筹又不算创业板，管理层留有余地，进退自由的用心一目了然。

人类在有限的对付金融危机的历史过程中都曾经陷于流动性陷阱中不能自拔。一次是 20 世纪 30 年代的美国，一次是 20 世纪 90 年代的日本，都是因为过早地迫于舆论的压力结束了政府的经济刺激方案从而导致二次衰退出现，现在西方七国的所谓共识也有可能让他们第三次重蹈流动性陷阱的覆辙，正是看到了这种危险，克鲁格曼先生在他的文章“坚持到底”中这样写道：“几个月前，美国经济还处于即将陷入大萧条的危险中，激进的货币政策和大胆的赤字开支眼下已避免了这一危险，但现在评论者又要求我们终止这一切，恢复从前。对于这些要求应该不予理会，对于那些顶多只是将我们从深渊边上拉回来的一点点刺激政策，现在就声言放弃，还为时过早。”

克鲁格曼一直欣赏中国政府的政策和努力，这一回又是英雄所见略同。

（2009 年 6 月 20 日）

指数拉锯战会持续多久？

股市里什么事情都有可能发生。

杨骏2008年说了一句给人留下深刻印象的话，那就是6000点是我们这辈子再也见不到的点位，结果一语成谶。2009年6月22日，这位前君安证券的总裁在上海因病去世，年仅44岁。

更令人感慨的是，杨骏过世之时，上证指数正在3000点的关前徘徊，东方卫视的《头脑风暴》又一次把话题的焦点聚向股市，做了一题“站在半山腰，往上赶顶还是就此下坡”的节目，主持人开宗明义指出，已经有一种乐观在流传，指数只要站住3000点，就有可能挑战6000点。

现实就是这么的残酷，而人们又是如此的健忘。仅仅只是半年多的时间，大多数投资者的心态已经由当初熊市中的惶惶不可终日而变成了今天对于牛市沾沾窃喜的憧憬，6000点居然如此不可思议的再一次成为我们的话题。

无巧不成书的是，目前沪深股市的流通市值8.7万亿正好是当初6124点时沪深两市的流通市值，而现在的指数只有3000点不到。

往上还是往下，这是不能不回答的问题。

历史上水皮在东方卫视的《头脑风暴》节目中举过两次指数牌。

一次是2006年初，当时上证指数还在1500点，水皮举起的是2500点的牌子，回答的是主持人2006年底指数会在何处的提问。2006年底最后一个交易周，指数跨过2500点，收在2670点；

一次是2007年初，当时的指数在2600点，水皮举起的是3500点的牌子，回答的是主持人2007年年中指数会在何处的提问。拜托“5·30”的大跌，2007年6月底的指数正好从4300点回落到了3500点附近；

《华夏时报》的读者都知道，早在2009年2月7日，《华夏时报》头版头条的题目就是“红牛行情锁定井喷目标位：第一2500，第二3500”。此前的2007年7月9日，《华夏时报》历史上第一次在头版头条的位置对指数进行预测，题目是“2007年被压抑的牛市猜想：5000点或者6000点”，三个月以后，指数创下6124点的历史纪录，水皮由衷地相信，《华夏时报》的判断第一次是对的，那么第二次肯定也是对的。

3000点正好是介于2500点和3500点之间的点位；

3000点又正好是2007年初市场发生头顶之争的点位；

3000点还正好是2008年4月23日中央政府降低印花税第一次救市的点位；

所以，水皮这次举牌的答案就是四个字，平台整理，指数就在3000点和3500点。

为什么作这样的判断呢？

因为往上的空间不大。

首先是市盈率的空间不大，沪深300指数如果刨去金融股和石油股，市盈率分别已经达到27倍和43倍；

其次是指标股空间不大，银行股和石油股经过近期的补涨，上涨幅度已经和指数的上涨幅度相当，中石油最少，也有46%的上涨；第三是上市公司的业绩不具备成长的想象空间。1664点到3000点的行情一方面是对未来经济复苏的预期，一方面又可以视作对于超跌反弹的恢复，指数冲破3000点之后，惯性冲击3500点是有可能的，但是也是有风险的，有冲高就会有回落。

往下的空间呢？

也不大。

首先是政策面不允许，活跃的股市和楼市已经成为管理层判断经济信心和预期的依据，股市已经成为政府经济刺激的晴雨表；其次，资金面不允许，流动性只增不减，宽松的货币政策没有调整的迹象；第三，财富效应正在诱导银行存款第二次运动，楼市已经率先到达2007年的高点，而股市指数只有高点的一半，通胀的预期正在加大。

6000点我们肯定还能再见，但肯定不是现在；现在我们不能肯定的是3000点能不能突破或者说突破后能不能站住。从上证指数第一次冲破3000点的历程来看，在这个位置没有两个月的拉锯是没有结果的。

（2009年6月27日）

谁吹大了股市的泡沫？

上证指数冲上3000点是没有悬念的事，因为涨幅只要和深成指相当，现在上证指数就应该在3200点以上，但是上证指数冲上3000点之后一鼓作气的强势却令水皮多少有点意外。

上证指数为什么会如此强势呢？

这和管理层明里暗里的导向有很大的关系。

明里的导向当然是成品油价格的提升。其实从原油价格的波动幅度来看，最近的成品油价格并没有上涨的理由，上次提价时原油价格是68美元，现在却只有66.73美元。不但没有上涨的理由，而且两大石油公司还在降价促销，但是事情就是如此奇怪，发改委不但提升了油价，而且涨幅还不小，这直接导致中石油和中石化两大蓝筹股在原油期货价格下跌的日子里逆势而上，纷纷创出本轮行情的新高，带动上证指数冲过3000点整数关。

上证指数从2500点反反复复涨到3000点附近，上涨的主要是金融股，而金融股中主要的又是银行股，银行股中代表者就是工商银行。同期工商银行从4.00元起步，最高到过5.76元，涨幅超过44%，大盘的涨幅不过20%，工商银行的上涨带动的是中行、建行的上涨，它们对股指的权重同样巨大，银行指标股板块涨幅超过大盘一倍，只能说明一个问题，大多数股票不但没有行情，反而还在调整，其中就包括同为大盘蓝筹的指标股中石油。

在水皮的统计中，截至6月26日，上证指数的涨幅在76%，绝大多数指标股涨幅和上证指数相当，只有中石油的涨幅和中石化的涨幅低于大盘较多，其中中石油的涨幅只有46%，中石化不过62%，而对于中石油而言，14元的股价不仅市盈率远低于大盘平均，即便是绝对价格也低于集团资金护盘的16元，也就是说在银行股补涨之后，只有中石油的国家资金还处于套牢状态，不管是不是巧合，正是在发改委的涨价决定公布后，中石油一周之内上涨了整整一块钱，到达15元的关口，涨幅超过7%，中石油的权重在上证指数中占到24%，一个涨停影响指数126点，中石油一个股票对指数的贡献就近90点，更不用说同期中石化还有同样的涨幅。

暗里的导向指的就是刚刚结束的IPO重启。

作为重启的第一股，三金药业可以说是“带伤发行”，对于这个早年的国有企业在MBO过程中的猫腻投资者其实是看得很清楚，只有桂林的地方官员装聋作哑，尽管国有资产流失不归证监会管，但是新股发行的定价证监会其实完全是有责任，也是有能力把握的。水皮一贯反对在一个政策市中推行所谓的市场化定价机制，因为中国的证券市场是一个不均衡的市场，IPO不是在供不应求中起步，就是在暴跌中停止，一直在两个极端徘徊。

事实证明新股发行的换汤不换药是失败的，三金药业的询价又询出一个33倍市盈率的价格，这个市盈率高于沪深300的平均市盈率，按19.8元的价格融的资超过三金药业此次融资项目所需资金的46%，等于人为地为大股东贡献了18元的公积金，超出的多余资金是可以发行两家创业板的公司，不是社会资源的浪费又是什么？管理层为什么不在融资总额上实施有效的控制？这么高的市盈率又在向市场传递什么信号？

股市总是有泡沫的，但是这个泡沫不该由管理层来吹，而如果泡沫由投资者吹大则愿赌服输，否则后患无穷。

需要提醒大家的是，指数从现在起，每上涨一点，风险就加大一点。银行股虽然在这一周原地踏步，但是因为金融股的保险股却明显补涨。中国平安和中国人寿均有超过15%以上的涨幅，市场缺乏明显的低估板块，耐心地等待上市公司业绩上升拐点的出现恐怕是一个明智的选择。

（2009年7月4日）

油价暴跌意味着什么？

国际原油期货的价格好像成心要和中国的国家发改委过不去，从我们宣布成品油价格上调的6月30日到今天，纽约的价格出现了罕见的长达九个交易日的连续暴跌，油价从最高的73.38美元直扑60美元，跌幅接近20%。

接近20%的跌幅意味着什么？

意味着美元持续走强吗？

没有。美元指数相对稳定在80左右，无论是对欧元或者是澳元都是涨涨跌跌，阴阳相间，充其量没有走弱而已。

意味着世界经济复苏预期的破灭吗？

没有。最近召开的八国峰会对于宏观经济的判断显然是乐观的，美国的衰退可能在9月份结束，欧洲无非更悲观点而已。

其实，多达20%的跌幅只意味着一条，那就是原油期货的炒作需要空间，这正如半年之中，油价可以从30美元一口气炒到73美元一样，在73美元的位置上继续向上，最多可以拉高到80美元，不过10%的空间，换句话讲，上当受骗的人不会多。

而这，正是今年以来水皮杂谈屡次发出的警告。在此前多次提及的油价炒作话题中水皮多次提及安然漏洞，多次提及被美国议会商品委员会立法不得监管的洲际交易所，多次提及高盛等投行对于期货价格的操纵，无非就是想提醒中国政府不要被国际原油期货炒家牵着鼻子走，可惜的是提醒归提醒，担心总是会变成现实。

必须再一次警醒包括中国政府管理层在内的所有市场参与者，目前纽约的原油期货价格不过是洲际交易所的影子价格，洲际交易所的原油期货交易量占全球交易额的75%且不受监管，所以欧美政府一旦重提监管话题，油价不可能不跌，因为这一轮的上涨既不是经济复苏的反映，也不是因为美元的弱势，更没有地缘政治的影响，纯粹就是油价三个月中从147美元直下30美元的超跌反弹炒作。

令人遗憾的是，中国成品油价格现在不但高于美国，而且高于原油期货价格130美元时的成品油价格，炒作中国“需求论”的概念在期货市场上吸引力急剧下降，间接地封杀了国际炒家的炒作空间。如果大家有印象的话应该记得，2008年6月底中国政府宣布成品油价格上调的当日，纽约原油价格在135美元的价位上由涨转跌，和这次的结果有惊人的相似之处。

现在的问题是，如果油价没有太多的炒作空间，那么对中国的宏观经济会有什么影响，对中国的资本市场又会有什么影响?

我们知道，中国的CPI基本上反映的是农产品的价格，猪肉粮油的比重差不多占到70%，目前CPI之所以只有负的1.4%和猪肉价格的连续下跌有极大的关系，而同样影响极大的粮价已经跟随原油价格连续5个月上涨。油价和粮价与肉价的逻辑关系水皮已经介绍过多次，简单地讲，油价影响粮价，粮价影响肉价，而肉价既受供求的影响更受成本的影响。供求政府可以通过收储冻猪肉调节，但是成本却受制于国际油价，反过来讲，油价再下跌，肉价在相对供过于求的时候是不可能上涨的，除非修改CPI，否则下半年的CPI能否由负变成正就是一个悬念，至少在CPI上面表现的是通缩而非大家预期中的通胀，显然这是一个矛盾。

但是无论如何，上半年的货币投放已经超过7.3万亿人民币，全年可能超过10万亿，这么多的钱会流向哪里是大家关心的，正在发生的人民币存款搬家也是大家关心的，资产价格会上涨到哪里更是大家关心的。在对上证指数有重大影响的指标股板块中低于指数涨幅的并不多，而最突出的就是中石油，以现在的价格计算，中石油的涨幅只有54%，远低于大盘同期90%的涨幅。中石油的涨幅和大盘涨幅持平的话，上证指数就有450点的空间，如果达到发行价16.70元，上证指数就有150点的空间，但是如果油价不涨，中石油就没有上涨的理由。

当然，中石油不涨不等于指数不涨，相反给了其他股票搭台唱戏的机会，行情会持续的更长、更平稳。

（2009 年 7 月 11 日）

IPO能不能抵消通胀压力?

通胀预期越来越大，尤其是在公布了上半年的信贷规模之后，但是与此同时，现实生活中的通缩压力不但没有减小，反而也在加大。

统计局最新公布的数字表明，尽管GDP在第二季度达到了7.9%，但是6月份的CPI却比5月份还下降了0.3个百分点，达到了负的1.7%，这个趋势能不能在9月份得到缓解或者逆转，现在真有点看不清楚。

看不清楚的主要原因在于我们现在的CPI主要由那只猪决定。由于权重的关系，猪肉的价格和粮油的价格在CPI中占据了七成的权重，换句话讲，中国的CPI基本是吃货构成的。包括水皮在内的许多人预期9月份猪肉价格能止跌回升，作出这个判断的依据是根据自然的供求关系，并没有考虑到成本因素，原油期货价格暴跌带来的玉米价格大幅回落客观上降低了养猪的成本，肉价的回升就显得心有余而力不足，如果粮油和肉价没有明显的回升空间，CPI如何由负转正?

如果CPI都是负的，通胀岂不是杞人忧天?

没有钱肯定没有通胀，但是钱多了就一定通胀吗?

我们现实生活中又有什么东西是供不应求的商品，谁能举出具体的事例?

这大致是水皮参加东方卫视头脑风暴的观点，在电视台主持人的分类中，这种观点被划为反方的观点，而正方的观点是最传统的也是最书本的最弗里德曼的最央行的最货币供应学派的，一切通胀都可以归于货币现象。

有意思的是，正方举不出商品价格的例证，只能反复举证资产价格，在他们看来，资产价格的上涨就是通货膨胀，这种逻辑如果成立，那么中国现在就不是什么通胀预期的问题，而是恶性通胀现实的问题，因为从上涨的幅度看，股市从最低点到现在已经有翻倍的涨幅；而房地产的价格也已创出了历史的新高。

弗里德曼的货币供应学说在中国相当一批专家学者中拥有宗教般的神圣地位，不容怀疑不容变通，所以只要看到CPI在上升，不管是输入型的还是内生型的，不管是成本推动的还是需求拉动的，一律抽紧银根，2008年的从紧的货币政策就是一个典型。

其实，流动性过剩是有出口的，这个出口就是投资，中国老百姓日益增长的投资需要恰恰被所谓的专家学者忽略了。

IPO重启满足的就是这种需求，从而从侧面缓解了商品价格上涨的压力，而直接融资又降低了企业间接融资的成本，进一步对冲商品价格上涨的动力。

但是IPO重启容易，确保有效可持续却并不容易，特别是IPO过程中的定价机制直接影响到IPO的成败。

最先恢复IPO的三金药业和万马电缆均属带伤发行，一个发行价19.8元，一个发行价11.50元，虽然两个公司的价格各不相同，但是市盈率却都在30倍左右，首日上市的结果也大同小异，都被恶炒，都被停牌，却套牢了大批的炒新族。目前，股价对应的市盈率却在60倍，远高于大盘平均市盈率，对于股市而言起到的不是雪中送炭的作用，而是火上浇油的效果，除了失败还是失败。

相对而言，已经有H股发行在外的成渝高速的回归就理性得多，成渝高速这次发行的A股既有规模的限制，又有股份的限制，发行的规模不超过20亿元，股份不超过5亿股，IPO的定价为3.6元，市盈率不到20倍，A股和H股的溢价大约为20%，无论是市盈率还是A股H股的溢价率均低于市场平均水平。特别值得一提的是，根据3.6元发行价确定的融资规模为18亿元，低于核准融资规模10%，和三金药业超规模融资46%形成鲜明对照，多多少少为IPO挽回了一点“圈钱”的恶名实属不易，这样的IPO才是A股需要的IPO，才算成功的IPO。

IPO可以让市场疯狂，也可以让市场崩溃，一切都要有度，有度的IPO才可能为消减通胀压力分流资金，否则于事无补。

（2009年7月18日）

3500点：中国经济的分水岭

人算不如天算，就在《华夏时报》推出这么一份独一无二的“龙抬头——2009年中报告：中国经济十大猜想”前夕，上证指数不多不少收出了一个3328的点位，这个点数又不多不少正好是上一轮行情底部1664的两倍，这不是天意又是什么？

3328点，离我们心目中的3500点只有一步之遥。

2009年2月7日的《华夏时报》头版头条，标题就是“红牛行情锁定井喷目标：第一2500，第二3500”。而作为春节之后出版的第一份报纸，我们在酝酿这个选题的时候，上证指数还在2000点徘徊，很多人不明白，我们这种信心和乐观是从何而来的。

简单地说既来自历史，又来自现实。

历史告诉我们，3500点是中国政府在牛市救市的点位，3000点则是中国政府2008年熊市救市的点位。2007年的5月30日是中国的投资者和管理层都刻骨铭心的日子，半夜鸡叫的结果是上证指数从4300点一口气栽到3500点，不少股票的价格在牛市之中居然出现了五个跌停的悲剧。不管是痛定思痛也好，或者是壮士断腕也好，抑或是拨乱反正也好，反正在此之后政策层面上一反打压的初衷，又是鼓励有实质内容的券商重组，又是由权威人士出面驳斥资本利得税的谣传，上证指数在政策的引导下在三个月之后冲上了6124点的高位，而这一切又均被刚刚改版的《华夏时报》全部言中，2007年7月9日出版的《华夏时报》头版头条的标题同样是“2007年被压抑的牛市猜想：5000点或6000点”。

当然，我们说2007年的指数能上6000点不等于我们认可这个点位，因为早在2007年初的时候，水皮杂谈就已经鲜明地指出，2007年的理性点位不多不少就是3500点，这是一个建立在2006年指数合理突破2500点基础上的推论，依据则是2007年的中国经济增长和上市公司业绩的保证，如果说2006年的牛市是合理的，那么上证指数2007年在3500点也是合理的。

3500点同样还是水皮在2008年5月12日四川汶川大地震之后提出的价值中枢的点位，因为在此之前上证指数跌破3000点时中国政府正式宣布降低印花税救市，而这距上次的“5·30”提高印花税一年不到，上证指数由此从2990点涨到3786点，不得不提出的是，这个时间距6月13日中共中央召开全国省区市和中央部门主要负责同志会议统一思想调整从紧货币政策思路不到一个月的时间，尽管当时美国的次贷危机还没有演变成影响全球的金融危机，但是始于2007年底对中国经济过热过快增长实施的调控政策已经对中国的出口行业尤其是沿海地区的加工构成了致命的打击。现在的事实证明，正是在6月以后主要的经济指标包括GDP、CPI、PPI均呈现直线跳水，而出于对灾后重建的期待，我们判断有利于结束中国经济的衰退，重新提振资本市场对于上市公司业绩的预期。实话实说，没有人能够先知先觉意识到由雷曼破产而引起的金融危机会有百年不遇的力度，此后上证指数连破3000点和2000点大关既有外围市场的影响，亦有央行政策的牵累。

现实告诉我们，第二次“5·19”行情是意料之中的，而发动的方式则较第一次“5·19”有过之而无不及。

早在2008年7月底，水皮杂谈就发表过第二次“5·19”行情的可能性有多大的文章，指出鉴于2008年和1998年几乎一样的国内外环境，中国政府2009年和1999年可以采取的对策本质上不会有什么区别，除了政府投资拉动，刺激内需之外，积极的股市政策几乎是一种必然，早则2008年底，晚则2009年初，一定会有第二次“5·19”政策行情的产生。现在看来，历史就是有惊人的相似之处，不同的是，第一次“5·19”行情冲关1500点是《人民日报》评论员文章的功劳，而这一次则是总理喊话的结果。从春节之后温总理在伦敦对股市的操心，到参加泰国清迈东盟对话会时评论中国经济引用楼市股市交易量作为依据，再到最近反复强调宽松的货币政策不变，基本上可以总结出规律，那就是每隔两个月，总理就要喊一次话，每400点总理的喊话都会坚定多头的信心，2000点是如此，2400点也是如此，2800点也是如此，现在指数在3328点，中共中央政治局会议决定，9月召开十七届四中全会，讨论经济形势和经济工作，认为当前经济仍有不稳定因素，要求保持宏观政策稳定。

把中国宏观经济走势等同于股市走势是庸俗的，也是不严肃的，但是，中国股市正在发挥经济晴雨表的作用也是不争的事实。作为宽松货币政策的反映，流动性首先体现在资产价格的上涨上，因为通胀毕竟只是一种预期并不是现实，更何况放眼中国，几乎没有什么供不应求的商品，产能的过剩一直在困扰中国经济结构的调整，而金融危机带来的出口骤减更加大了产能的过剩，在这种情况下要让预期变为现实是有难度的，也是需要过程的，更有可能是有反复的，让中国政府仅仅根据预期就改变目前的政策更是不负责任的。如果我们分析上半年的GDP就会发现，在7.1%的增长中间，投资占了6.2%，占了87%的权重，而内需的贡献极小，CPI和PPI的负数在扩大，出口更是负数，目前的GDP实际上是一个非常脆弱的GDP，实体经济还没有缓过劲来，更不要说升温、过热了。有人说通胀预期是一种富人的恐惧，这话有一定道理，因为无论中外，穷人现在连工作都没有，收入都没有，现实的通缩才是压力，他们何来资产保值增值的要求呢？而富人的恐慌恰恰又来自于对经济前景的不确定，如果确定，他们的资金就会投向能给他们带来固定高收益的实业，形成经济增长的动力，但是现在并没有形成这样的良性循环。

指数逼近3500点，沪深300动态市盈率接近25—30倍的区间，在这个区间，股市会有震荡和盘整，等待经济复苏更明确的信号，等待上市公司业绩上升拐点的出现。从这个意义上讲，3500点是中国经济的一个分水岭，从长期的角度看，2009年正是中国经济“龙抬头”的年份。

（2009年7月25日）

谁最担心股市暴跌？

猜一猜，谁最担心股市暴跌？

是散户吗？

从7月29日那天放天量的4300多亿来看，的确有不少散户在夺路狂奔，尤其在下午指数被打到3174.21点的时候，很多股票都是无量直奔跌停板。此前一天，水皮在“财富非常道”做节目的时候就说散户就是这样，年初劝他入场的时候，他不肯，现在劝他别入场的时候，他也不肯。可怜之人必有可恨之处，这个可恨其实不是别的，无非就是人性的弱点，一个字，贱！两个字，很贱！三个字，非常贱！和散户的逃命形成对比的是，沪深两市的ETF都呈现净流入的特征，大部分散户的泣血筹码就这样在自以为是的胜利大逃亡中交到了机构的手中；

是机构吗？

7月29日之前的数据已经显示，大部分基金的仓位都在83%以上，股市的大跌无疑对他们的市值是巨大的威胁，更何况大部分机构在年初的时候是悲观的，仓位是最轻的，大部分基金没有跑过大盘，现在刚刚开始看多，指数的震荡对他们的自信心是巨大的考验，但是话又说回来，指数跳水对于刚刚发行完毕的基金又是千载难逢的建仓机会，所以才会出现散户逃命、机构加仓的现象；

是证监会吗？

7月29日是中国建筑上市的首日，发行价4.18元的这个大盘股应该算是第一只对大盘有影响的指标股，大盘对于IPO的承受力，管理层对于IPO的控制力都可以从这个股票的表现上得到印证。搞不好，IPO搞砸大盘的指控就会落到证监会的身上，事实上，最近的IPO节奏是有点过快，一个接一个，打新股的都忙不过来，对于资金的稀释也是显而易见的。中国建筑 6.70 元开盘，最高冲到 7.96 元，市盈率接近 100 倍，虽然没有中石油开盘价那么夸张，但是炒作的力度却和此前的成渝高速有一拼，而 IPO 愈演愈烈的炒作已经证明新股发行改革并不成功，至今在新股上市当天的交易环节漏洞太大，新股的市盈率更成为大家攻击的目标，这样高的市盈率，管理层岂不成为泡沫的始作俑者？

都不是。

最担心股市暴跌的不是别人，恰恰是央行。

细心的媒体注意到，股市暴跌的当晚 10 时 40 分，央行在自己的网上挂出了副行长苏宁不久前在上海召开的金融形势分析会上的讲话，重申要坚定不移地继续执行适度宽松的货币政策，巩固经济企稳回升的势头，并提出在引导货币信贷适度增长的过程中，要注重运用市场化的手段，而非规模控制的方法。

苏宁的讲话并没有特别的新精神，用不着当作特急件在晚上 10 点多往网上挂，但是，央行的确就是这样做了。这说明一，当天晚上央行上上下下都在加班，说明二，苏宁的讲话可以看作是对外围市场传言的回应，可以视作隐性的澄清，而央行最近频频声明要执行宽松的货币政策多多少少给人“此地无银三百两”的感觉。

与央行的表态不同，银监会一周之内三次发布贷款管理办法的意见征求稿，不管是流动资金贷款、固定资产投资贷款还是项目融资指引，都在强调规范资金用途，明确不准流入股市，保监会则在例行的半年会上公布了保险资金进入股市的比例，坦承目前保险资金的持仓和规定相比还有很大余地。不管是银监会还是保监会，都比较超脱，比较潇洒，都没把股市的暴跌太当回事。

本来也没事。

上证指数一路从 1664 点涨到 3454 点，除了在 2000 点的位置上有点反复，其他可以说是一路单边上升，中间没有什么调整，市场积累的获利盘是巨大的，出现调整是正常的，没有调整反而是不正常的，而缓涨急跌正是牛市调整的特征，至少对于水皮来讲，正是这样的调整测试才证明市场的强势。既然 3000 点没有横盘震荡，那么 3500 点附近的上下洗盘就是不可避免的。如果和 2007 年 2 月 27 日的暴跌相比，2009 年 7 月 29 日的暴跌还是比较温和的，前者的下跌盘中达到 8.84%，而这一次才 7.68%，收盘恢复到了 5%，前者暴跌之后出现双头，从高点的 3049 点直下 2723 点，而这一次第二天虽然也有震荡但并没有创新低，连续两天反弹的高度距跌前仅一步之遥，3400 点并没有成为阻力位。

天下本无事，庸人自扰之，个中滋味，耐人寻味。

（2009 年 8 月 1 日）

谁会成为“调整”的替罪羊？

钱不是万能的，但是没有钱是万万不能的。

具体到股市投资，有钱不一定有行情，比如股改之前曾经出现过的长达五年的大熊市；但是没钱，肯定没行情，比如指数在创出6124点之后暴跌到1664点的过程。

这些普通的投资者都有切身感受，但是大家都知道的常识，所谓的专家不一定知道，尤其是所谓专家出身的管理层就更不一定知道。

很多人都困惑，为什么中央领导要三令五申地重申适度宽松的货币政策不变，不但李克强副总理讲，温家宝总理讲，胡锦涛总书记讲，甚至中央政治局会议都为此作出了决定，并且确定为九月召开的十七届四中全会的基调，上上下下担心政策变化的压力究竟来自何方？

“谁最担心股市暴跌”发表后，明白人刘纪鹏给水皮发来短信叫好。但是也有不少读者不明白，央行为什么会担心股市暴跌？

为什么？

无非是担心成为替罪羊。

打开央行网站我们可以发现，不但苏宁的讲话标题是坚定不移地贯彻适度宽松的货币政策，易纲讲话的题目也是如此，但是表态是一回事，具体的政策执行又是一回事，上半年7.3万亿这样的信贷扩张规模已经是既成事实，下半年有可能再来7.3万亿吗？

谁都知道不可能。

所以，信贷增长的幅度出现控制不但是可能的，也是应该的，这和中央的继续实施适度宽松的货币政策的总基调并不矛盾，用央行的话讲就是动态微调，而逆向与微调本身就是宏观调控的本质。

但是市场不这么看。

央行的货币执行报告是“8·5”收盘后公布的，当天盘中就有异动，指数低开低走，曾下跌 80 点左右，第二天更是跳空低开大跌 2%，第三天再跌 2.61%，三天累计下跌的幅度达到 200 点，将“7·29”以来的反弹成果全部抹干净，指数从哪里来又回哪里去，K 线图上，双头已然成型。

其实，央行的报告和苏宁的讲话基调是一样的，尽管苏宁没有用“动态调控”这样的字眼，但是已经明确地提出在“引导货币信贷适度增长的过程中，要注重运用市场化的手段，而非规模控制的方法”，这不是微调的潜台词又是什么呢？

真是害怕什么，就来什么，央行害怕成为暴跌的替罪羊，市场就偏偏在货币执行报告之后跌个没完没了。

问题是流动性会在一夜之间改变吗？

不会。

几乎就在“8·5”的当天，官方公布的中美战略与经济对话要点中，美方提出的 QFII 额度已达 300 亿美元。第二天，英国央行和欧洲央行宣布保持零利率不变，这意味着下半年外汇储备又极可能出现类似 2006 年和 2007 年的增长，流动性过剩又是一个回避不掉的问题。

上证指数冲过 3000 点之后一直没有像样的调整，冲到 3478 点之后出现震荡是正常的。水皮一直认为年内指数极可能围绕 3500 点上上下下，以时间换空间。既然现阶段向上的空间不大，那么只有选择先下后上的方式，通过震荡化解双头，更何况现在的股市全球联动，道琼斯和恒指正在上升途中，中国的股市也不可能走独立暴跌的行情。大家必须清醒，中国经济的复苏决不会因为央行一句动态微调就葬送，货币政策更不可能发生根本的变化，趋势不变，道亦不变。

杂谈已经写完之时，却发现苏宁在新闻发布会上对“微调”再次作出澄清，指出所谓“微调”不是针对货币政策，而是对货币政策的操作，重点，力度，节奏进行“微调”。大家对这种解释能不能理解不重要，重要的是央行已经完全左右了指数的走势，这是真的。

（2009 年 8 月 8 日）

"独立行情"能走多远?

有的话可以说但不能做，有的事可以做但不必说，这就叫微妙、分寸和把握。

比如，宽松的货币政策该不该退出的问题就属于前者，各国央行的专家学者甚至当家人都有议论，美联储的主席伯南克也有类似的个人观点，我们央行的第二季度货币政策执行报告不吝篇幅也对这种现象有大量的描述，言外之意不言自明。但是无论欧洲央行也好，英国央行也好，美国央行也好，到头来都宣布保持目前的零利率水准不变，反映到资本市场上就是主要股指都在创新高。伦敦的金融时报4777点是新高，法国的CAC指数3546点也是新高，道琼斯指数9398.19点也是新高，连日经指数10630点都是新高。这就叫发达国家，这就叫欧美央行，他们知道积极的财政政策早晚是要退出的，所以说说无所谓，但是说归说，现在没有到做的时候，更用不着为他们曾经表达的观点来作什么澄清。

再比如，"动态微调"这样的概念就属于后者。如果货币执行报告中的"动态微调"是一般意义上的市场操作，是一种每天、每周、每月都在进行的技术动作，又有什么必要强调呢？为什么此前的货币报告又没有这样的字眼呢？难道中国所有媒体的编辑都在曲解货币政策吗？否则为什么需要苏宁出来解释呢？本周央行货币的净投放是否说明7月贷款的下降幅度过大，已经造成市场流动性的不足呢？把动态微调每天都在做的事情拿出来说的结果就是中国股市在欧美股市不断走强的前提下连续暴跌，九个交易日跌去400点，跌幅达到12.67%，不但自己跌，还拖累恒生指数跌，搞得人心惶惶，不可终日。都是央行，面临的都是一样的市场，一个唱成红脸，一个却唱成白脸，这就是新兴市场与成熟市场的区别。

央行是不是股市暴跌的替罪羊，仁者见仁，智者见智。

那么如何看目前中国股市的“独立行情”呢？

俗话说，横看成岭侧成峰，短期看，所谓的“双头”还是比较可怕的，度量跌幅击穿3000点也是有可能的，但是如果离市场稍微退后一步看，这就是一个调整，并没有超出我们此前上证指数围绕3000—3500点箱体震荡等待宏观经济复苏确认的基本判断，正如指数接近3500点时不愿意看得太多一样，指数在接近3000点，水皮也不愿意看得太空。

毕竟，3500点附近形成的“双头”和6124点附近形成的“双头”是有区别的，一个是在指数头顶，一个是在指数半山；一个是在2007年10月宏观经济到达景气周期终点，一个则是在2008年10月宏观经济触底回升之后尚不能确定是否进入新一轮经济发展周期的起点；一个是在经历了长达两年半的流动性过剩之后执行从紧的货币政策之时，一个则是在第二次银行存款搬家公布之日。

很多人注意到7月份银行的贷款规模只有3559亿元，不及上月的1/4，这肯定不是央行操作的所谓“微调”，而是信贷规模“抽风”。

但是几乎很少有人注意到银行的存款也只增加了3940亿左右，同样不及上月的1/3，居民存款和企业存款出现了自2007年10月以来的首次负增长，居民存款减少192亿，企业存款减少450亿，而在2007年10月股市到达高点的时候，当月银行存款是净下降4498亿，居民存款下降5062亿元。和两年前相比，目前银行存款搬家只是刚刚开始，流动性过剩的格局照旧。

新股民喜涨，老股民喜跌，因为下跌的过程是风险释放的过程，暴跌之下A股的价值也在迅速恢复。一类是以工商银行为代表的银行指标股，市盈率只有12倍左右；一类是以中国平安为代表的保险指标股，A股和H股再次出现倒挂，幅度扩大10%；一类是以中石油为代表的能源指标股，中石油的发行价是16.70元，两次护盘，一次在16元，一次在13.50元附近，现在中石油又跌回14元以下，中石化也跌破13元，中石油和中石化的业绩大幅提升之后，市盈率同样会大幅下降。

股市就是经济的晴雨表，指数的上涨和人们对经济复苏的预期是一致的，上证指数从低点涨到现在，涨了83.05%，恒生指数从低点涨到现在，涨了84.17%，标准普尔500从低点到现在，涨了52.62%，上证指数虽然比标准普尔500涨得多，但比恒生涨得少，指标股的涨幅其实也就是50%左右，全球如此，这就是大势。

看不清大势，人云亦云，瞎折腾的后果就是成事不足，败事有余，造成市场虚假性恐慌。

（2009年8月15日）

谁是暴涨暴跌的受害者？

股市有涨就有跌，这是正常的，不正常的是暴涨暴跌，比暴涨暴跌更可怕的是莫名其妙。

上证指数此轮暴跌就是如此。

虽然我们早在年初就把第二目标位锁定在3500点，但是并没有想到宽松的货币政策是如此的汹涌，上半年的信贷规模是如此的巨大，指数的上涨又是如此的高昂，7月底上证指数就已经逼近3500点这个高点，下半年怎么走就不可避免地摆到我们的面前：一种方式是宽幅震荡以时间换空间，一种方式是急速暴跌以空间换时间。

因为，3500点以上暂时没有空间。

为什么？

因为宏观经济形势虽然有企稳回升的势头，但是并不确定和稳定，政府投资的力度在下半年不可能持续上半年的力度，而内需的刺激也不是在国民收入普遍不确定的情绪下能增长的，民间投资和社会投资还没有跟上来；更因为流动性过剩和对通货膨胀的预期，资产价格率先大幅度上升，房地产的价格已经回升到2007年的高位，股市虽然只有6124点的一半，但是对应的市盈率却已经达到30倍左右，估值区间相对合理。

显而易见，如果承认股市是经济的晴雨表，那么上证指数3500点已经反映了经济复苏的预期，已经完成了对1664点超跌的修正，接下来，股市上行的力度必然来自新的政策的刺激和上市公司业绩提升的想象。

问题在于合理必要的震荡，怎么会酿成如此惨烈的暴跌，短短十多天内，上证指数可以连续不断地从3478点直下2761点，跌幅可以达到700多点，跌幅20%，接近牛熊转折的25%，而与此同期全球资本市场却同步在创新高。深度的暴跌不能不让人产生联想：中国的经济难道发生了什么巨大的我们尚不清楚的不测，或是适度宽松的货币政策又要被人拽回从紧的老路上去？

我们不得不承认，对于宏观调控的政策取向是有不同声音的，货币政策由从紧一下子变成宽松是让有些人无所适从和潜意识中都抵触的，对于物价的恐惧要远远大于对经济增长的热情的，否则中共中央就不会三令五申强调要坚定不移地执行适度宽松的货币政策，要不折不扣地把当初针对金融危机的一揽子计划执行到底，《人民日报》也不会在17日和18日连续发表评论员文章“全力保增长，坚定保发展”和“取向不动摇，政策要稳定”，温总理就用不着在19日主持国务院常务会通过促进中小企业发展的刺激性方案，而这实际上就是激活民间投资的另类说法。政府投资，内需拉动，民间投资是三驾马车，经济复苏的标志不是政府投入了多少资金，而恰恰是民间投资是否重新活跃，中小企业是否重新开工，“民工慌”是否又变成了“民工荒”，创业板在这样的政策背景下无疑成为解决中小企业融资难的政治象征，股市的重新活跃是一个基本前提。

如果说央行的货币政策司司长《关于资产价格和货币政策的思考》只是个人的思考，如果说央行第二季度货币执行报告“动态微调”被所有媒体误读，如果说央行副行长苏宁可以对此借新闻发布会予以澄清，那么为什么直到今天都没有人对7月份信贷规模较6月份缩减3/4，从1.3万亿减到3560亿对亿万投资者作出解释呢？其实我们知道，7月份的情况相对特殊，一是有到期票据的冲减，实际投放的现金在5500亿左右和5月份差不太多；一是当月没有财政拨款下达，而信贷资金的配比一般为1.5左右，800亿的配套贷款就可达1200亿。但是我们之所以知道也是向专家东打听西打听请教的结果，并没有官方的说法，这样的信息披露不如保密，因为太让人惊慌失措，也太让人浮想联翩，这个世界上本来没有鬼，人都是被人吓死的。

谁是股市暴涨暴跌的受害者？

一是投资者，资产被掠夺；二是市场，没有稳定机制；三是政府，威信受到伤害，政令受到挑战，能力遭到质疑，信心遭到打击。

政策是股市的生命，投资者的敏感应该引起高度重视。

（2009 年 8 月 22 日）

晴雨表就是这样发挥作用的

“不进则退”是国务院总理温家宝对于中国经济形势的基本判断，这种判断和V型反转已经成立，相比较而言要谨慎得多。而从资本市场的角度看，目前行情已经对总理的判断作出了提前的反应。

中央电视台记者采访的时候提起一个月前的7月25日《华夏时报》发表的水皮杂谈，题目就叫“3500点：中国经济的分水岭”，文章最后一段是这么写的：“指数逼近3500点，沪深300动态市盈率接近25—30倍的区间，在这个区间，股市会有震荡和盘整，等待经济复苏更明确的信号，等待上市公司业绩上升拐点的出现，从这个意义上讲，3500点是中国经济的一个分水岭。”文章发表后的第三个交易日，预期中的震荡如期而至，7月29日，上证指数暴跌5%，盘中一度跌幅高达280点，此后虽然出现三天的反弹并创出新高，但终究在8月4日开始酿成眼前的暴跌走势。

3500点上不去就会跌，这是正常的，也是意料之中的，不正常的是跌势来得如此迅猛，跌幅会如此之大，这是包括水皮在内的很多人没有想到的，更让人想象不到的是破坏未来预期杀伤力最大的板块恰恰来自目前市盈率最低的银行股板块：浦发银行这样市盈率不过15倍的股票居然能在盘中打到跌停；民生银行这样半年利润有20%逆势增长的股票频频创下新低；市盈率不到8倍，长期处在发行价6.54元下方的建设银行，在市盈率只有11倍且全年预期将迎来业绩增长的前提下同样跌个没完没了。

中国的股市基本上就是金融股和能源股的天下，市值比例是如此，指数构成也是如此，银行股如此低迷，股指即便想上升也是有心无力。

为什么会这样？

表面上看，是由于银行股整体业绩下滑所致，据不完全统计，股份制银行上半年的业绩普遍下滑20%左右，民生银行如果扣除了出售海通股份的非经常性收益，下滑的程度甚至超过其他银行。在大行中，中行的业绩下滑2.45%，建行的业绩下滑4.88%，只有交行和工商银行的利润分别上涨了0.29%和2.76%，但是收入也都同样下滑。

实际上银行股的表现可以看作是目前货币政策无所适从的反映。虽然中国政府从上到下都在强调适度宽松的货币政策会维持不变，但是大家都知道上半年的银行信贷投放已经远远超出了适度的范畴，达到了非常宽松的地步。7.37万亿的增长在下半年不但是不可能，而且还会面临全面紧缩的可能，因为根据最新公布的央行的年报指标，全年的广义货币供应量（M2）增长目标依然是年初的17%，现在已经达到了28.5%，根据全国人大财经委副主任吴晓灵的说法，央行目前已经处在两难境地，由于目前中长期贷款占51%，不继续增加贷款供应，必然有一批工程资金链会断裂，而继续按目前速度投放货币就会带来通胀的压力，埋下国民经济发展的重大隐患。

这样的无所适从同样可以从媒体对8月信贷规模的猜测上得到体现。先是8月21日《中国证券报》头版头条引用消息人士的话披露，8月份前20天，新增人民币贷款已经达到4000亿，预计全月新增可望超过5000亿，后是27日的《21世纪经济报道》采访经济学家们得出8月份信贷可能超预期回落2500亿—3000亿。仅仅相隔一周，8月信贷回潮就变成了回落，利好变成利空，哪个是真的，哪个是假的，不确定。

谨慎乐观的理由水皮已经在央视的直播中表达清楚了，不管适度宽松的货币政策在下半年的执行过程中如何动态微调，区别只在增加多少而已，市场流动性"合理充裕"不存在逆转的情况，宏观经济如温总理所言的话，政府的刺激力度只会大不会小，更何况大多数上市公司二季度的业绩已经出现增长拐点。如果说上半年股市是个不断探顶的过程，那么下半年或许反过来是个不断刺探底部支撑力度的过程，什么时候打压不下去了，什么时候阶段性的调整也就结束了，指标就是银行股。

晴雨表就是这样发挥作用的。

（2009年8月29日）

复苏之道为何一波三折？

初秋的时节本来是等待收获的季节，但是大家却发现收获的不是龙种而是跳蚤，谣言满天飞成为困扰无数投资者的一个独特现象。

谣言之一就是8月的信贷投放规模。先是8月21日左右权威的《中国证券报》在头版头条引用消息人士的话宣布，截至20日信贷规模已经过4000亿，8月超5000亿不成问题，后是不那么权威的财经媒体引用经济学家的话说8月的信贷不仅可能不回潮而是回落，甚至举出四大行截至30日的数据仅有1150亿为证。事实究竟如何在数据公布之前大家都是一头雾水，但是有一点是肯定的，四大行的规模和7月相当，而工商银行不但没有负增长而是增加了380亿的投放量。

谣言之二就是收紧银行的次级债。银行间为了补充资本充足率的不足，变通的办法便是发债，而且是银行之间相互持有，仅从资本充足率的角度看是有风险隐患的，但是在股份制银行上半年投放过度触及8%底线的背景下，这么做意味着切断银行的信贷投放，这意味着什么想必大家都很清楚，管理层这么做可能是出于防范风险，但是现在是金融危机背景下的非常时期，常规做法是否可以相机调整？事实上又是在半夜时分，银监会发言人宣布正在酝酿的银行间次级债的扣除是逐年安排，不会影响到次级债的总量，临近周末算是给市场派发了一颗定心丸。

谣言之三就是证监会暂停IPO发行。不能不承认IPO近期的发行有点像洪水猛兽，市场也同时把扩容视作打压股市的一个重大利空，从目前的发行节奏看，融资的量也是市场不可承受的，恶意圈钱确有卷土重来不圈白不圈之势，同时再融资也趁火打劫，仅地产股的增发规模就在千亿左右，如果考虑到即将推出的创业板和所谓的国际板，供求失衡是正常的预期，管理层不应该对此麻木不仁，市场善良的愿望就是证监会能稍稍控制一点节奏，千万不要扮演“砸场子”的角色，把好不容易恢复起来的IPO又一次推向绝境。

谣言还有之四、之五、之六，不一而足。

不管有多少谣言，反映的都是一种市场的忧虑，或者说对目前政策环境的不适应。

在“财富非常道”做节目的时候，水皮穿了件361°的T恤衫，主持人问水皮361°是什么意思，水皮回答就是过度了的意思。中国股市的反应是过度的，涨也涨过头，跌也跌过头；而影响中国股市的那几个政策因素对于市场的干预也是过度了的，要么没人干预，要么集中干预；中国经济本身所遭遇的宏观调控也是始终处在一个极端向另一个极端调整的过渡中，最终表现也是过度了的。比如从紧的货币政策一下子变成了宽松的货币政策，而在执行过程中适度宽松又变成了事实上的极度宽松，现在谁都知道7万多亿的信贷投放过头了，半年的量都超过全年5万亿的计划了，问题是上半年那么多的监管部门上哪里去了，又干了什么？早知今日，何必当初呢?!

中国的股市为什么总是暴涨暴跌？投资者不成熟只是表面现象，本质在于我们对市场经济的把握能力的缺陷，行政能力的缺陷，统筹能力的缺陷。

克鲁格曼先生来中国之前和奥巴马吃了个饭，来中国后告诉水皮9月份美国的官方数据会显示美国结束衰退，而在8月底的时候美联储主席伯南克已经宣布美国和世界可能已处在复苏的边缘，进入9月，美国财政部长盖特纳正式宣布美国和世界经济都结束了衰退。美国的强势是无与伦比的，美国人认为自己复苏就是世界复苏，自己结束衰退就是世界结束衰退，而不管是复苏和衰退，美国总统早在四个月前就已经制定好了时间表，并且通过克鲁格曼的嘴传播到了中国，不管你承认不承认，美国经济此时的复苏对于率先复苏的中国经济而言的确是及时雨，这意味着我们的外贸出口有可能转负为正，三驾马车能够一起启动，中国经济就有可能从政府强心针般的冷启动进入一个真正的增长周期，否则可能前功尽弃。

有意思的是中国政府的货币政策已经成为世界银行热衷的话题，世行行长佐利克来中国访问不但高度赞扬，而且力挺，佐利克担心的不是别的，恰恰是国内一些专家学者议论的所谓退出政策，经济复苏尚处萌芽期，过早结束刺激措施，严重地说是釜底抽薪，一波三折就在所难免，中国股市已经对此作出了反应。

谁说中国股市只是中国人的股市？

（2009 年 9 月 5 日）

复苏之后是增长吗?

把中国政府比作股票的创意来自美国人，也只能来自美国人，摩根斯坦利投资管理部负责新兴市场的主管鲁奇尔·夏尔马9月5日发表在《新闻周刊》的文章题目就是“中国政府这只股票股价正高”。

为什么这么说呢?

因为在夏尔马看来，中国的中产阶层现在坚信，中国政府能够实现它想实现的任何计划，虽然中国股市离2007年10月的高位仍有很长的距离，但如果看看北京和重庆街头路人的情绪便知，股价处在新高的是中国政府这只股票。

当然，如果把夏尔马当作股评家的话，那么他并不是第一个推荐中国政府这个股票的人，早在去年底今年初，另一位名声比夏尔马大得多的经济学家已经在许多不同的场合对于中国政府的救市行为大加赞赏了，而他抨击奥巴马的方式极具小骂大帮忙的色彩，居然就是为什么不学习中国的总理温家宝的魄力，把经济刺激计划一步落实到位?这个人不是别人，正是2008年诺贝尔经济学奖的得主克鲁格曼先生。《华夏时报》在5月份邀请克鲁格曼先生来中国巡回演讲，访华启程之前奥巴马刚刚在白宫请他吃过饭，所以他既知道四个月以后美国官方会宣布美国经济结束衰退，又能够非常务实地对比中国政府4万亿刺激方案和美国政府挤牙膏式的救市策略，所以尽管他只是第一次来中国，尽管他充满着美国式的傲慢和偏见，尽管他认为中国的率先复苏对世界经济的贡献有限，但是依然不吝赞美之辞。

事实证明，克鲁格曼的预言是正确的，对1998年东南亚金融危机的预言如此，对2008年美国引发的全球金融危机的预言如此，对于中国率先复苏的预言也是如此。在克鲁格曼的中国预言发表四个月之后的9月8日，美国的《华盛顿时报》发表帕特里斯·希尔的文章称，中国的刺激计划推动了世界经济的发展，文章开宗明义："就在华盛顿的政治家们还在对奥巴马总统的刺激计划是否有助于美国经济摆脱衰退展开辩论之际，经济学家们已经宣布了这场刺激竞赛的获胜者，那就是中国。"

中国有没有可能取代美国成为世界首要增长引擎并最终成为最大的经济体，每个人可以有不同的判断，但是谁都不能否认，经历了这场金融危机之后，中国已经在国际经济事务中获取了更大的话语权，不管是年前在瑞士达沃斯召开的世界经济论坛，还是眼下在大连召开的夏季达沃斯新领军者年会，唱主角的都是中国的总理温家宝，而"重振增长"这样的话题也非中国莫属。

至少到目前为止，中国政府应对金融危机的举措是得当的，这不仅表现为非常时期推出适度宽松货币政策的及时以及坚决，同时也体现在对于货币投放过度的警觉及敏感，连夏尔马都意识到，中国再一次走在世界各国政府的前面，成为最早开始采取行动限制增长的国家，银行业监管者开始收紧信贷，央行正在从金融系统中抽走过剩的流动性，为了有更加正常的经济环境而给经济降温，因为靠过度投资拉动的GDP增长不仅不可能持续，还有可能给未来造成隐患，这也是为什么在这个时候国务院常务会就开始讨论压缩产能的原因。

很多人不理解8月的中国股市为什么会是黑色的，为什么会连续暴跌，为什么能跌去800点，其实宏观调控基调已经在悄然改变，股市又怎么会不作出反应呢？需要指出的是，这种改变并不是方向性的，更多的是节奏和力度。如果说上半年的中国经济是靠政府不断打强心针刺激的，那么下半年回归休养调理就是一种正常的选择，市场虽然会因为不适应而作出过激的反应，但是长期来看，不但是必然的，也是必要的。只要政府这只股票还在创新高，那么就不愁中国A股的投资机会。

北京电视台的胡紫薇转会到湖北卫视作了一档"微观世界"的节目，水皮捧场的话题是有没有所谓国庆行情。答案是这类行情从来没有，今年可以有也可能没有。说到底，股市涨不涨和过不过节没有关系，和多少年国庆更没关系，关键还在宏观经济的预期。复苏之后是增长吗？

（2009 年 9 月 12 日）

流动性过剩是一种必然

风声好像是在一夜之间就变了。

这一夜G20峰会形成了一个共识，那就是积极的财政政策和货币政策现在还没有到退出的时候，尽管美国已经宣布可能结束衰退，而美国结束衰退也就意味着世界经济的可能复苏，由此一度在国内舆论上出现的质疑之声也就突然偃旗息鼓了，中央政府的三令五申顶不上一群老外的聚会，个中缘由耐人寻味。

中国无疑是最早提出4万亿经济刺激计划的国家，是不是也是最早提出退出方案的国家呢？如果不是又为什么会给外界形成这么一个印象呢？水皮杂谈“复苏之后是增长吗？”一文中曾经提到摩根斯坦利投资管理部门负责新兴市场的主管鲁奇尔·夏尔马的文章，“中国是最早开始采取行动限制增长的国家”就是夏尔马的结论，因为他注意到，中国的决策者担心，2009年上半年超过1万亿美元新增贷款中的大部分没有进入实体经济，这些新增贷款的10%—20%可能进入了股市。所以，“现在银行业监管者开始收紧放贷，中央银行正在从金融系统中抽走过剩的流动性。”

只能说，夏尔马的观察很敏锐，但是有局限，因为中国的真正的决策者担心的还不是通胀的预期，也不是股市的泡沫，而是经济是否真的实现了V型的反转，不会出现W型甚至L型。

吴晓灵可能是唯一公开质疑现阶段适度宽松货币政策执行力度的官方经济学家，这位前任央行的副行长现在还担任人大财经委的副主任。在吴晓灵看来，中国并没有经济危机，也没有金融危机，中国经济速度的下滑，是多年经济高速增长，经济结构不合理，需要自我调整的必然趋势，国际金融危机只不过是促使我国经济增速下滑得快一点而已。在这样的背景下，为打消通货紧缩的预期，采取适度宽松货币政策是对的，也已取得成效，因此中国的中央银行绝对不能采取和国外的中央银行同样的政策来应对金融危机。吴晓灵自认为是一个货币主义者，弗里德曼的信徒，其实不光是吴晓灵，中国金融系统的许多官员都是货币主义者，而货币供应学派不仅是一个学术流派，更是一种市场理念，这一点和凯恩斯主义是相冲突的。美国政府不管经济，美联储负责刺激经济的责任，而中国不同，中国的总理几乎是中国经济走势的第一责任人，所以美联储可以以货币供应学派作为指导思想，但是在中国，许多投资者就会觉得和中央政府的宏观政策格格不入，甚至矛盾。

通货膨胀和货币供应有没有关系呢?

又有又没有。

有是表现在商品供求相对平衡或供不应求的状态；没有则指的是供求关系失衡，产能过剩，供过于求的时候，比如，眼下。

金岩石根据弗里德曼的通货膨胀模式推算，以今年以来广义货币月平均增长 24.77% 为基准，扣除今年 8% 的经济增长，差额有 16%，这个 16% 如果不表现为通货膨胀，那么主要会以三种渠道分流：一是股市、楼市形成资产泡沫；二是奢侈品消费非理性上升；三是政府投资的基础设施。

如果让你在通货膨胀和股市泡沫两者中选一，你会作怎样的选择呢?

老话讲，两权相利取其重，两权相害取其轻，更何况流动性向股市分流某种程度上为直接融资创造条件，减轻的也是金融系统贷款过度从而加剧的间接融资的压力，两全其美的事情。正因为此，央行上海总部的货币执行报告把存款下降和 IPO 联系起来，央行有这样的认识是值得肯定的。

流动性相对过剩，合理性充裕是今后一段时间中国社会要正面的现实，上上下下要适应这种情景，往短期说这是经济由复苏到增长的要求，往长期说这是中国大国崛起的必然。

这种过剩表现在三个方面。

表现之一是居高不下的信贷规模。2005 年的时候，新增信贷规模是 2.2 万亿，2006 年的时候是 3.18 万亿，2007 年的时候是 3.63 万亿，2008 年的时候是 4.9 万亿，2009 年 1—8 月是 8.15 万亿，全年估计在 10 万亿—11 万亿，信贷规模的增长有刚性的特点，上去了就下不来，尤其 2009 年的新增贷款中 51% 是中长期贷款，这意味今后几年都有延续的惯性。

表现之二是银行存款搬家。7 月的数据，居民存款下降是 147 亿元，8 月份已经达到 800 亿，而 2007 年 10 月的时候，居民存款流出银行的规模达 5900 亿元左右，在信贷规模持续扩张，通胀预期不减的情况下，居民存款寻找保值增值途径，投资理财的需要急剧增长。

表现之三是人民币形成升值预期。中国经济的复苏已经确立，未来的增长在于增速的大小差异，人民币升值是必然的，而美元经过这次金融危机之后理论上看跌也是必然的，如果今年底明年初人民币再进入加息周期，那么外资进入中国寻求套期保值的动力就更难以遏制，外汇储备的增长会超过一般人的想象，人民币被动投放的压力也会史无前例。

以弱国寡民的心态看，流动性过剩就是灾难，因为无法驾驭；而以大国崛起的心态看，全球资本进入中国证明中国的价值，为我所用就成为我们的本钱，美国人什么时候为外资进入华尔街操过心?!

（2009 年 9 月 19 日）

国之重器，谁主沉浮？

60年一甲子，在人的一生中是漫漫岁月，在一个国家的历史中不过是长河一瞬，一个开头而已。

历史就像股市的K线图一样，从来不会是一马平川，总是要经历千折百回，千山万水，在种种博弈中突围，种种痛苦中涅槃。共和国60年的蜿蜒曲折、柳暗花明，就是最好的明证。不经历风雨，怎么见彩虹？

2007年岁末，改版后的《华夏时报》推出了“伟大的博弈”特刊，水皮预言了中国作为一个资本强国的崛起路径；2008年岁末，《华夏时报》推出了“凤凰涅槃”特刊，对于正经受金融危机冲击、在艰难困苦中挣扎的中国，水皮认为这正好是一个资本大国崛起的转折之时，而这种转折的最终结果就是凤凰涅槃，中国社会经济和中国股市必在熊熊烈火中重获新生。

2009年的中国正走在这条新生的道路上，在4万亿计划的刺激下，在积极的财政政策和适度宽松的货币政策刺激下，经济和股市双双触底反弹，进入新一轮的增长。

现在又到庆祝新中国成立60周年的举国欢庆时刻，《华夏时报》再度推出“国器60”特刊，以此向共和国的生日致敬。

回顾中国企业从无到有，从小到大的发展历史，有两个重大转折时刻值得铭记。一个是新中国成立之初，在前苏联的帮助下，以鞍钢、一汽为代表的一批国有企业的崛起；另一个就是在改革开放后，以联想、华为等为代表的一批民营企业的崛起，这当中也包括大量的合资公司。共和国60年的历史，如果说前30年属国运坎坷的话，很大程度上是因为我们实行闭关锁国的计划经济，自由企业的种子难以生根发芽；而后30年之所以国运昌盛，则正是因为改革开放的春风催生了所有的创业因子，无数企业犹如雨后春笋般挺立、成长，使这个古老的国家再度焕发出难以置信的活力，从而以一种和平的姿态再度崛起于全球之林。

“国器60”，是经过《华夏时报》读者评选出的，对新中国尤其是改革开放30年来所产生重要影响的60家企业，包括中国本土公司和跨国公司。所谓“国器”，源自2000多年前的《道德经》——“鱼不可脱于渊，国之利器，不可以示人”。从更宽泛的意义上讲，国器是一个国家实力的象征，是一个国家强弱的依据。在全球化的当下，在经济至上的今天，以“国器”来比喻一个国家的企业，再恰当不过。企业强则国家强，企业弱则国家弱，道理放之四海而皆准。

作为一份新主流财经媒体，我们要致敬的究竟是什么呢?

借用“国器”这个名义，《华夏时报》要向一个特殊的群体致敬，向一些特殊的人物致敬。我们不但要向中国的优秀企业和优秀企业家致敬，还要向在中国的优秀跨国公司致敬。特别是，我们还要向那些为国际化作出了种种努力的中国企业致敬，作为先行者，他们的成功固然值得后来者学习，他们的失败同样具有重要的参考价值，为后来者所鉴。

我们要向代表“国之鼎”的企业致敬。中国人都知道，鼎是古代国家的象征，是一个民族神圣的图腾。用这样的词来形容那些为共和国成长作出过各种基础性和开创性贡献，对于国计民生的发展有着重大影响的企业，恰如其分。这些集中在制造业领域的企业，无论是被誉为“共和国长子”的大国企，比如一汽，还是进入中国数十年，对中国经济层面产生重要影响的跨国公司，比如微软，他们所体现出的历史价值和现实贡献，都不应被忽视。甚至那些顶着“垄断者”帽子的大型企业，比如中移动，比如中石化，也不可否认他们作出过历史贡献。

我们要向代表“国之枢”的企业致敬。现代经济的中枢是什么?不是别的，就是金融业，就是金融机构。站在弹丸之地的华尔街上，你会真正理解这句话，也会发自内心地赞叹：金融的力量为何会有那么强大！以银行为代表的金融机构就是保证经济血脉畅通无阻的关键力量，就是国家经济的心脏，牵一发而动全身。这场由华尔街而蔓延的金融危机最好地阐释了金融的重要性，也充分证明只有健康的金融机构，才能保证健康的经济。而中、农、工、建、交五大行，民生、招商等股份制银行，以及北京银行等数量众多的城商行就是中国经济的中枢，就是不可或缺的关键。

在此，我们还要向刚去世的经叔平先生致敬。作为全国工商联原主席，经叔平作出了两大历史贡献：一是推动私产入宪，另一个就是从无到有筹办了新中国第一家民营股份制银行——民生银行。民生银行今天能成为国内金融界的一个标志，甚至能在全球金融界取得一定地位，都有赖于经叔平当年的开创之举。当然，除了民生银行，还有平安集团等越来越多草根金融力量崛起，这是一个良好的信号，也是中国金融行业发展壮大的必经之路。

我们还要向代表“国之翼”的企业致敬。这些主要来自服务业和消费品行业的企业，为提高国人的生活品质，改善经济结构发挥了重要作用。当年第一批出现在中国土地上的可口可乐、第一家肯德基、第一瓶小包装的金龙鱼食用油……无不引起过轰动，成为时尚和潮流的标志。它们对老百姓的影响是细微的，是润物无声的，但却是不可或缺的。

我们还要向一批足够优秀能够代表“国之魂”的企业家致敬，这些人的奋斗故事激励了无数人。李嘉诚是世界级的企业家，是华人中的翘楚；柳传志、任正非、张瑞敏则代表了改革开放后第一代企业家，在大浪淘沙之后能够屹立不倒，把各自的企业带到全球化国际化的高度；马云、王传福等新一代的企业家则通过互联网和新技术发迹，成为更干净也更能跟国际接轨的企业家代表。企业家是国家的瑰宝，是市场经济的灵魂，当中国经济今天有生龙活虎的局面，第一个应该感谢的就是那些企业家。

我们同样要记住那些探索国际化道路的失败者，他们的失败为后来者提供了宝贵的经验和教训，尤其那些中字头的企业，往往代表的是一个行业，他们的失败，就是“国之鉴”。失败是有价值的，价值就在于它能够提醒后来者少走弯路，避免陷阱。中投海外投资交的巨额学费，中航油新加坡折戟沉沙，乃至中铝入股力拓的功亏一篑，在令人扼腕叹息的同时，其失败的教训，当为后来者所吸取。

国家主席胡锦涛正在美国出席联合国系列峰会和G20峰会。在64届联大一般性辩论中，胡锦涛还作了发言，这也是中国国家元首第一次在联大一般性辩论中发言，中国所展示的底气和负责任的态度也为世界瞩目。胡锦涛在这次题为“同舟共济，共创未来”的讲话中说，60年前，中国人民经过长期艰苦奋斗实现了民族独立、人民解放，建立起人民当家做主的新中国；30年前，中国人民开始了改革开放和社会主义现代化建设的伟大历史征程。中国社会迸发出前所未有的活力和创造力。而今的中国，综合国力显著增强，人民生活总体上达到小康水平。中国发展对世界和平与发展作出了重大贡献。

取得这一切成就的背后，我们不能忘记那些企业、企业家所作出的贡献——正如胡锦涛所说：“历史是继续前进的基础，是开创未来的启示。”

（2009年9月25日）